AÇÃO CIVIL PÚBLICA
*COMPETÊNCIA
E EFEITOS DA COISA JULGADA*

Motauri Ciocchetti de Souza

AÇÃO CIVIL PÚBLICA
COMPETÊNCIA E EFEITOS DA COISA JULGADA

■■MALHEIROS
■■■EDITORES

Ação Civil Pública (Competência e Efeitos da Coisa Julgada)

© Motauri Ciocchetti de Souza

ISBN 85-7420-501-X

Direitos reservados desta edição por
MALHEIROS EDITORES LTDA.
Rua Paes de Araújo, 29, conjunto 171
CEP 04531-940 — São Paulo — SP
Tel.: (0xx11) 3078-7205 Fax: (0xx11) 3168-5495
URL: www.malheiroseditores.com.br
e-mail: malheiroseditores@zaz.com.br

Composição
PC Editorial Ltda.

Capa
Criação: Vânia Lúcia Amato
Arte: PC Editorial Ltda.

Impresso no Brasil
Printed in Brazil
01-2003

Ao pequeno THOMAS, pela alegria proporcionada.
A ANDRÉA, pelo auxílio, carinho e compreensão.
A NAIR e ANTONIO, pelo apoio nunca negado.
A SÉRGIO SHIMURA, pela amizade e pela segurança da orientação.
*A VIDAL SERRANO NUNES JÚNIOR,
CARLOS FREDERICO COELHO NOGUEIRA,
ANTONIO CARLOS MARCATO, CLÁUDIA e FLÁVIO TOLEDO,
NELSON NERY JÚNIOR e REGINA HELENA COSTA,
cuja amizade e confiança permitem e incentivam
o desenvolvimento de meus estudos acerca da ação civil pública.*

SUMÁRIO

INTRODUÇÃO 13

1. A EVOLUÇÃO DOS INTERESSES JURIDICAMENTE TUTELÁVEIS
   1.1 Introdução 17
   1.2 O Liberalismo, o individualismo da norma e o princípio da igualdade 18
   1.3 A Teoria Sociológica de Niklas Luhmann: a autopoiese do Direito e a especificidade do sistema jurídico 20
   1.4 A acepção tradicional dos interesses: a dicotomia público/privado. Interesse público primário e secundário 23
   1.5 O conceito de "interesses difusos" e a intensa conflituosidade 26
   1.6 O Positivismo jurídico, o individualismo e a igualdade entre as pessoas. A necessária verificação do sentido de justiça como mecanismo para a formulação e a aplicação do Direito 28
   1.7 A inviabilidade da especialização de funções sociais como forma de compor os interesses difusos 29
   1.8 A superação das teorias ante a necessidade de materialização dos instrumentos de defesa social 31

2. A EVOLUÇÃO DO PROCESSO À LUZ DOS NOVOS INTERESSES
   2.1 A visão individualista do processo civil tradicional 33
   2.2 A criação de mecanismos processuais diferenciados como garantia de acesso à Justiça dos interesses metaindividuais ... 35
   2.3 Surgimento e evolução da ação civil pública no sistema jurídico brasileiro 37
   2.4 O sistema da jurisdição civil coletiva 43

8 AÇÃO CIVIL PÚBLICA

3. O PODER DO ESTADO
   3.1 Unicidade 46
   3.2 A tripartição das funções 47

4. A JURISDIÇÃO
   4.1 Conceito 50
   4.2 Características 52
   4.3 Princípios fundamentais 55
   4.4 Unidade 58

5. A COMPETÊNCIA
   5.1 Introdução 60
   5.2 Conceito 61
   5.3 Competência e o princípio do juiz natural
       5.3.1 Origem 62
       5.3.2 Constitucionalismo Brasileiro 64
       5.3.3 Conceito 65
       5.3.4 Conteúdo do princípio 66
       5.3.5 Garantias decorrentes do princípio 66
       5.3.6 O princípio do juiz natural em sua acepção de juiz competente 68
       5.3.7 Alcance do princípio 71
   5.4 Repartição da competência 72
   5.5 Critérios constitucionais de fixação da competência 73
   5.6 A competência de foro na sistemática do Código de Processo Civil 75
   5.7 A organização judiciária 77
   5.8 A competência de juízo 78
   5.9 Competência interna (ou por distribuição) 80
   5.10 Competência concorrente entre juízos de comarcas distintas 81
   5.11 A competência funcional 82
   5.12 Competência absoluta e relativa 84
   5.13 Causas legais de prorrogação da competência ... 86
   5.14 As nulidades em sede de competência 87
   5.15 Mecanismos de solução dos conflitos de competência 89

6. A COMPETÊNCIA NO SISTEMA DA JURISDIÇÃO CIVIL COLETIVA
   6.1 O critério geral de competência para a tutela dos interesses difusos e coletivos
       6.1.1 Introdução 93
       6.1.2 A competência de foro

SUMÁRIO

6.1.2.1	A regra geral	....	94
6.1.2.2	A tutela preventiva	....	97
6.1.2.3	Lesões que ultrapassam os limites da comarca	....	100
6.1.2.4	Os danos regionais e a regra do art. 93 do Código de Defesa do Consumidor	....	101
6.1.2.5	A incompatibilidade entre regras destinadas à defesa de interesses individuais homogêneos e à tutela de direitos difusos e coletivos	....	105
6.1.2.6	A inaplicabilidade do disposto no art. 93 do Código do Consumidor à defesa de interesses metaindividuais	....	110

6.1.3 A competência de jurisdição
    6.1.3.1 A competência da Justiça Federal e dos Tribunais Superiores em face do disposto no art. 2º da Lei 7.347/1985 116
    6.1.3.2 A aplicabilidade do disposto no art. 109, § 3º, da Constituição Federal em sede de ação civil pública 120
    6.1.3.3 Os danos interestaduais 123
6.1.4 A competência de juízo 126

7. AS REGRAS GERAIS DE COMPETÊNCIA EM SEDE DE JUSTIÇA DA INFÂNCIA E JUVENTUDE
   7.1 As varas privativas da infância e da juventude: juízos especiais, especializados ou de exceção? 131
   7.2 A competência do juiz da infância e juventude 136

8. A COMPETÊNCIA PARA O JULGAMENTO DE AÇÕES CIVIS PÚBLICAS EM SEDE DO ESTATUTO DA CRIANÇA E DO ADOLESCENTE
   8.1 Rol de matérias passíveis de tutela por ação civil pública . 138
   8.2 A regra de competência de foro trazida pelo art. 209 do Estatuto da Criança e do Adolescente
      8.2.1 Introdução 139
      8.2.2 A competência territorial absoluta do juiz do local em que a ação ou omissão danosa foi ou deveria ter sido praticada
          8.2.2.1 A inadequação da regra trazida pelo Estatuto 140
          8.2.2.2 O conceito de "local da ação" como aquele em que o comando vinculativo é ou deixa

10 AÇÃO CIVIL PÚBLICA

     de ser emitido: efeitos decorrentes à luz da
     regra de competência contida no art. 209
     da Lei 8.069/1990 142
  8.2.2.3 O "local da ação" visto como sendo aquele
     em que ocorre o cumprimento do comando
     vinculativo 148
  8.2.2.4 A ampliação dos conceitos anteriores de
     "local da ação", para contemplar a ordem
     vinculativa e os respectivos desdobramentos
     materiais: a ação como um conjunto de atos 149
 8.2.3 *A ressalva à competência da Justiça Federal e dos
    Tribunais Superiores: desnecessidade* 152

9. CONFLITOS DE COMPETÊNCIA EM SEDE DE TUTELA COLETIVA DA INFÂNCIA E JUVENTUDE

9.1 Introdução 157
9.2 **As competências da Justiça especializada da Infância e Juventude e das varas privativas da Fazenda Pública** 158
9.3 **Conflito entre os juízos da infância e juventude e cível** 160
9.4 **A tutela concomitante de interesses metaindividuais de crianças, adolescentes e adultos** 163
9.5 **A existência, na mesma comarca, de varas da infância e juventude com diferentes competências territoriais** 167

10. A COMPETÊNCIA EXTRAORDINÁRIA DO PRESIDENTE DO TRIBUNAL PARA SUSPENDER A EXECUÇÃO DE DECISÕES CONTRÁRIAS AO PODER PÚBLICO

10.1 Previsão legal e natureza jurídica 170
10.2 **Natureza da competência deferida ao presidente do tribunal, excepcionalidade e objetivo do pedido de suspensão. A relação entre a medida e o recurso de agravo** 172
10.3 **Hipóteses de cabimento: análise do manifesto interesse público previsto nos arts. 4º da Lei 8.437/1992 e 12, § 1º, da Lei 7.347/1985. O conflito entre os interesses públicos primário e secundário** 174
10.4 **Os legitimados a postular a suspensão e a oitiva do Ministério Público** 181
10.5 **A concomitância do pedido de suspensão e do recurso apropriado** 184
10.6 **O pedido de suspensão dirigido ao presidente de Tribunal Superior, a reiteração do pleito e o recurso regimental** . 187

SUMÁRIO

11. ANOTAÇÕES SOBRE A COISA JULGADA E SEUS EFEITOS EM SEDE DE JURISDIÇÃO CIVIL COLETIVA

- 11.1 Introdução 191
- 11.2 Conceito e fundamentos da coisa julgada 192
- 11.3 A coisa julgada como norma individual 194
- 11.4 A coisa julgada como norma coletiva: a extensão de sua eficácia a terceiros 196
- 11.5 Sistema brasileiro: da Lei da Ação Popular ao Código de Defesa do Consumidor 198
- 11.6 A reciprocidade entre a Lei federal 7.347/1985 e o Código de Defesa do Consumidor: conseqüências à luz do instituto da coisa julgada
  - 11.6.1 A interação das normas gerais do sistema com os princípios do Estatuto da Criança e do Adolescente em sede de efeitos da coisa julgada 199
  - 11.6.2 A inaplicabilidade da limitação dos efeitos da coisa julgada trazida pela Lei 9.494/1997 200
- 11.7 Os efeitos da coisa julgada nas ações coletivas em defesa de interesses metaindividuais 205
  - 11.7.1 A procedência da ação civil pública em defesa dos interesses difusos e coletivos 206
  - 11.7.2 A improcedência da ação civil pública em defesa dos interesses metaindividuais por insuficiência de provas 211
  - 11.7.3 A improcedência da ação civil pública em defesa de interesses metaindividuais por fundamento diverso da insuficiência de provas 214

12. CONCLUSÕES 217

BIBLIOGRAFIA 231

INTRODUÇÃO

Os ordenamentos procedimentais da grande maioria dos países do Ocidente sofreram – como não poderia deixar de ser – marcante influência do Liberalismo, que ultrapassou fronteiras continentais a partir da segunda metade do século XVIII.

Mercê de tais influências, os mecanismos procedimentais tradicionais estavam todos voltados à tutela dos indivíduos: em que pese possuir natureza pública, o processo civil nada mais era do que um instrumento colocado à disposição do particular para a tutela de seus direitos materiais.

A extraordinária evolução experimentada pelos seres humanos, notadamente no século XX, já não permitia mais o singelo reconhecimento, pela ordem jurídica, de direitos puramente subjetivos: a tendência do Homem de viver em comunidades não poderia continuar a ser desprezada pelo Direito, sob pena de vir a perder o papel que lhe cabe de ordenador da vida em sociedade. Destarte, a Ciência Jurídica passou a identificar o ser humano também como titular de direitos que extrapolavam sua esfera privada de interesses – direitos, esses, pertencentes ao grupamento social em que inserido.

O reconhecimento pela ordem jurídica de direitos sociais despersonalizados obviamente haveria de repercutir na sistemática processual.

A codificação procedimental civil brasileira de 1973, fruto de trabalho técnico e científico bastante apurado, não deu tento às primeiras vozes que, à época de sua elaboração, apregoavam, notadamente na Europa Ocidental, a necessidade da criação de mecanismos processuais diferenciados e próprios, adequados à defesa de novos interesses que eram objeto de estudo pela Ciência Jurídica.

Preferiu o legislador cingir-se, na oportunidade, ao regramento de princípios tendentes apenas à tutela dos conflitos de interesses de cunho intersubjetivo, desprezando a instituição de mecanismos próprios para a defesa de direitos metaindividuais, tendo em vista até mesmo o fato de que os respectivos estudos científicos ainda se mostravam bastante incipientes.

Não obstante, o tempo fez imperiosa a instituição de mecanismos procedimentais distintos e peculiares, destinados à defesa dos interesses sociais.

Mencionados mecanismos surgiram no direito processual brasileiro em 1985, por intermédio da Lei federal 7.347, que regulamentou a ação civil pública.

De seus princípios, e daqueles oriundos de normas que vieram a complementá-la e a integrá-la – como o Estatuto da Criança e do Adolescente e o Código de Defesa do Consumidor –, surgiu autêntica revolução nos mecanismos processuais tradicionais, com a revisão de inúmeros conceitos sedimentados historicamente nos ordenamentos procedimentais – dentre eles, nosso Código de Processo Civil.

A importância capital dos novéis princípios trazidos pela denominada *jurisdição civil coletiva* nos inspirou na escolha do tema ora proposto.

Dentre as principais regras trazidas pelo sistema da ação civil pública, o critério de fixação de competência nos pareceu extremamente interessante, vez desafiar diferentes abordagens, que se estendem desde a análise do poder que emana do Estado como atributo de sua soberania até o ponto culminante do processo, consubstanciado nos efeitos da coisa julgada e em sua imperatividade.

Interessou-nos, particularmente, o estudo da regra de competência para o julgamento das ações civis públicas em defesa da infância e juventude, distinta do critério geral trazido pelo art. 2º da Lei 7.347/1985 e objeto de rarefeitos estudos doutrinários e de pouco expressivo número de decisões judiciais.

A ausência de literatura aprofundada acerca do tema não nos permitiu partir de base segura para sua análise, o que nos levou, inicialmente, a trilhar caminho que impunha severa restrição ao critério constante do art. 209 do Estatuto da Criança e do Adolescente, de sorte a, naquele momento, questionarmos mesmo sua constitucionalidade.

INTRODUÇÃO

O amadurecimento acerca do tema somente veio após proveitosas conversas mantidas com ilustres profissionais e estudiosos do direito da infância e da juventude, e muita meditação.

Para definirmos o nosso opinamento, no entanto, mostrou-se de mister tratarmos da evolução social que levou ao reconhecimento de novos interesses pela ordem jurídica e de seus efeitos em relação ao processo.

Não pudemos descuidar, de igual sorte, da análise da função jurisdicional do Estado, das regras de competência que brotam da Constituição da República e da sistemática processual civil tradicional, assim como das normas de organização judiciária.

Demais disso, o tema não poderia ser enfrentado sem que buscássemos fazer profunda análise do critério de competência inserto no art. 2º da Lei 7.347/1985.

Não nos poderia escapar, outrossim, a competência conferida ao presidente do tribunal para a suspensão da execução de decisões judiciais cautelares ou de sentenças, assim como a extensão dos efeitos da coisa julgada em sede de jurisdição civil coletiva, especialmente tendo em vista a redação conferida ao art. 16 da Lei da Ação Civil Pública por intermédio da Lei 9.494/1997.

Finalmente, as nossas conclusões, que são lançadas não como dogmas, mas como propostas, a instigar o saudável debate acerca de temas momentosos e essenciais para o correto entendimento da jurisdição civil coletiva.

1
A EVOLUÇÃO DOS INTERESSES JURIDICAMENTE TUTELÁVEIS

1.1 Introdução. 1.2 O Liberalismo, o individualismo da norma e o princípio da igualdade. 1.3 A Teoria Sociológica de Niklas Luhmann: a autopoiese do Direito e a especificidade do sistema jurídico. 1.4 A acepção tradicional dos interesses: a dicotomia público/privado. Interesse público primário e secundário. 1.5 O conceito de "interesses difusos" e a intensa conflituosidade. 1.6 O Positivismo jurídico, o individualismo e a igualdade entre as pessoas. A necessária verificação do sentido de justiça como mecanismo para a formulação e a aplicação do Direito. 1.7 A inviabilidade da especialização de funções sociais como forma de compor os interesses difusos. 1.8 A superação das teorias ante a necessidade de materialização dos instrumentos de defesa social.

1.1 Introdução

As sociedades arcaicas conviviam com um único centro irradiador de poder, personificado na figura do soberano, que corporificava o papel do Estado, ditando todas as normas de regência da vida comunitária e zelando pela mantença da estratificação social.

Os direitos e garantias individuais eram extremamente tênues, posto que vazados na vontade do mandatário, que, para assegurar seu poder, ditava regras de proteção aos detentores do domínio econômico, as quais em momento algum tutelavam as camadas menos abastadas da população.

O crescente mercantilismo e a circulação de riquezas, no entanto, ensejaram a necessidade de ruptura das estruturas sociais tradicionais, com a revisão do papel exercido pelo soberano e com a criação de mecanismos que privilegiassem o indivíduo, dando-lhe condições de reger suas coisas e bens, independentemente da vontade do mandatário.

A tendência libertária leva, então, ao predomínio do individualismo e à minimização da interferência do Estado na vida privada.

O governante passa a exercer um cargo no Estado – não mais a personificá-lo; o Estado ganha personalidade jurídica própria.

O Direito passa a se preocupar com a tutela específica dos indivíduos, partindo de uma suposta igualdade entre todos os seres humanos, criando normas oponíveis mesmo ao próprio Estado, cujo poder de regular a vida em sociedade ou de defender os denominados direitos sociais restou mitigado em face das liberdades individuais.

Surgem, na esfera jurídica, o Liberalismo e o Positivismo.

1.2 O Liberalismo, o individualismo da norma e o princípio da igualdade

Dentre os positivistas, por certo, especial destaque merece Hans Kelsen.

O célebre jurista alemão, buscando identificar o Direito como uma ordem eminentemente objetiva, como uma Ciência despida da análise de valores, culminou por criar a Teoria Pura do Direito, autêntico marco no estudo da Ciência Jurídica.

Reconhecendo que o ordenamento jurídico se origina de causas econômicas e políticas – as quais decorrem de inegáveis variações de cunho subjetivo –, Hans Kelsen culminou por centrar o estudo do Direito no conceito de *norma*, tratando-o objetivamente.

Em conseqüência, definiu sua teoria como o estudo da essência do Direito, de sua estrutura típica, a qual independeria das variáveis econômicas e políticas (ou seja, de fatores sociais e valorativos) que fazem surgir os ordenamentos jurídicos.[1]

Segundo Hans Kelsen o Direito é um instrumento da Política, posto que sua criação e aplicação são funções de tal magnitude, vez que vazadas em juízos de valor.

Em corolário, o estudo do Direito não poderia ser feito a partir do ordenamento jurídico – o qual estaria viciado por conta do animismo

---

1. Hans Kelsen, *Que és la Teoría Pura del Derecho?*, 1993.

que move o legislador e o juiz em busca de um ideal de justiça –, mas, sim, sobre a estrutura da norma, abstraído seu conteúdo.

O Positivismo de Hans Kelsen, portanto, afastava da Ciência Jurídica qualquer valor moral ou o senso de justiça.[2] O Direito era puramente positivista, comportando qualquer conteúdo. Importava a validade da norma, decorrente de sua existência e potencial coercitivo, não o senso social a seu respeito, não a sua adequação.[3]

O Estado era visto como a personificação do ordenamento jurídico, como o regrador formal da sociedade e da conduta humana, sob um aspecto nitidamente subjetivo, abstraída a sociabilidade das relações decorrentes.[4]

O Positivismo e o Liberalismo – bom que se diga – eco algum concediam à manifestação de vontade social: apregoando a igualdade entre os homens e negando importância quer ao conteúdo, quer aos valores objetivados por uma norma, ambos ignoravam os fatos de que o ser humano é tribal – motivo por que a defesa dos interesses individuais não se mostraria suficiente para que surgisse a pacificação social – e de que a efetiva igualdade somente poderia ser alcançada caso o Direito viesse a traçar normas excepcionais e peculiares para situações distintas das corriqueiras, respeitando as desigualdades entre os homens.[5]

Assim é que o direito de propriedade era individualmente assegurado – mas sem a ressalva da prevalência de sua função social. O uso indevido da propriedade era punido – mas sempre com base no direito de vizinhança e mediante exclusiva provocação do particular lesado ou do interessado.

---

2. Segundo Hans Kelsen o conceito de justiça implicaria análise do dualismo *bom* e *mau*, que, por seu cunho nitidamente subjetivo, não encontraria espaço dentro da Teoria Pura do Direito (v., a propósito, *O que é Justiça?*, pp. 291 e ss.).
3. Hans Kelsen, *Teoria Geral do Direito e do Estado*, pp. 42-43. Ainda na mesma obra, o autor afirma que "a validade de uma norma jurídica não pode ser questionada a pretexto de seu conteúdo ser incompatível com algum valor moral ou político" (p. 166).
4. Hans Kelsen, *Teoria Geral* ..., pp. 289-297.
5. "(...) os homens, de fato, não nascem nem livres, nem iguais. São livres e iguais com relação a um nascimento ou natureza ideais, que era precisamente o que tinham em mente os jusnaturalistas quando falavam do estado de natureza. A liberdade e a igualdade dos homens não são um dado de fato, mas um ideal a perseguir; não são uma existência, mas um valor; não são um ser, mas um dever-ser" (cf. Norberto Bobbio, *A Era dos Direitos*, p. 29).

De outra banda, a ausência de intervenção do Estado em relações como a econômica – exceto na qualidade de elaborador de normas gerais de regência do mercado – permitia que a formação social por estratos, antes tão criticada, continuasse a viger, agora com base num irreal princípio da igualdade, que supunha possibilidades idênticas, ignorando por completo as desigualdades existentes no seio da sociedade.

Finalmente, desconsiderava o Liberalismo – como fator a ser observado na elaboração e na aplicação da norma – o convívio humano, cuja evolução trouxe um substancial aumento na complexidade da vida em sociedade,[6] que deveria fazer-se acompanhar pela criação de estruturas de autodefesa coletivas, oponíveis mesmo em face do Estado.

1.3 A Teoria Sociológica de Niklas Luhmann: a autopoiese do Direito e a especificidade do sistema jurídico

Com enfoque nitidamente sociológico, Niklas Luhmann buscou identificar o Direito.

O acelerado desenvolvimento econômico, político e social, na visão de Luhmann, imporia uma nova dinâmica, uma constante alteração na realidade e nos interesses da população.

As opções postas à disposição do corpo social em todos os campos do conhecimento se multiplicam vertiginosamente, trazendo aumento da complexidade que realça ainda de forma mais significativa as desigualdades entre as pessoas.

A multiplicidade de opções faz com que as expectativas sejam as mais diversas, de sorte que a eclosão de constantes conflitos de interesses no seio social se torna inevitável, posto que cada ser humano nutre suas expectativas e mantém ideais próprios: dada a grande quantidade de comportamentos possíveis, a interação interpessoal estaria a exigir um acordo seletivo, contingencial, como instrumento de pacificação.[7]

O crescente aumento da complexidade torna necessário o surgimento de mecanismo que venha a gerar um suposto consenso entre os seres humanos, como forma de mitigação dos conflitos e de subsistência da própria sociedade.

---

6. Segundo expressão utilizada por Niklas Luhmann, *Sociologia do Direito*, v. 1, *passim*.
7. Cf. Niklas Luhmann, "La positività del Diritto come pressuposto di una società moderna", in *La Differenziazione del Diritto*, pp. 103 e ss.

A intervenção do Estado, assim, mostra-se imprescindível para a implementação dos mecanismos capazes de ensejar a pacificação, com base em seu poder de editar e aplicar normas de cunho geral e abstrato – o que se legitima pela certeza disseminada na sociedade de que uma decisão presumivelmente harmonizadora surgirá, pouco importando seu conteúdo.[8]

A sociedade – antes diferenciada por estratos – passa a ser estudada por funções (ou sistemas), tendo em vista sua maior complexidade, a constante multiplicação das possibilidades e a necessidade da fixação de processos decisórios seletivos e harmonizadores.

Neste contexto, o Direito – estudado como Ciência pura, despida de qualquer valoração, pelo Positivismo jurídico – passa a ser visto como expressão da própria vida social, como um sistema decisório que não pode abstrair de sua análise o comportamento humano, vez que vazado no binômio lícito/ilícito.

A Ciência Jurídica é tratada como um fenômeno social, como um mecanismo capaz de viabilizar decisões que têm por escopo a harmonização da vida em sociedade, o atendimento das expectativas dos seres humanos. O Direito passa a ser visto como uma ordem social institucionalizada, que é positivada por um processo de escolha dentre várias opções possíveis, contingencial por não eliminar do horizonte aquelas descartadas – as quais poderão vir a ser aproveitadas em outra oportunidade, tendo em vista a constante mutação da vida em comunidade.[9]

O Direito ganha o papel de autêntico instrumento de transformação social – e não de mero ordenador da vida comunitária, como ocorria no Liberalismo.[10]

Vez que consiste em autêntico mecanismo de regramento social, formado com base em processo seletivo de escolha dentre múltiplas opções – a qual somente comporta limites tendo em vista a suportabilidade humana –, o Direito jamais poderia deixar de contemplar, em sua

---

8. Niklas Luhmann, *Legitimação pelo Procedimento*, p. 30.
9. Niklas Luhmann, "La norma nella prospettiva sociologica", in A. Giasanti e V. Pocar, *La Teoria Funzionale del Diritto*; e *Sociologia do Direito*, v. 1, pp. 77 e ss.
10. A preocupação manifestada pelos positivistas de conceituar o Direito – ordem coercitiva, segundo Hans Kelsen – passou a ser de pouco significado ante a necessidade de se aferir qual sua real função (v., a propósito: Celso Fernandes Campilongo, *Direito e Democracia*, pp. 19-20; Norberto Bobbio, *Dalla Struttura alla Funzione. Nuovi Studi di Teoria del Diritto*, apud Campilongo, ob. e loc. cits.).

formulação, a análise das expectativas nutridas pelos membros da comunidade.

A complexidade, por outro lado, passou a exigir, na visão de Luhmann, a especialização social por intermédio de sistemas próprios, cada qual operando um código binário específico e retratando uma função determinada.

Cada função social, portanto, passou a ser tratada em sistema próprio, o qual pode ser identificado tendo em vista sua capacidade de executar uma operação exclusiva.

Segundo Luhmann o sistema social comporta vários subsistemas, sendo que cada um deles é operativamente fechado, posto que os mecanismos de seu funcionamento são exclusivos e internos. Do ambiente externo o subsistema capta apenas informações e demandas, depurando-as e analisando-as segundo uma perspectiva peculiar e exclusiva.

Assim, em que pese a serem operativamente fechados, os subsistemas são cognitivamente abertos, posto realizarem uma seleção das infinitas expectativas existentes no ambiente, reduzindo as possibilidades.

Dentre os subsistemas sociais interessa-nos especialmente o jurídico, que seria o único capaz de analisar os eventos ocorridos na sociedade com base no código *lícito* e *ilícito*.

Segundo Luhmann, ao realizar a seleção das possibilidades existentes no ambiente, o subsistema jurídico extrai das expectativas cognitivas as normativas, as quais, por sua vez, através de um processo de filtragem próprio, irão permitir a institucionalização, que decorre da opção por uma das expectativas, realizada por intermédio dos mecanismos exclusivos do subsistema com o qual estamos lidando.[11]

Somente o subsistema jurídico pode produzir o Direito na visão de Luhmann.

Assim, a produção do Direito seria um fenômeno operativo interno do subsistema, que não estaria submetido ao regime de *inputs* vindos do ambiente: este poderia apenas estimular a criação e a modificação das normas, nunca realizá-las.[12]

Em vista do processo mencionado, a produção do Direito é um fenômeno interno, capaz de ocorrer exclusivamente no subsistema ju-

---

11. "La norma nella prospettiva sociologica", in A. Giasanti e V. Pocar, *La Teoria Funzionale del Diritto*; e *Sociologia do Direito*, v. 1.
12. V., a propósito, Campilongo, *Direito e Democracia*, pp. 76-77.

rídico: o Direito produz Direito por intermédio do Direito, realizando autêntica autopoiese.[13]

Para a produção do Direito o subsistema jurídico conta com uma periferia (composta pelas leis, contratos e precedentes) que tem por finalidade filtrar os conflitos, solucioná-los de modo a impedir venham eles a atingir o centro do subsistema (o tribunal) em seu estado puro.

Leis, contratos e precedentes são os mecanismos que permitem ao tribunal dirimir as controvérsias, solucionar o paradoxo formado pelo binômio lícito/ilícito.

É verdade que mesmo Luhmann admite o inter-relacionamento entre os subsistemas, pois cada um deles somente poderia exercer sua função social específica a partir de informações captadas do ambiente – ou seja, de outros subsistemas.

Contudo, os demais subsistemas somente poderiam interferir no jurídico ministrando informações e demandas – e jamais participando do procedimento de institucionalização, da solução do paradoxo formado por lícito/ilícito.

A seleção das opções, portanto, é realizada por mecanismos internos do próprio subsistema, sendo certo que mesmo os interesses sociais não teriam o condão de interferir diretamente na escolha.[14]

1.4 A acepção tradicional dos interesses: a dicotomia público/privado. Interesse público primário e secundário

O interesse é uma das bases sobre as quais se assenta o próprio Direito, vez que lhe cabe o papel de elo entre os sujeitos e bens ou valores,[15] relação que constitui o cerne do próprio ordenamento jurídico.

Certo é que o vocábulo não possui expressão meramente jurídica, posto que o desejo (ou a necessidade) manifestado por um ser humano

---

13. Conforme expressão surgida de estudos biológicos realizados por Varela e Maturana, os quais denominaram de *autopoiético* o sistema pelo qual as células se reproduzem (v., a propósito, "De máquinas e seres vivos", *apud* Campilongo, *Direito e Democracia*, p. 73).
14. "O Direito não opera com base na referência aos valores, mas com base na referência a si mesmo. Neste sentido, o Direito, como os demais sistemas sociais, opera de modo cego. A justiça do sistema, então, não é a justiça de um valor; ela é a forma que descreve a contingência que o Direito pode produzir e elaborar" (Raffaele De Giorgi, "Estado de Direito no fim do século", in *Direito, Democracia e Risco*, p. 76).
15. Cf. Emilio Betti, *Novíssimo Digesto Italiano*, p. 839.

em relação a um bem ou valor pode não encontrar abrigo na esfera do Direito, sendo de conteúdo eminentemente subjetivo, residindo sua valoração no livre arbítrio.[16]

Caso, no entanto, o interesse venha a ser positivado – ou seja, caso sua valoração deixe de ter por base o arbítrio, para ganhar assento na esfera do Direito –, passa ele a merecer a qualificação de *jurídico*.[17] Em que pese à sua importância para a Ciência Jurídica, a dimensão e o conceito de *interesse* continuam a ser objeto de grande dissenso doutrinário.[18]

Considerados os limites do presente trabalho, cingimo-nos a expor nosso entendimento, no sentido de que *interesse jurídico* é a relação, reconhecida pelo Direito, que se forma entre pessoa(s) e um bem ou valor.

As repercussões jurídicas do vocábulo vão alcançar não apenas a esfera material, como também a processual, consagrada no art. 3º de nosso Código de Processo Civil.

Importa-nos tratar, na oportunidade, do interesse jurídico material.

A Ciência Jurídica positivista acomodou-se sobre a clássica divisão entre os interesses, formada com base na dicotomia público/privado.

A diferença que se firmava entre ambos era extremamente singela: dizia-se público o interesse quando o Estado participasse de uma determinada relação jurídica, ou seja, quando o sujeito que mantivesse relação com determinado bem ou valor fosse uma pessoa de direito público; em contrapartida, privado era o interesse que alcançasse tão-somente indivíduos.[19]

Assim, a participação do Estado em determinada relação jurídica era o traço distintivo entre os interesses público e privado.

Sabemos todos, no entanto, que o Estado contempla duas facetas distintas entre si: se de um lado ele é sujeito de direitos e obrigações,

16. Cf. Rodolfo de Camargo Mancuso, *Interesses Difusos – Conceito e Legitimação para Agir*, pp. 17 e ss. Cf., também, Péricles Prade, *Conceito de Interesses Difusos*, p. 11.
17. Cf. José Marcelo Menezes Vigliar, *Tutela Jurisdicional Coletiva*, p. 61.
18. V., a propósito, Rodolfo de Camargo Mancuso, *Interesses Difusos – ...*, pp. 17 e ss.
19. V., a propósito, Hans Kelsen, *Teoria Geral ...*, pp. 289 e ss. Além da definição traçada, o autor analisa várias outras, todas com um denominador comum: o Estado é visto como sujeito de deveres e direitos, ou seja, como pessoa jurídica, e não como ente incumbido de zelar pelo bem comum.

enquanto pessoa jurídica, de outro ele nada mais é do que a manifestação de soberania do povo que o forma e constitui, possuindo o mister de zelar pela defesa dos interesses da sociedade que agrega.

Assim, se temos um Estado-administração (gestor da coisa pública ou "concreto"), temos também um Estado-manifestação de vontade social (filosófico ou "abstrato").[20]

Desta forma, sob o conceito de *público* não se escondem tão-somente os interesses inerentes à própria gestão das coisas do Estado, ou seja, os interesses da Administração Pública, mas também algo muito mais importante e significativo, consubstanciado no desejo do bem comum, em valores essenciais para o harmônico convívio social.[21]

Ao Estado competia, destarte, não apenas tratar dos negócios próprios e peculiares da Administração, como também – e primordialmente – defender os interesses sociais.

O conceito de interesse público tradicional haveria de suportar significativa mudança, quer para acomodar a visão de tutor dos interesses sociais cometida ao Estado, quer, mesmo, para permitir viessem a surgir instrumentos de defesa da sociedade distintos daqueles tradicionalmente exercidos pelo Poder Público.

O interesse público passou, assim, a ser dividido em primário e secundário.[22]

O interesse público primário caracteriza o bem geral, o autêntico interesse da sociedade. O secundário, por seu turno, implica o modo pelo qual o administrador público interpreta os interesses sociais. Se do primeiro decorreria autêntica autotutela, a impor necessária participação social nos processos decisórios,[23] do segundo brota o comando administrativo do Poder Público, calcado não apenas nos interesses sociais, mas também em avaliação da necessidade, conveniência e oportunidade da adoção de determinada medida.

20. Ou "Estado-instituição" (ou "Estado-aparelho") e Sociedade (ou "Estado-comunidade"), nos dizeres de Aldo Bozzi, *Istituzione di Diritto Publico*, p. 22.
21. Cf. Motauri Ciocchetti de Souza, *Ação Civil Pública e Inquérito Civil*, p. 2.
22. Conforme proposta formulada por Renato Alessi, *Sistema Istituzionale del Diritto Amministrativo Italiano*, pp. 197-198.
23. Pois a participação deve ser vista como elemento indispensável nas relações entre sociedade e Administração, superando "il regime tradizionali di democracia representativa", em que o poder do povo se limitava à escolha de seus representantes (cf. Vicenzo Vigoritti, *Interessi Collettivi e Processo*, p. 5).

Desta forma, se a regra é existir harmonia entre as facetas do interesse público, a divisão abriu espaço para que eventual colidência pudesse vir a ser válida e eficazmente dirimida por um terceiro organismo, incumbido da resolução de conflitos: o Poder Judiciário.[24]

Em corolário, a partir da divisão do conceito de interesse público a vontade social passou a não mais estar jungida ao arbítrio do administrador para ser tutelada, ganhando, em conseqüência, autonomia em relação ao Estado tradicionalmente concebido pela doutrina: o interesse social – antes subjugado – agora pode ser validamente oposto à própria Administração.

1.5 O conceito de "interesses difusos" e a intensa conflituosidade

O conceito de *interesses difusos* culminou por ser traçado pelo Código de Defesa do Consumidor, em seu art. 81, parágrafo único, I.[25]

Importa-nos tratar, na oportunidade, menos do conceito e mais de uma de suas características – que se faz ausente, aliás, da própria definição legal.

Enquanto os interesses manifestados pelos particulares e pelo próprio Estado são plenamente identificáveis quanto a seus titulares – de sorte que o conflito porventura surgido estará inserido em relação jurídica tradicional, conformada no binômio pretensão/resistência de caráter meramente intersubjetivo e passível de solução pelos mecanismos próprios do Direito (como a norma e a jurisprudência) –, os interesses difusos, decorrentes do aumento da complexidade social,[26] apresentam como característica a *conflittualità massima* citada pela doutrina italiana.[27]

Os interesses difusos caracterizam-se pela disseminação, dentro de determinado grupo social, de objetivos congruentes, firmados circunstancialmente, sem organização ou vinculação prévia.

---

24. Segundo Vigoritti a participação não implica apenas conhecer e intervir no processo decisório, mas também poder controlá-lo, ainda que em momento posterior (*Interessi Colletivi e Processo* pp. 4-5).
25. Consideram-se difusos os interesses "transindividuais, de natureza indivisível, de que sejam titulares pessoas indeterminadas e ligadas por circunstâncias de fato".
26. V., a propósito, Mauro Cappelletti, "Formazioni sociali e interessi di gruppo davanti alla Giustizia Civile", *Rivista di Diritto Processuale*, 1975, pp. 372-373.
27. Cf. Massimo Villone, "La colocazione istituzionale dell'interesse diffuso", in *La Tutela degli Interessi Diffusi nel Diritto Comparato*, pp. 76-77.

Assim, os interesses difusos encontram-se dispersos no seio da sociedade, consubstanciando um feixe de interesses individuais que caminham numa mesma direção em decorrência de mera circunstância,[28] sem que possamos identificar com precisão seus titulares e sem que qualquer deles possa se arvorar na qualidade de detentor do direito, exceto enquanto integrante do agrupamento social.[29]

Diversas são as conseqüências advindas de mencionados interesses, competindo-nos tratar, não obstante, daquela que advém da conflituosidade apregoada pela doutrina.

Consiste a conflituosidade no choque, na colidência, que há entre interesses sociais que, de um ponto de vista externo, podem ser vistos como de idêntica importância, motivo por que sua composição, ante o surgimento de uma lide, não pode ser formulada com o uso exclusivo dos mecanismos trazidos pelo sistema jurídico.

Com efeito, se, de um lado, se apresenta o interesse na preservação dos recursos ambientais do Vale do Ribeira (área de vegetação exuberante), de outro, ganha destaque o interesse no desenvolvimento da região, a mais pobre em termos de estrutura social de nosso Estado. Se, de um lado, surge o interesse em que a Região Metropolitana de São Paulo possua adequada qualidade do ar, de outro, surge a pregação desenvolvimentista, que impõe o crescente aumento no fluxo de veículos e o incremento nas atividades industriais, de sorte a atacar o preocupante problema do desemprego que assola a região.

Lidamos, nos exemplos citados, com o choque de interesses sociais, com a colidência de expectativas que não se formam intersubjetivamente, mas de modo coletivo.[30]

---

28. Neste sentido, Rodolfo de Camargo Mancuso, *Interesses Difusos* – ..., p. 79.
29. A titularidade de direitos deixou de ser privativa do Homem, individualmente considerado. Assim, "ocorreu a passagem da consideração do indivíduo humano *uti singulus*, que foi o primeiro sujeito ao qual se atribuíram direitos naturais (ou morais) – em outras palavras, da 'pessoa' –, para sujeitos diferentes do indivíduo, como a família, as minorias étnicas e religiosas, toda a Humanidade em seu conjunto" (cf. Norberto Bobbio, *A Era dos Direitos*, p. 69).
30. Outra interessante situação de colidência de interesses metaindividuais foi enfrentada pelo Supremo Tribunal Federal no RE 153.531-SC. Tratava-se de ação civil pública em defesa da preservação de animais expostos a práticas cruéis em decorrência de manifestação arraigada na cultura da população do Estado de Santa Catarina, consistente na chamada "farra-do-boi". O Pretório Excelso, por maioria de votos, entendeu prioritária a defesa dos animais, mercê do disposto no art. 225, VII, da Constituição da República (rel. para o acórdão Min. Marco Aurélio, *DJU* 13.3.1998, p. 13).

Há verdadeiro antagonismo entre os interesses de parcelas do corpo social, cuja composição se mostra extremamente dificultosa ante os mecanismos tradicionais do Direito: os conflitos na sociedade passam a abstrair o individualismo, ganhando o contorno de choque de massas.

Os interesses difusos reconhecidos na esfera jurídica trouxeram consigo, portanto, um componente político de suma importância, consubstanciado na necessidade de se priorizar um interesse social em detrimento de outro, de similar magnitude, tendo em conta uma determinada circunstância.

Passemos a anotar, doravante, a adequação das teorias acima delineadas em face da magnitude dos interesses difusos.

1.6 O Positivismo jurídico, o individualismo e a igualdade entre as pessoas. A necessária verificação do sentido de justiça como mecanismo para a formulação e a aplicação do Direito

Tivemos oportunidade de abordar, rapidamente, a inadequação dos princípios oriundos do Positivismo jurídico de Hans Kelsen como forma de composição dos litígios decorrentes do conflito de massas, gerados pela conflituosidade inerente aos interesses difusos.[31]

Não obstante, impende traçarmos mais alguns comentários acerca do tema, especialmente à luz dos interesses difusos.

Inicialmente, cumpre relembrarmos que o Positivismo jurídico buscou analisar o Direito abstraindo de seu conteúdo qualquer cunho valorativo, admitindo que a norma poderia receber qualquer conteúdo e que o importante era sua validade, extraída de uma hipotética norma superior.

A definição de Direito, na visão positivista, não passava pelo senso de justiça – vista como um valor – nem, tampouco, supunha a aceitação social como necessária à sua implementação.

Demais disso, preocupava-se o Positivismo em regular relações intersubjetivas, pouca importância conferindo aos denominados *interesses metaindividuais*.

A formulação do direito positivo de Hans Kelsen não se amolda à realidade social que vivemos – e muito menos a questões tormentosas como as acima exemplificadas.

31. Cf. tópico 1.2, *supra*.

Com efeito, o Direito somente pode ser visto como um fenômeno social, como um instrumento necessário para regrar a vida em comunidade.

Fenômeno social que é, não pode o Direito abstrair de seu bojo o componente humano, vazado no senso de justiça.

O Positivismo traduz Ciência voltada para a análise do Direito dentro dos mais variados sistemas sociais – desde os arcaicos até os contemporâneos. Não obstante, o Direito é uma realidade histórica, que não pode ficar insensível à evolução da sociedade.

Em mencionado contexto não vemos como analisar o Direito sem abordarmos fatores como *povo, território* e *tempo*, cuja inserção na Ciência Jurídica necessariamente impõe a verificação de elementos culturais e valorativos. O senso de justiça, o conceito de igualdade, os desejos e interesses sociais, são indissociáveis do Direito.

Visto como Ciência isolada, indene a tais fatores, o Direito perderia seu espaço de regrador da sociedade, pois seu descompasso frente aos interesses sociais o tornaria um mecanismo arcaico, fadado a perder eficácia. E a perda da eficácia culmina, em situações extremas, por retirar-lhe a própria validez, como reconhece Hans Kelsen.

O Direito é um instrumento posto a serviço da sociedade. A sociedade é formada pela somatória de valores. Assim, não há como afastarmos da Ciência Jurídica o componente social, sob pena de relegarmos ao Direito papel meramente secundário.

A solução de conflitos sociais como o do Vale do Ribeira haveria, à evidência, não apenas de apreciar valores, como também sopesá-los – o que seria inadmissível para o Positivismo jurídico.

1.7 A inviabilidade da especialização de funções sociais como forma de compor os interesses difusos

Muito embora tenha trazido, em nosso sentir, nítida evolução no pertinente ao Positivismo jurídico, a Teoria dos Sistemas de Niklas Luhmann também não chegou a alcançar magnitude suficiente para que nos permita concluir por sua adequação tendo em vista a necessidade de solução dos litígios de massa advindos da intensa conflituosidade inerente aos interesses difusos.

Com efeito, ao tratar a sociedade como um conjunto de subsistemas que operam de forma independente, lastreado em código próprio e específico, Luhmann conferiu ao Direito um papel – o de analisar e solucionar as demandas com base no binômio lícito/ilícito.

Neste sentido, o Direito ganhou conotação eminentemente técnica, incumbido que estava de realizar a seleção das expectativas e de estabilizá-las segundo códigos próprios, abstraindo de tal processo a aprovação social. Em mencionado contexto, a participação da sociedade na elaboração do processo decisório não teria maior significado: as expectativas sociais seriam atendidas pela certeza de que uma decisão supostamente harmonizadora adviria, independentemente de seu teor.

Assim, a decisão oriunda do subsistema haveria de estar calcada exclusivamente nos filtros próprios e internos, consubstanciados na lei, no contrato ou no precedente. Outros elementos oriundos do ambiente não poderiam ser utilizados no processo decisório, sob pena de sobrecarga do subsistema jurídico e de ruptura da própria Teoria Sociológica de Luhmann, calcada na necessidade da especialização de funções tendo em vista a complexidade da sociedade moderna.

Tornemos ao exemplo citado, do Vale do Ribeira: se, de um lado, há o interesse na preservação dos recursos ambientais, de outro, há o interesse em sua exploração – o qual não se restringe a aspectos meramente econômicos, mas de própria subsistência da comunidade daquela região.

Se a Constituição Federal assegura a todos direito ao meio ambiente ecologicamente equilibrado,[32] também garante o direito à vida, à saúde e ao trabalho,[33] dizendo ser objetivo da República Federativa do Brasil "erradicar a pobreza e a marginalização e reduzir as desigualdades sociais e regionais".[34]

Lidamos, na hipótese, com o choque de interesses difusos, sendo certo que ambos possuem resguardo em nossa Carta de Princípios e constituem cláusulas pétreas desta mesma Carta, posto versarem direitos e garantias fundamentais do ser humano.[35]

Pois bem. O problema em foco não comportaria jamais solução no exclusivo limite do subsistema jurídico proposto por Niklas Luhmann, vez que os filtros respectivos não seriam capazes de processar a demanda de sorte a viabilizarem decisão eminentemente técnica: a nor-

---

32. Cf. art. 225, *caput*.
33. Cf. art. 5º, *caput* e inciso XIII.
34. Cf. art. 3º, III.
35. Cf. art. 60, § 4º, IV, da Constituição Federal. A propósito, v. Celso Antônio Pacheco Fiorillo e Marcelo Abelha Rodrigues, para quem "o direito à vida é o objeto do direito ambiental" (*Manual de Direito Ambiental e Legislação Aplicável*, p. 29).

ma tutela ambos os interesses, conferindo-lhes importância similar; de outra banda, não há falar em contratos ou precedentes como elementos a permitir a filtragem necessária do problema colocado a cargo de um determinado tribunal.

Como se observa, a demanda chegaria ao julgador em seu estado bruto, sem uma prévia filtragem. Logo, a composição dos interesses no caso não pode ser obtida apenas na esfera jurídica, pois os mecanismos específicos não se mostram suficientes para dirimir a quizila. A prevalência de um interesse em detrimento do outro (e as medidas e limites dentro dos quais o predomínio se dará) decorrerá sempre de uma opção de cunho nitidamente político, a ser firmada dentre um número ilimitado de alternativas, que traduz uma teia de complexidade social incapaz de ser solucionada com base em sistemas estanques e que operem por códigos binômicos específicos, como o lícito/ilícito proposto por Niklas Luhmann.

O Direito não pode prescindir da Política e da Economia, por exemplo, para enfrentar o dilema do Vale do Ribeira: não bastaria haver lei ou precedente dizendo que a preservação deve sobrepujar a agricultura de subsistência, ou vice-versa, como fator a ensejar a pacificação social, ainda que suposta.

Estaremos lidando, na hipótese, com o confronto de valores, que haverão de ser sopesados tendo em vista fatores históricos, culturais, econômicos, políticos, biológicos, morais e jurídicos, dentre outros. O fato de o Direito referir que algo é lícito não é capaz de trazer a pacificação social. Se o Direito impede a exploração dos recursos naturais necessários para a subsistência de alguns seres humanos, ou se a propicia ao custo da extinção de um espécime da fauna ou da flora, esse fato ensejará problemas sociais, éticos e de equilíbrio ambiental – os quais, obviamente, não comportam solução exclusivamente dentro do subsistema jurídico.

Destarte, parece-nos inviável analisarmos o Direito como um sistema imune às pressões que emanam do ambiente, capaz de manifestar sensibilidade para com os anseios sociais apenas dentro de seus mecanismos próprios e específicos – e na medida em que indispensáveis à produção de uma decisão.

1.8 A superação das teorias ante a necessidade de materialização dos instrumentos de defesa social

Como acabamos de ver, o Positivismo jurídico de Kelsen – tendo em vista o próprio momento histórico em que elaborado, quando os conflitos de massa não apresentavam dimensão sequer próxima à de nossos dias – não se mostra adequado ao tratamento dos denominados *direitos sociais*.

Com efeito, privilegiando o individualismo e negando importância ao componente social na elaboração da norma, o Positivismo mostra-se incapaz de lidar com a intensa conflituosidade advinda do antagonismo de direitos de igual relevância, que abarcam valores sociológicos.

O legislador e o juiz, em conseqüência, não podem abstrair do processo de produção da norma os diversos componentes necessários ao efetivo apaziguamento social, os quais passam, de forma iniludível, pela análise de valores.

A Teoria dos Sistemas de Niklas Luhmann, em que pese ao cunho sociológico que lhe é inerente, também não se mostra capaz de superar, de forma satisfatória, os dilemas advindos dos interesses difusos.

Com efeito, apesar de sua inegável evolução no trato dos problemas sociais quando em cotejo com o Positivismo jurídico de Hans Kelsen, a Teoria dos Sistemas parece ter pecado ao atribuir ao Direito um papel específico e até certo ponto autônomo, vez que o processo de decisão que lhe está afeto somente pode ser formulado por intermédio de mecanismos próprios e internos, sendo certo que os valores ambientais somente teriam o condão de provocar o subsistema jurídico – jamais de participar de forma efetiva do procedimento decisório.

O Direito precisa oferecer uma resposta aos anseios sociais, sob pena de caminhar para o ostracismo, de perder importância. Para tanto, precisa interagir com os demais sistemas, operar seus códigos próprios sem abstrair o fato de que os conflitos somente podem ser solucionados por um processo decisório cuja relevância exige sejam sopesadas todas as variáveis apresentadas pelo ambiente.

Em outras palavras, a resposta do Direito aos anseios sociais somente será satisfatória se a vontade social puder efetivamente participar de sua elaboração, se tiver o condão de direcioná-la – e não apenas de fornecer estímulos ao subsistema jurídico e de ficar no aguardo de uma decisão, como se o procedimento próprio que opera com o código lícito/ilícito fosse capaz, em autêntico passe-de-mágica, de gerar o consenso pelo só fato de que a resposta decorreu do processo previamente aceito como legítimo.

Destarte, o Direito somente pode ser visto como um fenômeno social, que necessita captar os fatos e eventos da vida em comunidade e com eles interagir, de forma a assegurar a pacificação e ser um efetivo instrumento de distribuição da justiça.

2
A EVOLUÇÃO DO PROCESSO
À LUZ DOS NOVOS INTERESSES

2.1 A visão individualista do processo civil tradicional. 2.2 A criação de mecanismos processuais diferenciados como garantia de acesso à Justiça dos interesses metaindividuais. 2.3 Surgimento e evolução da ação civil pública no sistema jurídico brasileiro. 2.4 O sistema da jurisdição civil coletiva.

2.1 A visão individualista do processo civil tradicional

Como acima comentamos, o individualismo das normas foi um dos cenáculos do Liberalismo.

Dentro de mencionado contexto, o Positivismo jurídico abstraía o conteúdo da norma, cingindo seus limites, tão-somente, à suportabilidade humana.

As normas, a seu tempo, eram consideradas gerais ou individuais, conformem emanassem do Poder Legislativo ou de comandos judiciais, obrigando a todos indistintamente ou aplicando-se "ao caso particular em questão", respectivamente.[1]

Emanada de uma decisão judicial, a norma – ainda segundo o Positivismo jurídico – imporia certa conduta a um indivíduo, dada determinada situação.[2]

---

1. Cf. Hans Kelsen, *Teoria Geral do Direito e do Estado*, p. 53.
2. Muito embora refuja do âmbito do presente trabalho, impende destacarmos que Hans Kelsen sustenta a possibilidade de surgir uma norma geral em decorrên-

Nítida, pois, a preocupação advinda do Liberalismo com a tutela dos interesses egoísticos dos seres humanos, a qual se refletia, obviamente, nos mecanismos de tutela.[3]

De fato, nossa vigente sistemática processual civil – elaborada em contexto social bastante diverso daquele em que vivemos, incrementado por constantes avanços tecnológicos e científicos e por realidades diuturnamente alteradas – mostra vezos significativos do individualismo que perdurou na ordem jurídica por largo espaço de tempo.[4]

A preocupação dos legisladores sempre foi nitidamente individualista. O processo tutelava relações intersubjetivas. As regras procedimentais eram todas voltadas a possibilitar a defesa de interesses puramente egoísticos.

Assim é que institutos procedimentais como o da legitimação ativa e o da coisa julgada mostravam absoluta dissonância com a necessária proposta de mecanismos adequados para a defesa dos interesses sociais. De igual sorte, os poderes do juiz eram bastante restritos, mormente tendo em conta que o processo, apesar de público, era um aparato posto à disposição das partes, de utilização geralmente facultativa.

Com efeito: "A *singularidade da tutela jurisdicional*, herdada dos romanos (...), criara fortíssimas tradições de cunho individualista nos sistemas processuais europeus-continentais, a cuja cultura se filia o pro-

---

cia de uma decisão judicial, não querendo dizer com isso, no entanto, que uma única sentença teria o condão de traçar norma de conduta para um número indeterminável de pessoas – mas sim que poderia funcionar como autêntico precedente a ser observado em casos análogos que viessem a ocorrer no futuro (cf. *Teoria Geral* ..., p. 216).

3. "Não menos pesada no campo do processo que no resto do universo jurídico, a herança individualista reservou por muito tempo lugar exclusivo, no centro das atenções, aos problemas da tutela jurisdicional atinentes a conflitos entre pessoas singularmente consideradas. O mais rápido olhar aos esquemas processuais clássicos, tais como os refletem os grandes monumentos legislativos e a doutrina tradicional, desde logo os descobre, com poucas exceções, fundamentalmente armados à imagem e semelhança das relações jurídicas interindividuais, a cujo trato se ordena, de maneira precípua, o aparelho da Justiça" (José Carlos Barbosa Moreira, "A proteção jurisdicional dos interesses coletivos ou difusos", in Ada Pellegrini Grinover (coord.), *A Tutela dos Interesses Difusos*, p. 98).

4. Note-se que à época da edição do Código de Processo Civil já eram travadas na Europa e nos Estados Unidos discussões acerca da tutela dos interesses metaindividuais, fato que, no entanto, não sensibilizou o legislador pátrio (cf. Nélson Nery Júnior, *Atualidades sobre o Processo Civil*, p. 10; a propósito do tema, v., também, interessante estudo de Direito Comparado levado a termo por Ronaldo Cunha Campos, *Ação Civil Pública*, pp. 53 e ss.).

cesso civil brasileiro. Os pontos mais expressivos desse individualismo na tutela jurisdicional eram representados pela legitimidade necessariamente individual (CPC, art. 6º), pelos efeitos diretos da sentença invariavelmente limitados às partes do processo e pela rigorosa limitação subjetiva da autoridade da coisa julgada (art. 472). Sobre esse tripé apóia-se a tutela jurisdicional individual em todos os ordenamentos a que a nossa tradição cultural se filia".[5]

Em corolário, a sistemática procedimental haveria de passar por severa reforma em vários de seus institutos tradicionais, como meio de propiciar o efetivo acesso à Justiça de interesses até então subjugados – não obstante sua especial relevância.[6]

2.2 A criação de mecanismos processuais diferenciados como garantia de acesso à Justiça dos interesses metaindividuais

Ao atentar para a contínua evolução social e o conseqüente crescimento dos conflitos de massa, Luhmann culminou por analisar o Direito sob um enfoque sociológico, abstraindo a objetividade a ele emprestada pelo Positivismo.

Nesse contexto, a Ciência Jurídica passa a ser tratada como um fenômeno social, como um mecanismo capaz de viabilizar decisões que têm por escopo a harmonização da vida em sociedade, o atendimento das expectativas dos seres humanos: o Direito passa a ser visto como uma ordem social institucionalizada, que é positivado por um processo de escolha dentre várias opções possíveis, contingencial por não eliminar do horizonte aquelas descartadas – as quais poderão vir a ser aproveitadas em outra oportunidade, tendo em vista a constante mutação da vida em comunidade.[7]

O Direito ganha o papel de autêntico instrumento de transformação social – e não de mero ordenador da vida comunitária e assegurador de interesses individuais, como ocorria no Liberalismo.

---

5. Cândido Rangel Dinamarco, *A Reforma do Código de Processo Civil*, 5ª ed., p. 28.

6. Advertem Celso Antônio Pacheco Fiorillo, Marcelo Abelha Rodrigues e Rosa Maria de Andrade Nery que a inexistência de mecanismos específicos e adequados à tutela dos interesses metaindividuais constituiria "uma forma hedionda de inconstitucionalidade", pois turbaria o efetivo acesso à Justiça, consagrado pelo art. 5º, XXXV, de nossa Constituição (*Direito Processual Ambiental Brasileiro*, pp. 99-100).

7. Cf. Niklas Luhmann, *Sociologia do Direito*, v. 1, pp. 77 e ss.

Assim, o fator humano passa a ser objeto de efetiva preocupação por parte do sistema jurídico – inclusive no pertinente a conflitos de massa.

A evolução dos tempos propiciou a constatação de que os conflitos de massa não mais poderiam ser vistos como um fenômeno isolado, alheio ao ordenamento jurídico e insuscetível de controle jurisdicional: ao reverso, deveriam ser considerados como conseqüência natural da própria vida em sociedade.

Assim, "a complexa sociedade hodierna, por ser de produção, de troca e de consumo de massa, fica sujeita, conseqüentemente, a conflitos de massa, os quais se estabelecem em matéria de trabalho, relações entre as classes sociais, entre raças, entre religiões, e assim por diante".[8]

A identificação e a consagração dos interesses metaindividuais pelas ordens jurídicas modernas não poderiam – como acima afirmamos – jamais ser completas sem que, paralelamente, fossem instituídos mecanismos procedimentais adequados para tutelá-los.

De fato, não basta a existência de normas afirmando que determinada categoria de interesses é merecedora de resguardo pelo ordenamento. É indispensável que se criem mecanismos concretos para o controle de tais normas, para a efetiva defesa de seus princípios – o que somente se faria possível por intermédio de regras processuais diferenciadas em relação àquelas de natureza puramente individual.

Reconhecido como um poderoso mecanismo de pacificação social, o processo estaria fadado a perder sua importância caso não se adequasse de sorte a poder servir de instrumento para dirimir os conflitos gerados pela economia de massa.[9]

Mercê de tal fato, a identificação dos interesses difusos trouxe a necessidade de se proceder a autêntica revolução na esfera processual

---

8. Waldemar Mariz de Oliveira Júnior, "Tutela jurisdicional dos interesses coletivos", in Ada Pellegrini Grinover (coord.), *A Tutela dos Interesses Difusos*, p. 10.
9. "Tanto o Código Civil Brasileiro, monumento legislativo que honra as tradições jurídicas nacionais, quanto o Código de Processo Civil Brasileiro, diploma igualmente excepcional do ponto de vista dogmático-científico, foram criados e concebidos para regular relações jurídicas subjetivas (CC) e solucionar conflitos intersubjetivos, individuais (CPC). Os conflitos metaindividuais estavam a merecer outro tratamento legislativo, tanto quanto aos aspectos de direito material, quanto aos de direito processual" (Nélson Nery Júnior, "O Ministério Público e as ações coletivas", in Édis Milaré (coord.), *Ação Civil Pública – 10 Anos*, p. 365).

civil. Os papéis das partes e do próprio juiz foram revistos. O instituto da legitimidade sofreu profunda alteração, de sorte a permitir a defesa de interesses transindividuais de pessoas não identificadas por intermédio de um terceiro: o representante adequado.[10] Os efeitos objetivos e subjetivos da coisa julgada ganharam nova dimensão. As tutelas emergenciais foram privilegiadas.[11]

De instrumento posto à disposição do particular, o processo transformou-se em meio de defesa social. Os interesses individuais privilegiados pelo Positivismo cederam espaço para o reconhecimento da maior relevância das tutelas coletivas.[12]

Com a criação de instrumentos diferenciados viabilizou-se "o acesso à Justiça, seja pelo barateamento, seja pela quebra de barreiras sócio-culturais", tendo em vista o maior peso conferido "às ações destinadas à solução desses conflitos coletivos".[13]

Mercê do exposto, o Direito culminou por dar vazão aos reclamos sociais, que exigiram a transformação do processo para o resguardo de interesses de maior magnitude. Para tanto, à evidência, lidou com critérios eminentemente valorativos, ao arrepio do que pregava o Positivismo.[14]

2.3 Surgimento e evolução da ação civil pública no sistema jurídico brasileiro

É inquestionável o fato de que a implementação dos mecanismos de tutela coletiva na ordem jurídica brasileira deve muito ao direito

10. A propósito do tema, v., especialmente, Mauro Cappelletti e Bryant Garth, *Acesso à Justiça*, pp. 49 e ss.
11. Segundo o escólio de Nélson Nery Júnior: "Os institutos ortodoxos do processo civil não podem se aplicar aos direitos transindividuais, porquanto o processo civil foi idealizado como Ciência em meados do século passado, notavelmente influenciado pelos princípios liberais do individualismo que caracterizaram as grandes codificações do século XIX" (*Princípios do Processo Civil na Constituição Federal*, p. 114).
12. Como lembra Teresa Arruda Alvim, estamos diante de um novo processo civil, que faz necessário "se abandonem os padrões tradicionais do processo" para que se ingresse em seara cujo escopo é o de "regular uma outra faceta da realidade, que talvez possa ser eleita como a nota mais marcante das sociedades de nosso tempo" ("Apontamentos sobre as ações coletivas", *RePro* 75/273).
13. Cf. Sérgio Shimura, *Título Executivo*, p. 189.
14. Importante destacar, outrossim, o momento atual em que vivemos, da criação de mecanismos alternativos ao processo, como o juízo arbitral, o compromisso de ajustamento de conduta previsto no art. 5º, § 6º, da Lei federal 7.347/1985 e o próprio Juizado Especial instituído pela Lei 9.099/1995.

ambiental, que foi a primeira categoria de interesses metaindividuais a merecer especial atenção de nossos legisladores.

Em que pese à existência, desde épocas pretéritas, de normas jurídicas com eventuais reflexos mediatos no resguardo de interesses sociais – como é exemplo o art. 554 do Código Civil[15] –, inexistia dispositivo legal cujo escopo precípuo fosse o de efetiva tutela de tais direitos.

O primeiro instrumento jurídico a unir um dano ambiental à sua efetiva previsão reparatória no Direito Brasileiro foi o Decreto 83.540/1979, o qual regulamentou o Decreto Legislativo 74/1976, que aprovou a "Convenção Internacional sobre Responsabilidade Civil em Danos Causados por Poluição de Óleo".[16]

De mencionado decreto surgiu a legitimidade ativa do Ministério Público para a apuração da responsabilidade civil do causador do dano.

A Lei federal 6.938, de 31.8.1981, culminou por ampliar a possibilidade de responsabilização civil para qualquer hipótese de lesão ambiental, por intermédio de seu art. 14, § 1º.

Em que pese ter a Lei da Política Nacional do Meio Ambiente previsto até mesmo a regra da responsabilidade civil objetiva, seus princípios substanciais haveriam de merecer o respaldo de mecanismos processuais adequados e diferenciados, tendo em vista a natureza metaindividual dos interesses por ela resguardados.

Assim, a previsão inserta na Lei 6.938/1981 passou a ser um dos principais motes no sentido da criação de instrumentos procedimentais diferenciados e adequados para a tutela dos interesses metaindividuais, como reconhece Cândido Rangel Dinamarco.[17]

Meses após a instituição legislativa da denominada *Política Nacional do Meio Ambiente*, adveio a Lei Complementar federal 40, de 14.12.1981, a qual afiançou ser função institucional do Ministério Público *promover a ação civil pública* (art. 3º, III).

Mencionado diploma (revogado pela vigente Lei 8.625/1993) possuiu o inegável mérito de introduzir em nossa ordem jurídica a expressão em comento.

---

15. A propósito, interessante decisão advinda do Superior Tribunal de Justiça admitindo a propositura, com base no dispositivo em comento, de ação individual cujo escopo era o de compelir a Administração Municipal a se abster de utilizar antiga pedreira como depósito de lixo: REsp 163.483-RS (rel. Min. Peçanha Martins, *DJU* 29.3.1999, p. 150).

16. A propósito, Motauri Ciocchetti de Souza, *Interesses Difusos em Espécie*, p. 5.

17. *A Reforma* ..., 5ª ed., p. 28.

Não obstante tenha introduzido no ordenamento jurídico a ação civil pública, a Lei Complementar 40 em momento algum esclareceu qual o objetivo de mencionado instrumento processual, apenas dizendo-o cabível *na forma da lei*.

A doutrina nacional começou, pois, a se debruçar sobre o teor da expressão, buscando suporte a seus estudos quer na legislação vigente, quer no Direito Comparado.

Mercê de tais estudos, uma Comissão de juristas, composta por Ada Pellegrini Grinover, Cândido Rangel Dinamarco, Kazuo Watanabe e Waldemar Mariz de Oliveira Júnior,[18] culminou por apresentar, no I Congresso Nacional de Direito Processual Civil, realizado em Porto Alegre em julho/1983, anteprojeto de lei com o escopo de regulamentar a ação civil pública. Após ser longamente debatida no encontro, a proposta acabou por ser encampada pelo então deputado Flávio Bierrembach, transformando-se no Projeto de Lei 3.034/1984.

Inegável destaque merecem também, dentre os estudiosos do tema, os integrantes do Ministério Público de São Paulo Antônio Augusto Mello de Camargo Ferraz, Édis Milaré e Nélson Nery Júnior.

Durante o XI Seminário Jurídico dos Grupos de Estudo do Ministério Público Paulista, realizado em dezembro/1983, mencionados promotores de justiça apresentaram tese denominada *Ação Civil Pública*, inclusive contemplando anteprojeto legislativo para a respectiva regulamentação.[19]

De mencionado estudo surgiu a obra *A Ação Civil Pública e a Tutela Jurisdicional dos Interesses Difusos*, publicada pela Editora Saraiva em 1984.

Certo é que naquela oportunidade o conceito de ação civil pública vinha traçado em contraposição ao de ação penal pública, tendo em conta unicamente um elemento subjetivo.

Em corolário, enquanto a ação penal pública era o direito conferido ao Ministério Público de provocar, na esfera criminal, a jurisdição, a ação civil pública foi conceituada como "o direito conferido ao Ministério Público de fazer atuar, na esfera civil, a função jurisdicional".[20]

---

18. Os quais já vinham publicando ensaios e artigos a propósito do tema – v., dentre outras, a coletânea *A Tutela dos Interesses Difusos*, coordenada por Ada Pellegrini Grinover e publicada pela Editora Max Limonad em 1984.

19. V., a propósito, Nélson Nery Júnior, *Atualidades ...*, pp. 10-11.

20. Ferraz, Milaré e Nery, *A Ação Civil Pública e a Tutela Jurisdicional dos Interesses Difusos*, p. 22.

Em face de tal conceito, os ilustres promotores de justiça culminaram por identificar, na ordem jurídica vigente, variegadas hipóteses de ações civis públicas.

Com efeito, segundo os estudos então realizados, todas as ações propostas pelo Ministério Público na esfera extrapenal poderiam ser consideradas civis públicas, pouco importando a natureza difusa, ou não, do interesse submetido a tutela.[21]

A proposta legislativa por eles apresentada, no entanto, previa o objeto a ser perseguido por intermédio da denominada *ação civil pública* (nominada, no texto, de *ação de responsabilidade*), consistente na tutela dos patrimônios ambiental e cultural, do consumidor e de qualquer outro interesse difuso.

Encampada pelo então Procurador-Geral de Justiça, Paulo Salvador Frontini, a proposta foi encaminhada, via Confederação Nacional do Ministério Público, ao Ministro da Justiça, que, por entendê-la "mais completa e abrangente" em cotejo com o projeto apresentado pelo deputado Flávio Bierrembach, a adotou, propondo ao Presidente da República seu encaminhamento ao Congresso Nacional.[22]

O encaminhamento ocorreu por intermédio da Mensagem 123/1985, recebendo o Projeto o n. 4.984/1985 na Câmara dos Deputados.

Regularmente aprovado, o projeto culminou por se transformar na Lei federal 7.347, de 24.7.1985.

À época, o Presidente da República entendeu por bem limitar o alcance da ação civil pública à tutela de rol definido de interesses metaindividuais.

Destarte, após vetos a expressão inserta na ementa da lei, assim como aos incisos IV de seu art. 1º e II do art. 5º, além de passagem consignada no art. 4º.

O veto, em verdade, direcionou-se ao uso da expressão "a qualquer outro interesse difuso", a qual tornava a relação de matérias pas-

---

21. A única limitação que havia, para os autores, era decorrência do próprio art. 81 do Código de Processo Civil, que conferia legitimidade ativa ao Ministério Público apenas frente à existência de previsão legal.
As hipóteses de propositura de ação civil pública, na visão dos autores, vêm arroladas na obra em comento (Ferraz, Milaré e Nery, *A Ação Civil Pública* ...), pp. 24-30.
22. Cf. Exposição de Motivos DAL 0047, de 4.2.1985, do Ministério da Justiça.

síveis de ser tuteladas por intermédio da ação civil pública meramente exemplificativa.[23]

Sem embargo, a ação regulamentada pela Lei federal 7.347/1985 passou a ser utilizada em larga escala na tutela do meio ambiente, do patrimônio cultural e do consumidor (únicos interesses constantes do rol exaustivo de seu art. 1º), especialmente pelo Ministério Público, e com resultados animadores.

À evidência que o legislador constituinte não poderia permanecer indiferente ante tão visível realidade.

Em conseqüência, a Carta Federal de 1988 – a par de outros significativos avanços em termos de tutela coletiva[24] – culminou por asseverar ser função institucional do Ministério Público "promover (...) a ação civil pública para a proteção do patrimônio público e social, do meio ambiente e de outros interesses difusos e coletivos" (art. 129, III).

Certo é que a jurisprudência mostrou algum titubeio quanto ao alcance da expressão "outros interesses difusos e coletivos", havendo decisões no sentido de que tais interesses somente poderiam ser tutelados pela Instituição desde que previstos em lei – as quais, no entanto, vêm sendo paulatinamente superadas.[25]

Não obstante, temos para nós que o grande mérito advindo do dispositivo em comento foi o de suplantar – ao menos em relação ao Ministério Público – o veto originariamente aposto pelo Presidente da República ao art. 1º, IV, da Lei federal 7.347/1985.

Criou-se, na oportunidade, situação diferenciada entre os legitimados ativos arrolados no art. 5º da Lei da Ação Civil Pública: enquanto ao Ministério Público se fez possível promover a tutela de qualquer

23. Os motivos dos vetos constam da Mensagem 359/1995 encaminhada ao Congresso pelo Presidente da República.
24. Como, v.g., a criação do mandado de segurança coletivo (art. 5º, LXX) e do mandado de injunção (art. 5º, LXXI), a ampliação do objeto passível de tutela por intermédio da ação popular (art. 5º, LXXIII), a legitimação dos sindicatos para a defesa coletiva de seus filiados (art. 8º, III), a ampliação do rol dos legitimados ativos à propositura da ação direta de inconstitucionalidade (art. 103).
25. A propósito da amplitude do princípio, v.: STF, Pleno, RE 163.231-3, rel. Min. Maurício Corrêa, j. 26.2.1997, e RE 190.976-SP, rel. Min. Ilmar Galvão, *DJU* 6.2.1998, p. 35 (ambos admitindo a tutela, pelo Ministério Público, de alunos em face de aumento abusivo de mensalidades); STJ, REsp 151.811-MG, rela. Min. Eliana Calmon, *DJU* 12.2.2001, p. 104; REsp 167.783-MG, rel. Min. José Delgado, *DJU* 17.8.1998, p. 38; REsp 137.101-MA, rel. Min. Adhemar Maciel, *DJU* 14.9.1998, p. 44 – dentre outros.

interesse metaindividual, os demais legitimados continuavam jungidos ao rol inserto no art. 1º como *numerus clausus*.

Em que pese ao fato, a evolução do instituto continuou significativa, não tardando o surgimento de novas leis tratando da tutela coletiva. Com efeito, em 1989 foram editadas as Leis 7.853 e 7.913, tratando, respectivamente, da tutela coletiva das pessoas portadoras de deficiência e dos investidores no mercado de valores mobiliários.

Em 1990 surgiram o Estatuto da Criança e do Adolescente (que cometeu ao Ministério Público o mister de promover a ação civil pública em defesa dos interesses afetos à infância e à juventude e, em seus arts. 208 a 224, tratou da *proteção judicial dos interesses individuais, difusos e coletivos*) e o Código de Defesa do Consumidor.

Em vista do processo histórico que vimos desenvolvendo, interessa-nos, na oportunidade, fazer alusão mais detida à Lei federal 8.078/1990.

O Código de Defesa do Consumidor, de início, provocou profundas alterações na sistemática constante da Lei federal 7.347/1985, a ela acrescentando vários dispositivos.

Dentre as alterações decorrentes, a mais significativa – tendo em conta o nosso estudo[26] – foi aquela advinda do art. 110 do Código do Consumidor, que reinseriu o inciso IV no rol do art. 1º da Lei da Ação Civil Pública.

Mercê de tal fato, a ação civil pública passou a ser instrumento adequado para a tutela de qualquer interesse difuso ou coletivo, passível de ampla utilização por qualquer dos legitimados ativos.

Findava, a partir de então, a diferença de tratamento dispensada à legitimidade do Ministério Público em cotejo com aquela deferida aos demais entes arrolados pelo art. 5º da Lei 7.347/1985, por força do art. 129, III, da Constituição Federal.

Mas a evolução haveria de mostrar-se contínua.

Assim, em 1992 surgiu a Lei federal 8.429, que, em seus arts. 16 a 18, trouxe princípios da tutela do patrimônio público e da probidade administrativa.

Finalmente, devemos destacar a Lei 8.884/1994, que, a par de prever que a ação civil pública se destina à reparação de danos morais e

---

26. Pois não se pode olvidar, à evidência, a inovadora previsão dos interesses individuais homogêneos e a instituição de mecanismos próprios para a respectiva tutela.

patrimoniais, determinou o acréscimo ao rol do art. 1º da Lei 7.347/ 1985 do inciso V, prevendo a tutela coletiva da ordem econômica.[27]

2.4 O sistema da jurisdição civil coletiva

Acabamos de ver que a Lei federal 7.347/1985 foi, sem dúvida, o principal marco na instituição, em nosso ordenamento jurídico, de mecanismos procedimentais adequados à tutela dos denominados *interesses metaindividuais*.

Não obstante, o Código de Defesa do Consumidor também constituiu marco de suma importância em mencionado processo, mercê de diversos aperfeiçoamentos trazidos à Lei da Ação Civil Pública, dentre os quais merece especial destaque o tratamento minudente dos efeitos da coisa julgada em sede de tutela coletiva, trazido por seu art. 103.[28]

Diferentemente das outras normas jurídicas acima citadas – que contêm previsões específicas para a tutela de determinada categoria de interesses metaindividuais –, a parte processual do Código de Defesa do Consumidor compõe, com a Lei 7.347/1985, o que podemos chamar de *sistema da ação civil pública*.

Com efeito, enquanto os princípios procedimentais trazidos, *v.g.*, pelo Estatuto da Criança e do Adolescente são prevalentes na defesa dos interesses por ele retratados – comportando a aplicação dos dispositivos insertos na Lei 7.347/1985 de forma subsidiária, com os efeitos de tal decorrentes[29] –, entre a parte processual do Código de Defesa do Consumidor e a Lei da Ação Civil Pública vige autêntica relação de reciprocidade, de interação, mercê do disposto em seus arts. 90 e 21, respectivamente.

Destarte, o Código de Defesa do Consumidor inovou ao tratar da tutela coletiva não apenas dos direitos substanciais nele insertos, mas dos interesses difusos, coletivos e individuais homogêneos[30] em acep-

---

27. Em nosso sentir o acréscimo em foco era absolutamente desnecessário e de puro atecnicismo legislativo, pois, se o inciso IV do rol em comento é residual, à evidência que nele já se encontra a previsão de tutela coletiva do interesse em análise.
28. A propósito, v. o Capítulo 11, *infra*.
29. Como, por exemplo, em face da diferente estipulação da regra de competência para o julgamento de ações civis públicas (v., a propósito, o Capítulo 8, *infra*).
30. Conceituados em rol constante de seu art. 81, parágrafo único.

ção ampla, formando com a Lei 7.347/1985 "um sistema interativo, harmônico e homogêneo"[31] – o sistema da ação civil pública, ou, como prefere parte da doutrina, a base da jurisdição civil coletiva no Direito Brasileiro.[32]

Certo é que mesmo a somatória dos textos legais citados não nos permite concluir pela existência de um sistema processual que nutra absoluta independência em relação às regras de tutela intersubjetiva previstas no Código de Processo Civil.

Isso porque institutos essenciais ao desenvolvimento do processo visto em seu conjunto não são objeto de previsão pelas normas que regem o sistema da ação civil pública.

Assim ocorre, por exemplo, com o rito processual a ser adotado em sede de tutela coletiva,[33] com as formas de citação, com a produção das provas, com as espécies de recurso cabíveis etc.

Em corolário, vários dos princípios gerais de regência da sistemática processual civil tradicional possuem aplicabilidade em sede de jurisdição civil coletiva, mercê, aliás, do próprio art. 19 da Lei 7.347/1985.

Desta forma, as jurisdições civis individual e coletiva possuem um núcleo comum, uma base legislativa idêntica sobre a qual se desenvolvem os princípios peculiares e adequados à tutela de seus respectivos objetos.

Em outras palavras: o sistema da ação civil pública não inviabiliza o reconhecimento da existência de uma Teoria Geral do Processo, a ela impondo, não obstante, algumas alterações, vez que necessárias para a efetiva tutela de interesses que não comportam fragmentação.

31. Cf. Nery Júnior, *Atualidades* ..., p. 12.
32. A propósito do tema, v., dentre outros: Fiorillo, Rodrigues e Nery, *Direito* ..., pp. 98 e ss.; José Marcelo Menezes Vigliar, *Tutela Jurisdicional Coletiva*, pp. 114 e ss.; Ada Pellegrini Grinover e outros, *Código Brasileiro de Defesa do Consumidor Comentado pelos Autores do Anteprojeto*, pp. 485 e ss.; Motauri Ciocchetti de Souza, *Ação Civil Pública e Inquérito Civil*, pp. 17-18.

Cândido Rangel Dinamarco (*A Reforma* ..., 5ª ed., p. 29) acrescenta à base mencionada o Estatuto da Criança e do Adolescente, em posição da qual divergimos, pois que alguns dos princípios referentes à jurisdição coletiva deste constantes não se harmonizam com as regras gerais do sistema (cf. *v.g.*, os arts. 209 e 214 da Lei 8.069/1990).

33. O que se mostrar mais capaz de propiciar a adequada e eficaz tutela de qualquer dos interesses previstos no rol do art. 81, parágrafo único, da Lei 8.078/1990, dentre todos os previstos no Código de Processo Civil ou em legislação processual extravagante (cf. o art. 83 do Código do Consumidor).

A EVOLUÇÃO DO PROCESSO À LUZ DOS NOVOS INTERESSES 45

Tendo em vista mencionada circunstância, atentos ao objeto proposto pelo presente trabalho, não podemos deixar de fazer referência ao próprio fundamento da existência do direito de ação e do processo, consubstanciado na função jurisdicional, manifestação da soberania do Estado.

3
O PODER DO ESTADO

3.1 Unicidade. 3.2 A tripartição das funções.

3.1 Unicidade

O poder que emana do Estado é uno e indivisível, consistindo em autêntico fenômeno sócio-cultural.

Nos termos do art. 1º, parágrafo único, da Constituição Federal, o poder do Estado emana do povo que o forma e constitui, e que o exerce por meio de representantes.[1]

A sociedade forma-se pela somatória de aspectos territoriais, humanos e temporais.

Nesse diapasão, pertencer a um grupamento social, sujeitar-se a uma ordem estatal, "é reconhecer que ele pode exigir certos atos, uma conduta conforme com os fins perseguidos" – nos dizeres de José Afonso da Silva.[2]

Todos os seres humanos nutrem desejos, possuem interesses próprios e, no mais das vezes, incompatíveis entre si.

Pudesse cada ser humano exercer, em plenitude, todos os seus interesses, certamente não se haveria de falar em organização social – e, por conseqüência, em Estado.

---

1. O povo, assim, "é a fonte do poder político", como assevera José Celso de Mello Filho (*Constituição Federal Anotada*, p. 12).
2. *Curso de Direito Constitucional Positivo*, 21ª ed., p. 106.

O Estado decorre do ordenamento social, sendo instituído para a regência da vida em comunidade.

Se os interesses individuais são plúrimos e, não raro, incompatíveis entre si, a sociedade somente pode ser formada a partir da aceitação, por seus integrantes, da existência de um ente com poder de ditar normas gerais de regência, por intermédio de um processo de opção dentre inúmeras possibilidades.[3]

Assim, pertencer a um corpo social implica reconhecer a existência de um órgão com o poder de limitar as atuações individuais, de impor ordens de conduta de caráter vinculativo através de processos de escolha.

À evidência, o ente de que estamos tratando é o Estado, detentor do poder conferido pelo povo que o integra.

Como atributo do próprio Estado,[4] o poder é uno e indivisível.

Assim, a lei, o ato administrativo e a sentença – mecanismos capazes de coordenar o comportamento dos integrantes da sociedade – emanam de um único pólo irradiador de poder.[5]

Em que pese ao fato, as manifestações de poder acima elencadas decorrem de funções distintas exercidas pelo Estado.

Destarte, se o poder é uno, ele se apresenta por meio de funções distintas entre si, exercidas por órgãos que, muito embora independentes, formam e integram o Estado.[6]

3.2 A tripartição das funções

Após identificadas por Aristóteles, Montesquieu, em sua imortal obra *O Espírito das Leis*, foi o primeiro a apregoar que as funções típi-

---

3. "É a idéia objetiva, ou, para usarmos expressões mais compreensíveis, é o ideal comum, o sistema de valores em torno do qual os homens todos se congregam, que mantém e vivifica o Estado, o qual não poderia subsistir só mediante o aparelho coativo do Direito" (Miguel Reale, *Teoria do Direito e do Estado*, p. 40).
  4. Pois "não há *Estado* sem *poder*", como refere Michel Temer (*Elementos de Direito Constitucional*, 18ª ed., p. 117).
  5. Cf. Luiz Alberto David Araújo e Vidal Serrano Nunes Júnior, *Curso de Direito Constitucional*, p. 227.
  6. "O *governo* é, então, o conjunto de órgãos mediante os quais a vontade do Estado é formulada, expressada e realizada, ou o conjunto de órgãos supremos a quem incumbe o exercício das *funções do poder político*" (José Afonso da Silva, *Curso...*, 21ª ed., p. 112).

cas do Estado deveriam ser cometidas a órgãos distintos, estabelecendo, assim, uma divisão orgânica do poder.[7]

As funções judiciária, legislativa e executiva foram, então, confiadas cada qual a um órgão supremo do Estado, dotado de independência em relação aos demais.[8]

Ao Legislativo incumbe editar normas de caráter geral, abstrato e vinculativo. Ao Judiciário, solucionar os conflitos de interesses, aplicando a lei ao caso concreto de forma coativa. Finalmente, ao Executivo incumbe praticar "atos de chefia de Estado, de governo e de administração".[9] À mencionada função cabe *resolver* "os problemas concretos e individualizados, de acordo com as leis", nela se inserindo "todos os atos e fatos jurídicos que não tenham caráter geral e impessoal".[10]

Certo é que a divisão não existe de forma absolutamente estanque, posto que para exercer seus misteres com a independência apregoada pela Constituição Federal mostra-se necessário que cada um dos Poderes colabore no desempenho de outras funções em caráter secundário, praticando atos de soberania cometidos de forma precípua a outro.[11]

Assim, se as funções administrativas tocam, de ordinário, ao Poder Executivo, nem por isso estão Legislativo e Judiciário impedidos de exercê-las no trato de questões próprias de suas respectivas autonomias – como na contratação de servidores.

De igual sorte, não há como não vislumbrarmos no julgamento do Presidente da República pelo Legislativo por crime de responsabilida-

---

7. Cf. Luiz Alberto David Araújo e Vidal Serrano Nunes Júnior, *Curso...*, p. 228.
    Cumpre acrescer que da separação das funções do Estado "retira-se a manifestação ideológica a serviço da contenção do poder pelo próprio poder", nos dizeres de Gílson Delgado Miranda (*Procedimento Sumário*, p. 24).
8. Cf. o art. 2º da Constituição Federal. Segundo José Afonso da Silva: "*A independência dos Poderes* significa: (a) que a investidura e a permanência das pessoas num dos órgãos do governo não dependem da confiança nem da vontade dos outros; (b) que, no exercício das atribuições que lhes sejam próprias, não precisam os titulares consultar os outros nem necessitam de sua autorização; (c) que, na organização dos respectivos serviços, cada um é livre, observadas apenas as disposições constitucionais e legais; (...)" (*Curso...*, 21ª ed., p. 110).
9. Cf. Alexandre de Moraes, *Direito Constitucional*, p. 349.
10. José Afonso da Silva, *Curso...*, 21ª ed., p. 108.
11. Cf. Manoel Gonçalves Ferreira Filho, *Curso de Direito Constitucional*, p. 119.

de[12] a figura da jurisdição sendo exercida por outro Poder, que não o Judiciário.[13]

Em vista da finalidade do presente trabalho, no entanto, interessa-nos tratar mais amiúde apenas de uma das funções típicas do Estado – a jurisdicional – e de seu exercício pelo Poder Judiciário.[14]

---

12. Cf. o art. 86 da Constituição Federal.
13. Segundo Eduardo J. Couture, é fácil "conceber-se a um Congresso legislando, a um Poder Executivo administrando e a um Poder Judiciário dirimindo conflitos. O difícil é decidir o que faz um Congresso quando cassa o mandato de um de seus membros, o Poder Executivo quando dirime uma controvérsia, o Poder Judiciário quando nomeia um de seus funcionários" ("A jurisdição", *Revista Brasileira de Direito Processual* 10/39).
14. "A atividade do Poder Judiciário Brasileiro é uma força derivada da soberania nacional; e neste sentido é que o Poder Judiciário é um Poder político. A Nação, corpo social politicamente constituído, é uma atividade orgânica subsistente, isto é, um Estado, cujos poderes ou forças de agir derivam da vontade geral dos indivíduos que a compõem, ou seja, da soberania nacional. O Poder Judiciário Brasileiro é, como o Poder Legislativo e Executivo, um atributo da soberania nacional; ele é constituído especialmente para assegurar a aplicação das leis que garantem a inviolabilidade dos direitos individuais; sendo estas leis eminentemente nacionais, eminentemente nacional é o Poder que determina a sua aplicação" (João Mendes de Almeida Júnior, *Direito Judiciário Brasileiro*, p. 33).

4
A JURISDIÇÃO

4.1 Conceito. 4.2 Características. 4.3 Princípios fundamentais. 4.4 Unidade.

4.1 Conceito[1]

As funções do Estado emanam de sua soberania.

Se à função legislativa toca a produção de normas que formarão a ordem jurídica do Estado, com o escopo de regular situações futuras, gerais e abstratas, à jurisdicional está afeto o mister de editar atos de conteúdo concreto, com o escopo de dirimir conflitos de interesse estabelecidos no contexto social, aplicando a lei ao caso posto sob sua apreciação.[2]

Assim, o resultado do exercício da função legislativa é a edição de normas cuja finalidade é a de regular o convívio social; à jurisdição

1. Impende considerarmos, de logo, que o conceito de *jurisdição* comporta variáveis temporais em decorrência da alteração dos próprios métodos lógicos de julgar. Assim, o momento histórico é dado essencial na formulação do conceito em foco (cf. Piero Calamandrei, *Istituzioni di Diritto Processuale Civile*, v. I, p. 24).

2. Nos dizeres de Antônio Carlos Marcato: "Através da legislação o Estado cria e regula os modelos de conduta a serem observados por seus súditos, prevendo ainda as conseqüências (sanções) pela não-observância daqueles; já através da jurisdição busca ele a realização prática e efetiva da norma legal, quer mediante a declaração da lei aplicável para a solução do litígio concretamente submetido à sua apreciação (no processo de conhecimento), quer mediante a imposição coativa de medidas satisfativas da vontade efetiva da lei (no processo de execução)" (*Procedimentos Especiais*, 9ª ed., pp. 17-18).

cabe dirimir os conflitos que concretamente venham a se estabelecer, materializando o conteúdo abstrato do ordenamento jurídico.[3]

A função legislativa é sempre inovadora, vez criar o Direito tendo em vista hipóteses abstratas e futuras; na jurisdição o Estado materializa a norma, sendo certo que, por seu intermédio, ele "se substitui aos titulares dos interesses em conflito para, imparcialmente, buscar a pacificação do conflito que os envolve, com justiça. Essa pacificação é feita mediante a atuação da vontade do direito objetivo que rege o caso apresentado em concreto para ser solucionado; e o Estado desempenha essa função sempre mediante o processo, (...)".[4]

Atendo-se à jurisdição, Eduardo J. Couture lembra que o vocábulo possui, ao menos, quatro acepções distintas entre si, podendo estar ligado a um âmbito territorial determinado, ser utilizado como expressão de competência, como poder ou como função.[5]

Dentre as acepções acima tratadas, o saudoso processualista prefere enfocar a jurisdição como função – e não como poder, que estaria relacionado "a la investidura, a la jerarquía, más que a la función".[6]

Assim, identificar-se a jurisdição como poder não seria o mais adequado, até mesmo pelo fato de que ela é um autêntico *poder-dever*, pois, "junto a la facultad de juzgar, el juez tiene el deber administrativo de hacerlo".[7]

Coerentemente a tais ensinamentos, podemos definir jurisdição como a "função do Estado que tem por escopo a atuação da vontade concreta da lei, por meio da substituição, pela atividade de órgãos públicos, da atividade de particulares ou de outros órgãos públicos, já no

---

3. "Feitas as leis, não se considera ainda plenamente realizada a função do Direito. Elas ditam, realmente, as regras de conduta a serem observadas pelos membros da sociedade, mas, como essas regras ordinariamente têm conteúdo abstrato e geral, é preciso assegurar, na medida do possível, a sua estrita observância, em nome da liberdade e dos direitos de cada um na ordem subjetiva da convivência social; em outras palavras, é necessário, sempre que falte a observância espontânea, identificar, declarar e dar atuação a essas regras, caso por caso, nas vicissitudes concretas da vida de cada dia, eventualmente até mediante meios coercitivos" (Enrico Tullio Liebman, *Manual de Direito Processual Civil*, v. 1, p. 3).
4. Antônio Carlos de Araújo Cintra, Ada Pellegrini Grinover e Cândido Rangel Dinamarco, *Teoria Geral do Processo*, 18ª ed., p. 131.
5. *Fundamentos del Derecho Procesal Civil*, pp. 27-28.
6. Idem, p. 29.
7. Idem, p. 30.

afirmar a existência da vontade da lei, já no torná-la praticamente efetiva".[8]

4.2 Características

Posto o conceito de jurisdição, importa-nos tratar das principais características que dela emanam: a privatividade de seu exercício, a existência de um conflito de interesses, a substitutividade (ou secundariedade), a inércia, a imparcialidade e a definitividade.

Como atributo da soberania do Estado,[9] o exercício da jurisdição é atividade privativa, sendo monopólio do Poder Judiciário.[10] Em conseqüência, é requisito formal da jurisdição a presença de um órgão pertencente à estrutura de mencionado Poder.

A existência de um *conflito de interesses* também é condição necessária para o exercício da função jurisdicional.

Como tivemos oportunidade de abordar anteriormente, a vida em sociedade é regida por normas gerais e abstratas, oriundas do Poder Legislativo.

As leis, ostentando a natureza de comandos, existem para estruturar a sociedade e reger as relações interpessoais que nela se firmam.

Destarte, o comportamento normal, a atitude esperada dos seres humanos, é o de cumprimento dos comandos advindos da ordem jurídica.

Não obstante, a edição de leis e a criação de estruturas fiscalizatórias por parte do Poder Público somente se justificam na medida em que no seio da sociedade ocorrem condutas que não se encontram em conformidade com a norma, ou seja, que não se amoldam àquelas propostas e esperadas pelo legislador.

Demais disso, a dinâmica da vida em comunidade atinge ritmo vertiginoso em nossos dias, de sorte que ao legislador se torna cada vez mais difícil alcançar e regular todas as relações jurídicas que se

8. Giuseppe Chiovenda, *Instituições de Direito Processual Civil*, v. 2, p. 3.
9. Pois "la actividad de dirimir conflictos y decidir controversias es uno de los fines primarios del Estado. Sin esa función, el Estado no se concibe como tal" (Eduardo J. Couture, *Fundamentos...*, p. 39).
10. Ressalvadas raríssimas exceções, como a da Justiça Desportiva e do juízo arbitral. A respeito deste último, v. Nélson Nery Júnior, *Princípios do Processo Civil na Constituição Federal*, pp. 69 e ss.

apresentam no contexto social e que tenham capacidade de gerar conflitos de interesses.[11]

Surgido o conflito (manifestado por uma pretensão resistida – *lide*), o Estado coloca à disposição das partes o aparato jurisdicional, como mecanismo adequado para sua composição.

Através da jurisdição o Estado *substitui* a vontade das partes por intermédio de sua atividade, tornando-se o detentor do poder de dizer qual dentre as pretensões em conflito está a merecer guarida por parte da ordem jurídica, realizando "coativamente uma atividade que deveria ter sido primariamente exercida, de maneira pacífica e espontânea, pelos próprios sujeitos da relação jurídica submetida à decisão".[12] A jurisdição, assim, busca dar a cada um o que é seu, funcionando como instrumento de pacificação social.[13]

Para atingir tal desiderato, conta a jurisdição com o atributo da *definitividade* (ou *imutabilidade*) de suas decisões, a respeito das quais não cabe revisão por outro Poder.

A definitividade da decisão decorre do fenômeno da *coisa julgada material*, que é atributo peculiar da atividade jurisdicional e se encontra assegurada dentre os direitos e garantias previstos no art. 5º da Constituição da República.[14]

Coisa julgada material "é a imutabilidade dos efeitos de uma sentença, em virtude da qual nem as partes podem repropor a mesma demanda em juízo ou comportar-se de modo diferente daquele preceituado, nem os juízes podem voltar a decidir a respeito, nem o próprio

---

11. Neste sentido, o dogma da completude do sistema jurídico somente pode ser aceito a partir do momento em que entendamos, na esteira do escólio de Mauro Cappelletti, que os juízes – detentores da jurisdição – não são reles aplicadores da lei, sendo "a criatividade um fator inevitável da função jurisdicional". Assim, "os juízes estão constrangidos a ser criadores do Direito, *law makers*", pois "são chamados a interpretar e, por isso, inevitavelmente a esclarecer, integrar, plasmar e transformar, e não raro a criar *ex novo* o Direito" (*Juízes Legisladores?*, pp. 73-74).

12. Humberto Theodoro Júnior, *Curso de Direito Processual Civil*, v. 1, p. 37.

13. Cumpre afiançar que o poder-dever inerente à função jurisdicional não é exercido de forma discricionária, mas a partir da "existência de um meio ou método" que faz com que "o Direito ganhe operatividade. O instrumento de que a jurisdição se vale chama-se *processo*, que se constitui numa série de atos, encadeados e coordenados, tendentes a uma decisão" (Sérgio Shimura, *Arresto Cautelar*, p. 17).

14. Cf. inciso XXXVI.

legislador pode emitir preceitos que contrariem, para as partes, o que já ficou definitivamente julgado".[15]

Em corolário, "transitada uma sentença materialmente em julgado, não poderão mais as partes (ou seus sucessores) discutir ou reclamar, em processo posterior, quanto ao bem da vida que a sentença atribuiu, ou denegou, a qualquer delas".[16]

Caracteriza a jurisdição, outrossim, a *inércia*. Com efeito, a função jurisdicional do Estado somente pode ser exercida mediante provocação dos interessados.[17]

Conflitos de interesses são uma constante na vida social. O dia-a-dia de cada ser humano é enriquecido por debates e divergências, pelo confronto de idéias e de objetivos.

À evidência que o contraste de opiniões e de idéias que enseja o debate é da essência da vida comunitária, em que pese se manifestar, não raro, por meio de embates.

Não obstante, a grande maioria de tais conflitos é solucionada de forma satisfatória pelos próprios interessados, mostrando-se desnecessária a intervenção estatal.

Assim sendo, caso a jurisdição viesse a atuar sem provocação por parte dos interessados, o apaziguamento social que é de sua essência daria lugar a autêntica situação de insegurança, vindo o Estado a se imiscuir em questões que comportariam perfeita e adequada solução por parte dos próprios divergentes, ou mediante critérios por eles eleitos para dirimi-las.[18]

Cumpre asseverar que a inércia da jurisdição é representada por dois brocardos latinos: *nemo judex sine actore* e *ne procedat judex ex officio*.[19]

15. Araújo Cintra, Grinover e Dinamarco, *Teoria Geral...*, 18ª ed., p. 136.
16. Athos Gusmão Carneiro, *Jurisdição e Competência*, p. 12.
17. Nos termos do art. 2º do Código de Processo Civil, "nenhum juiz prestará a tutela jurisdicional senão quando a parte ou o interessado a requerer, nos casos e formas legais".
18. A propósito, v. Gílson Delgado Miranda, *Procedimento Sumário*, p. 31. V., também, Araújo Cintra, Grinover e Dinamarco, que fazem alusão aos mecanismos alternativos de solução de conflitos – como a composição extraprocessual (*Teoria Geral...*, 18ª ed., pp. 134-135).
19. De ser ressaltado que, muito embora somente se instaure por iniciativa da parte, o processo "se desenvolve por impulso oficial", nos termos do art. 262 do Código de Processo Civil.

A inércia é, ainda, essencial para que outra característica da jurisdição – a *imparcialidade* – se materialize.

De fato, fosse cometido ao juiz o poder de deflagrar o processo de ofício, e sua condição de terceiro desinteressado – essencial para a correta composição da lide – certamente restaria prejudicada: dispondo-se a agir independentemente de prévia provocação, o magistrado o faria mercê de sentimento pessoal acerca dos fatos litigiosos, mediante um juízo prévio da situação que se mostra controversa.

E a existência de um juízo prévio por certo traz embutido em si forte animismo, incompatível com a gravidade das funções jurisdicionais.

O magistrado nada mais é do que um representante do poder que emana do Estado – um agente político. Assim sendo, não age em nome próprio – mas do ente irradiador do poder que representa.

O Estado, dispondo-se a substituir a vontade das partes e a dizer o Direito com o escopo de solucionar o conflito de interesses materializado, à evidência haverá de fazê-lo por meio de órgãos imparciais, sob pena de deixar de cumprir o papel que lhe cabe, de agente de pacificação e de ordenação da vida em comunidade, comprometendo, destarte, a própria subsistência do corpo social.

4.3 Princípios fundamentais

O Poder do Estado e suas funções possuem como gênese a Constituição Federal.

Em conseqüência, a jurisdição – como função típica e predicamento decorrente da soberania do Estado – possui raízes na própria Carta da República.

De fato, a Constituição Brasileira de 1988 trata dos princípios que formam a essência da jurisdição. Assim podem ser considerados os princípios do juiz natural, da investidura, da inafastabilidade (ou indeclinabilidade) e da indelegabilidade.

O princípio do *juiz natural* possui duplo aspecto dentro de nossa ordem constitucional.

Com efeito, a Carta de 1988 – como de tradição no ordenamento constitucional pátrio – impede a existência de juízos ou tribunais de exceção (art. 5º, XXXVII), assim como afiança que "ninguém será processado nem sentenciado senão pela autoridade competente" (art. 5º, LIII).

Em decorrência do princípio em comento, "fica assegurada a imparcialidade do juiz, vista não como seu atributo, mas como pressuposto da própria existência da atividade jurisdicional".[20]

A jurisdição, como visto, é monopólio do Estado. Contudo, o respectivo exercício deve ser cometido a pessoas físicas, investidas do poder que dele emana.

Temos, na hipótese, a identificação de agentes políticos do Estado, aos quais é atribuído privativamente o exercício da função jurisdicional por intermédio do princípio da *investidura*.[21]

Assim, a jurisdição somente pode ser exercida por órgãos do Poder Judiciário – os juízes –, que "são aqueles que legalmente ocupem os cargos nos juízos e tribunais, constitucionalmente previstos (CF, art. 92, I a VII), cujos cargos tenham sido legitimamente criados, pela legislação própria e infraconstitucional".[22]

O art. 5º, XXXV, da Magna Carta traz o princípio da *indeclinabilidade* (ou *inafastabilidade*) *da jurisdição*, também denominado *direito de ação*.

Reza o dispositivo em comento que "a lei não excluirá da apreciação do Poder Judiciário lesão ou ameaça a direito".

Ao chamar a si a responsabilidade pela composição dos conflitos sociais – impedindo, destarte, que os particulares façam justiça pelas próprias mãos –, obviamente que o Estado deve instituir meios de facilitação do acesso à função jurisdicional.

Nessa quadra, a Constituição Federal obsta a que sejam criados mecanismos impeditivos do acesso ao Judiciário ou, mesmo, a instituição de requisitos condicionantes de mencionado acesso (como o prévio exaurimento das vias administrativas, previsto no art. 153, § 4º, da Carta de 1967, com a redação conferida pela EC 1/1969).[23]

---

20. Cf. Antônio Scarance Fernandes, *Processo Penal Constitucional*, p. 115.
21. "Sendo o regime das jurisdições de direito público, ninguém pode exercer a função jurisdicional, a não ser quando dela investido por ato legítimo" (José Frederico Marques, *Tratado de Direito Processual Penal*, v. 1, p. 227).
22. José Manoel de Arruda Alvim Netto, *Manual de Direito Processual Civil*, p. 164.
23. A propósito de mencionado condicionamento, v. José Celso de Mello Filho, *Constituição Federal Anotada*, pp. 327-328.
    Segundo o ensinamento de Luiz Alberto David Araújo e Vidal Serrano Nunes Júnior: "Nada impede que a lei venha a criar contenciosos administrativos. O percurso administrativo, no entanto, não é obrigatório, sendo facultado apenas ao

Cumpre afiançar que o princípio em comento – cláusula pétrea de nossa Constituição, nos termos do art. 60, § 4º, IV – contempla não apenas os direitos individuais, como também os difusos e coletivos.[24]

O princípio de que estamos tratando, em que pese fazer alusão somente à lei, possui aplicação difusa – e não voltada singularmente ao legislador.

Em corolário, mercê da inafastabilidade, "nem o juiz poderá escusar-se de proferir a decisão, sob a desculpa de que existe, à espécie, lacuna ou obscuridade da lei".[25]

Caso inexista norma jurídica versando exatamente sobre o tema posto sob sua apreciação, deverá o juiz proceder à integração do ordenamento, por meio da analogia, dos costumes, dos princípios gerais do Direito,[26] da eqüidade,[27] ou buscando os *fins sociais* da lei e averiguando as *exigências do bem comum*.[28]

---

administrado, que, em caso de não-interesse, poderá socorrer-se imediatamente do Poder Judiciário" (*Curso de Direito Constitucional*, p. 119).

24. Cf. Nelson Nery Júnior, *Princípios...*, p. 94.

25. Gílson Delgado Miranda, *Procedimento Sumário*, p. 33. No mesmo sentido, Nélson Nery Júnior, *Princípios...*, p. 92.

26. Cf. arts. 4º da Lei de Introdução ao Código Civil e 126 do Código de Processo Civil.

27. Cf. art. 7º do Código de Defesa do Consumidor.

A eqüidade implica autêntico fenômeno da criação do Direito, aproximando-se "ao conceito de justiça ideal", impedindo "que o rigor dos preceitos se converta em atentado ao próprio Direito". É, assim, chamada por Caio Mário da Silva Pereira de "a justiça do caso dado, pela qual se aplica o Direito de forma a satisfazer as necessidades sociais" (*Instituições de Direito Civil*, v. 1, pp. 50-51). A respeito, v., também, precioso estudo realizado por Maria Helena Diniz, *As Lacunas do Direito*, pp. 208 e ss.

28. Cf. art. 6º do Estatuto da Criança e do Adolescente.

A propósito a sempre pertinente lição de Mauro Cappelletti no sentido de que: "Efetivamente, o papel do juiz é muito mais difícil e complexo, e o juiz, moral e politicamente, é bem mais responsável por suas decisões do que haviam sugerido as doutrinas tradicionais. *Escolha* significa discricionariedade, embora não necessariamente arbitrariedade; significa valoração e 'balanceamento'; significa ter presentes os resultados práticos e as implicações morais da própria escolha; significa que devem ser empregados não apenas os argumentos da Lógica abstrata, ou talvez os decorrentes da análise lingüística puramente formal, mas também e sobretudo aqueles da História e da Economia, da Política e da Ética, da Sociologia e da Psicologia. E assim o juiz não pode mais se ocultar, tão facilmente, detrás da frágil defesa da concepção do Direito como norma preestabelecida, clara e objetiva, na qual pode basear a sua decisão de forma neutra" (*Juízes Legisladores?*, p. 33).

Em corolário, podemos identificar no princípio em análise dois aspectos extremamente significativos e com reflexos em todo o ordenamento jurídico: o dever do Estado de facilitar o acesso à jurisdição, tornando-o o mais amplo possível,[29] e a obrigação de, uma vez provocado, prestar de forma efetiva o provimento reclamado, emitindo uma decisão harmonizadora e dotada de coercibilidade.

Finalmente, o princípio da *indelegabilidade*.

Comentamos acima que a função jurisdicional é exercida pelos juízes, mediante delegação levada a termo pelo Estado, detentor do poder.

Mercê do princípio da indelegabilidade, o juiz, como agente político do Estado, está impedido de delegar o mister jurisdicional a quem quer que seja, competindo-lhe exercê-lo com privatividade.[30]

4.4 Unidade

A jurisdição é una e indivisível, como o é o poder que emana do Estado.

Destarte, não comporta ela fracionamentos, não se podendo falar na existência de jurisdições civil, penal, trabalhista, eleitoral ou da infância e juventude.

Em verdade, a função jurisdicional não se diversifica. Quando o Estado a delega aos juízes, o faz por inteiro – e não de modo fracionado.[31]

---

29. Para tanto "é indispensável que o maior número possível de pessoas seja admitido a demandar e a defender-se adequadamente, (inclusive em processo criminal), sendo também condenáveis as restrições quanto a determinadas causas (pequeno valor, interesses difusos); (...)" (Araújo Cintra, Grinover e Dinamarco, *Teoria Geral...*, 18ª ed., p. 33).

No mesmo sentido: "O que deve ficar bem claro é que não deve este princípio ficar no plano utópico, ou seja, para que ele seja alcançado, deve o Estado fornecer todos os instrumentos possíveis e capazes de efetivar o pleno e irrestrito acesso à ordem jurídica, e ademais, que o seja, antes de tudo, a uma ordem jurídica justa e efetiva, sob pena de tal princípio se perder no carcomido espaço da inocuidade" (Celso Antônio Pacheco Fiorillo, Marcelo Abelha Rodrigues e Rosa Maria Andrade Nery, *Direito Processual Ambiental Brasileiro*, p. 103).

30. "A jurisdição é indelegável, porque se trata do exercício de uma função pública que ao juiz é conferida pela soberania nacional, de forma que uma segunda delegação infringiria a regra de que *delegatus judex non potest subdelegare*" (José Frederico Marques, *Tratado...*, v. 1, p. 227).

31. "A jurisdição, e, conseqüentemente, a justiça, é uma só, e ela é nacional, ou seja, é um dos poderes da Nação" (Vicente Greco Filho, *Direito Processual Civil Brasileiro*, v. 1, p. 167).

Assim, "a função jurisdicional é una, sempre idêntica. Entretanto, por motivos de ordem prática, resultantes do princípio da divisão do trabalho, costuma-se distinguir as atividades jurisdicionais segundo vários critérios. Fala-se, a respeito, em espécies de jurisdição".[32]

José Frederico Marques, a propósito, faz sábia comparação entre as funções legislativa e judiciária. Afiança o saudoso professor que, da mesma forma que não há diferença no trabalho do legislador ao elaborar uma norma de direito civil e outra de direito penal, "há identidade substancial entre o exercício do poder de julgar, tanto na Justiça Civil como na Justiça Penal".[33]

Do exposto, verifica-se que a jurisdição abarca toda e qualquer espécie de conflito de interesses possível de eclodir no contexto social.

---

32. Moacyr Amaral Santos, *Primeiras Linhas de Direito Processual Civil*, v. 1, pp. 67-68.
33. *Tratado...*, v. 1, pp. 225-226.

5
A COMPETÊNCIA

5.1 Introdução. 5.2 Conceito. 5.3 Competência e o princípio do juiz natural: 5.3.1 Origem – 5.3.2 Constitucionalismo Brasileiro – 5.3.3 Conceito – 5.3.4 Conteúdo do princípio – 5.3.5 Garantias decorrentes do princípio – 5.3.6 O princípio do juiz natural em sua acepção de juiz competente – 5.3.7 Alcance do princípio. 5.4 Repartição da competência. 5.5 Critérios constitucionais de fixação da competência. 5.6 A competência de foro na sistemática do Código de Processo Civil. 5.7 A organização judiciária. 5.8 A competência de juízo. 5.9 Competência interna (ou por distribuição). 5.10 Competência concorrente entre juízos de comarcas distintas. 5.11 A competência funcional. 5.12 Competência absoluta e relativa. 5.13 Causas legais de prorrogação da competência. 5.14 As nulidades em sede de competência. 5.15 Mecanismos de solução dos conflitos de competência.

5.1 Introdução

Lembra Eduardo J. Couture que até o século XIX era comum a doutrina confundir *jurisdição* e *competência*, utilizando os institutos de forma indistinta, como se uma única coisa expressassem.[1]

Não obstante, no século XX a distinção entre os institutos ganhou corpo, de sorte que, nos dias atuais, a doutrina não diverge acerca do tema.

Vimos que a jurisdição emana como uma das funções inerentes à soberania do Estado.

---

1. **Fundamentos del Derecho Procesal Civil**, p. 28 – em que são arrolados exemplos extraídos de diversas legislações de países latinos.

De igual forma, abordamos a unidade, que rege o exercício da função jurisdicional, sendo certo que o Estado, ao delegar a seus agentes tal *munus*, o faz em sua inteireza – e não por fragmentos.

Sabemos, não obstante, que a complexidade das relações sociais e a evolução gerada por tecnologias diuturnamente obtidas devem estimular a produção normativa, de sorte a permitir que o Direito possa se adequar e acompanhar novas realidades, mantendo-se como Ciência atual, de sorte a poder cumprir o papel que lhe cabe na estratificação da sociedade.

Mercê de tal fato, o exercício da jurisdição haveria de ser fracionado por motivos de ordem técnica, "tendo em vista dar a melhor solução às diferentes espécies de lide".[2]

Por intermédio do fracionamento do exercício da jurisdição faz-se possível que cada juiz ou estrutura judicial lide apenas com determinadas matérias jurídicas, propiciando-se sua especialização – fator importantíssimo para que a prestação jurisdicional concreta seja a mais adequada e segura.[3]

A repartição de funções entre órgãos e estruturas componentes do Poder Judiciário é, pois, salutar para o próprio sucesso no desempenho de seus graves misteres de pacificação social, sendo feita por intermédio de critérios de competência.[4]

5.2 Conceito

Competência "é o modo pelo qual o exercício da jurisdição é racionalizado dentre os diversos órgãos jurisdicionais";[5] ou, nos dizeres de Enrico Tullio Liebman, "a quantidade de jurisdição cujo exercício é atribuído a cada órgão".[6]

---

2. Greco Filho, *Direito Processual Civil Brasileiro*, v. 1, p. 167.
3. "A competência permanece na dependência da maior ou menor complexidade das sociedades humanas, sendo imposta pelo princípio da divisão do trabalho, com vantagens para os jurisdicionados" (Antônio Lamarca, *O Livro da Competência*, pp. 46-47).
4. "Todos los jueces tienen jurisdicción; pero no todos tienen competencia para conocer en un determinado asunto. Un juez competente es, al mismo tiempo, juez con jurisdicción; pero un juez incompetente es un juez con jurisdicción y sin competencia" (Couture, *Fundamentos...*, p. 29).
5. Cf. Motauri Ciocchetti de Souza, *Ação Civil Pública e Inquérito Civil*, p. 27.
6. *Manual de Direito Processual Civil*, v. 1, p. 55.

Todos os juízes detêm, por inteiro, a função jurisdicional. Não obstante, mercê das regras de competência, somente podem exercê-la dentro de certos limites ou medidas,[7] impostos pela Constituição Federal, por leis processuais ou de organização judiciária.[8]

Assim, a jurisdição sujeita-se a limites quantitativos, impostos justamente pelos critérios de competência.[9]

Cumpre consignar, por oportuno, que os critérios de competência são estabelecidos tendo em vista múltiplas variáveis e possibilidades, que vão desde a matéria (Justiças especiais e comuns, Federal e Estaduais) até o território, e que o respeito a tais regras constitui garantia a direitos individuais e coletivos em decorrência do princípio do juiz natural, inserto no art. 5º, LIII, da Constituição da República.

5.3 Competência e o princípio do juiz natural[10]

5.3.1 Origem[11]

A gênese do princípio do juiz natural remonta ao Direito Anglo-Saxão, onde surgiu por intermédio da Magna Carta de 1215, que dispunha não acerca da prévia fixação da competência, mas da maneira

---

7. "(...) a jurisdição é um poder, enquanto que a competência é a permissão legal para exercer uma fração dele com exclusão do resto, ou, melhor, a possibilidade (não o poder, não a potencialidade) de exercitá-lo por haver a lei entendido que o exercício limitado do poder quadra em determinado esquema metódico. Todo ato de exercício do poder jurisdicional que não contrarie o plano da lei é permitido ao juiz" e exprime sua competência (Hélio Tornaghi, *Curso de Processo Penal*, v. 1, p. 96).

8. Tratamos, no caso, da denominada *competência interna*, e não da internacional, que se relaciona, em verdade, não com o instituto da competência tal como o definimos, mas com a própria função jurisdicional, enquanto atributo da soberania do Estado.

9. "A jurisdição é exercida pelos órgãos judiciários; a especialização de tarefas por certos destes órgãos, a sua distribuição entre eles, é a competência" (Agustinho Fernandes Dias da Silva, *A Competência Judiciária no Direito Internacional Privado Brasileiro*, p. 14).

10. "Toda pessoa tem direito, em condições de plena igualdade, de ser ouvida publicamente e com justiça por um tribunal independente e imparcial, para a fixação de seus direitos e obrigações" (*Declaração Universal dos Direitos do Homem*, art. 10, Paris, 1948).

11. Valemo-nos, a propósito, da síntese evolutiva trazida por Ada Pellegrini Grinover no artigo "O procedimento sumário, o princípio do juiz natural e a Lei Orgânica do Ministério Público", *Ajuris* 32/98-107.

pela qual os órgãos jurisdicionais deveriam ser compostos, em seus arts. 21 e 39.

A expressão do princípio como vedação de juízos excepcionais – ou *ex post facto* –, por seu turno, possui origem histórica na *Petition of Rights* de 1627 (III, VII, VIII, IX e X) e no *Bill of Rights* de 1688 (art. 3º).

Às Cartas de Princípios dos Estados Norte-Americanos coube a extensão do conceito de juiz natural, que passou a ser visto não apenas como referência à pré-constituição dos órgãos jurisdicionais (tal qual emanava do Direito Inglês), mas também como garantia da imparcialidade do juiz, manifestada nas regras de competência e em sua inderrogabilidade.[12]

O Constitucionalismo Norte-Americano, aliás, culminou por incorporar a seu sistema a própria inderrogabilidade da competência territorial, por intermédio de emenda inserida em 1791 à Carta de 1787.[13]

A expressão *juiz natural*, por seu turno, é originária da França, inserta que foi em lei de 24.8.1790 (art. 17 do Título II)[14] e, posteriormente, na própria Constituição pós-revolucionária de 1791 (Capítulo V, art. 4º).

Se coube ao Direito Inglês vedar de forma originária a instituição de tribunais extraordinários, instituídos *ex post facto*, e aos norte-americanos identificar nova faceta da garantia do juiz natural, consubstanciada na vedação de se atribuir o julgamento de determinada causa a órgão jurisdicional diverso daquele previsto em lei (lastreado em critério de competência territorial), aos franceses coube instituir terceira faceta, vazada na vedação de juízos especiais (cuja competência seria firmada em razão da matéria, como, *v.g.*, as nossas Justiças do Trabalho e Militar), ressalvada previsão legal.[15]

12. Neste sentido a *Declaração de Direitos da Virgínia* (1776) e as Constituições dos Estados Independentes que vieram a ser elaboradas entre 1776 e 1784. V., a propósito, Ada Pellegrini Grinover, "O procedimento sumário,...", *Ajuris* 32/98-107.
13. "Em todos os processos criminais o acusado terá direito a julgamento pronto e público por um Júri imparcial do Estado e Distrito onde o crime tiver sido cometido, Distrito previamente determinado por lei."
14. "A ordem constitucional das jurisdições não pode ser perturbada, nem os jurisdicionados subtraídos de seus juízes naturais, por meio de qualquer comissão, nem mediante outras atribuições ou evocações, salvo nos casos determinados pela lei."
15. Ada Pellegrini Grinover, no artigo mencionado, correlaciona o poder de comissão à instituição de juízos extraordinários; o poder de evocação à derrogação

Impende destacar que a terceira vertente do princípio, identificada pelos franceses em 1790, culminou por ser abandonada pelo Constitucionalismo – inclusive na própria Carta da França de 1848 –, de sorte que a instituição de tribunais especiais, competentes para o julgamento de determinada matéria, é prática perfeitamente normal e admissível, em momento algum violando a garantia do juiz natural.[16]

5.3.2 Constitucionalismo Brasileiro

É da tradição constitucional brasileira, desde o império, a consagração do princípio do juiz natural em seu duplo aspecto.

Assim é que a Constituição de 1824, em seu art. 179, XVII, vedou a criação de "comissões especiais nas causas cíveis ou criminais" e, no art. 149, II, apregoou que "ninguém será sentenciado senão pela autoridade competente, por virtude de lei anterior e na forma por ela estabelecida", banindo, destarte, o poder de evocação.

A Carta Republicana de 1891, a seu tempo, nada referiu acerca dos tribunais de exceção, não obstante tenha mantido a regra inserta no art. 149, II, do Texto Imperial, fazendo-o por intermédio de seu art. 72, § 15.

A Constituição de 1934, de curta vigência, voltou a prever o princípio em seu duplo aspecto, fazendo-o por intermédio do art. 113, ns. 25 e 26, sendo certo, não obstante, que sua sucessora, outorgada por regime de exceção, culminou por bani-lo circunstancialmente de nosso sistema jurídico.

Retomada a normalidade democrática, a Constituição de 1946 reinseriu o princípio em nossa ordem social, por intermédio do art. 141, §§ 26 e 27.

Paralelamente, o texto de 1946 insculpiu dentre as declarações de direitos o princípio da inafastabilidade do controle judicial (art. 141, § 4º), que culminou por se firmar em nossas Cartas de 1967 (ainda que, com o advento da EC 1/1969, tenha sido mitigado por força da necessidade de prévio exaurimento das vias administrativas em algumas circunstâncias) e de 1988.

---

de competência; o poder de atribuição à instituição de juízos especiais ("O procedimento sumário,...", *Ajuris* 32/100-101).

16. Desde que, à evidência, a estipulação não ocorra *ex post facto*. A propósito, v. o Capítulo 7, *infra*.

A Carta de 1967 (mesmo com a redação da EC 1/1969), por seu turno, deixou de fazer expressa menção ao juiz competente, tratando, tão-somente, da vedação de tribunais *ex post facto* (arts. 150, § 15, e 153, § 15, respectivamente).

A Constituição de 1988, de inspiração nitidamente democrática, tornou a contemplar o princípio em seu duplo aspecto, vedando os tribunais de exceção no art. 5º, XXXVII, e assegurando o julgamento por autoridade cuja competência tenha sido estipulada em lei, por intermédio do disposto no inciso LIII do mesmo art. 5º.

Cumpre destacar que, inserido no capítulo dos direitos e garantias individuais e coletivos, o princípio do juiz natural é hoje cláusula pétrea de nossa Constituição.[17]

5.3.3 Conceito

Como vimos, o princípio do juiz natural é tutelado por dupla garantia: a vedação dos juízos extraordinários e a proibição de subtração do julgamento da causa ao magistrado que detenha a competência constitucional e legal.

Mencionadas garantias desdobram-se em três conclusões: só são órgãos jurisdicionais os instituídos pela Constituição Federal; ninguém poderá ser julgado por órgão constituído após a ocorrência do fato; dentre os juízes pré-constituídos vigora uma ordem constitucional de competências, que não pode ser alterada pela discricionariedade de quem quer que seja.[18]

Nessa senda, juiz natural é a autoridade competente cujo poder de julgar decorra diretamente da Constituição Federal;[19] ou, em outras palavras, "o órgão abstratamente considerado, cujo poder jurisdicional emana da Constituição".[20]

---

17. Cf. art. 60, § 4º, IV, da Constituição Federal.
18. Cf. Grinover, "O procedimento sumário...", *Ajuris* 32/106-107.
19. A propósito, v. José Cretella Júnior, *Comentários à Constituição Brasileira de 1988*, p. 464.
20. Cf. José Celso de Mello Filho, *Constituição Federal Anotada*, p. 342. Interessante citarmos, a propósito, o conceito traçado por Alessandro Pizzorusso. Para o doutrinador: "Il principio del giudice naturale consiste nell'assicurare la certezza del giudice che deve pronunciarse su ciascuna fattispecie" ("Il principio del giudice naturale nel suo aspetto di norma sostanziale, *Rivista Trimestrale di Diritto e Procedura Civile*", Ano XXIX, p. 16).

Além do que foi traçado e definido pela Constituição nenhuma competência judicante pode ser instituída, mercê do princípio em comento.

Presidem a garantia do juiz natural a legalidade (pois a abstração do ordenamento jurídico impede a escolha de juízes *ad personam* ou em razão de determinado evento) e a igualdade,[21] as quais, a seu tempo, não deixam de ser desdobramentos do princípio do *due process of law*, visto sob o enfoque substancial.[22]

Impende destacarmos que o princípio do juiz natural abarca não apenas o grau originário da jurisdição, mas todos os órgãos do Poder Judiciário que possam vir a apreciar determinada causa, em qualquer instância.

5.3.4 Conteúdo do princípio

Segundo a doutrina,[23] o princípio do juiz natural (ou *juiz legal*) assenta-se em quatro bases fundamentais: a exigência de determinabilidade, a garantia de uma justiça material, a fixação da competência e a observância das regras de divisão funcional interna.

A *exigência de determinabilidade* significa que os juízes deverão ser pré-constituídos, por intermédio de normas gerais e abstratas.

A *garantia de justiça material* é traduzida por regras que assegurem e afiancem a neutralidade e a independência do juiz.

A *fixação da competência* implica a existência de critérios prévios e objetivos para a determinação do juiz da causa.

Finalmente, a *divisão funcional interna* diz respeito à obediência aos critérios de distribuição de processos previamente estipulados.

5.3.5 Garantias decorrentes do princípio

O princípio do juiz natural contempla três garantias: uma voltada aos direitos individuais e coletivos dos integrantes da sociedade; outra

---

21. Cf. José Celso de Mello Filho, "A tutela judicial da liberdade", *RT* 526/291.
22. Cf. Nélson Nery Júnior, *Princípios do Processo Civil na Constituição Federal*, pp. 33-38.
23. A propósito, v.: J. J. Gomes Canotilho e Vital Moreira, *Constituição da República Portuguesa Anotada*, v. 1, p. 218; Nélson Nery Júnior, *Princípios...*, p. 68.

A COMPETÊNCIA 67

aplicável à própria função jurisdicional do Estado; e a terceira em proveito do próprio magistrado.[24]

Com efeito, o princípio assegura aos indivíduos e ao próprio corpo social que, vindo a litigar, terão o direito de que o respectivo processo seja apreciado e decidido por juiz pré-constituído pela Constituição Federal ou por leis (mas sempre dentro dos limites fixados pela Carta Magna) para o julgamento de todas as causas da mesma natureza – respeitados os traços diferenciadores trazidos pelas próprias regras de competência.

Assim, mercê da garantia do juiz natural, a todos os componentes da sociedade é assegurado o direito de serem julgados pelo órgão jurisdicional competente segundo critérios legais prévios, estipulados dentro dos limites trazidos pela Constituição Federal.

Assegura o princípio do juiz natural, outrossim, a própria independência da função jurisdicional, da essência de qualquer Estado Democrático de Direito.

De fato, a harmonia e a independência que devem nortear o relacionamento entre os Poderes do Estado – e que são essenciais para que a necessária separação entre eles[25] possa existir – somente estarão asseguradas com a certeza de que a função jurisdicional atuará sem que Legislativo e Executivo possam se imiscuir no processo de fixação do magistrado competente para o julgamento de determinada causa, exceto de forma abstrata e nos limites gizados pela Constituição da República, no exercício de suas funções típicas de elaborar as leis e de sancioná-las.

Finalmente, o princípio constitui defesa do próprio magistrado em face do Poder que integra, o qual não poderá subtrair de sua apreciação determinada causa cujo julgamento de ordinário lhe incumba, mercê das regras de competência.

Vemos, aqui, outra manifestação do princípio do juiz natural, consubstanciada na garantia da inamovibilidade inserta no art. 95, II, da Constituição da República.

---

24. Sintetizando as garantias e citando decisão do Tribunal Constitucional Alemão, Karl Heinz Schwab assevera que o princípio do juiz natural "tem como objetivo evitar o perigo de a Justiça, por intermédio de manipulação externa ou interna dos órgãos judicantes, se expor a influências estranhas, especialmente no que concerne ao caso concreto, com a possibilidade de que se influencie no resultado da decisão, através da escolha de um juiz *ad hoc* como o competente" ("Divisão de funções e o juiz natural", *Justitia* 139/38).

25. Tratada como cláusula pétrea pela Constituição Federal, art. 60, § 4º, III.

5.3.6 O princípio do juiz natural em sua acepção de juiz competente

Como é cediço, todos os magistrados são detentores da jurisdição por inteiro; contudo, tendo em vista a necessidade de racionalização de seu exercício, a própria Constituição Federal tratou de dividi-lo, fazendo-o por intermédio das regras de competência.[26]

As regras de competência possuem assento na Constituição, nas leis processuais e de organização judiciária. Os critérios para sua fixação, de outra banda, "são inspirados em diversas razões e apresentam uma rigidez variável".[27]

A atribuição da competência para o julgamento de certa causa a um magistrado, por seu turno, é atividade complexa, que demanda raciocínios seqüenciais.

Isso porque, em face do princípio do juiz natural, dentre os diversos órgãos singulares ou colegiados que compõem o sistema judiciário brasileiro, apenas um deles deverá deter a competência efetiva para o julgamento da causa, em detrimento de todos os seus pares.

Em conseqüência do que estamos falando, a apuração da competência – e a conseqüente fixação do juiz natural – deverá ser feita por intermédio de raciocínios sucessivos, que têm por escopo ir, aos poucos, eliminando a concorrência que, em termos puramente jurisdicionais, há entre todos os magistrados.

Nesta quadra, deve ser traçado caminho "através do qual a jurisdição sai do plano abstrato que ocupa como poder atribuído a todos os juízes e chega à realidade concreta da atribuição de seu exercício a determinado juiz (com referência a determinado processo)".[28]

A determinação do juiz natural, portanto, passa pela análise sucessiva das competências chamadas *de jurisdição*, *originária*, *de foro*,

---

26. "La relación entre la jurisdicción y la competencia es la relación que existe entre el todo y la parte. La jurisdicción es el todo; la competencia es la parte: un fragmento de la jurisdicción. La competencia es la potestad de jurisdicción para una parte del sector jurídico: aquel específicamente asignado al conocimiento de determinado órgano jurisdiccional" (Eduardo J. Couture, *Fundamentos...*, p. 29).

Interessante anotarmos, também, o entendimento de Virgilio Andrioli, para quem a competência é um critério de legitimação interna da ordem judiciária (cf. *Lezioni di Diritto Processuale Civile*, p. 107).

27. Liebmann, *Manual...*, v. 1, p. 74.

28. Antônio Carlos de Araújo Cintra, Ada Pellegrini Grinover e Cândido Rangel Dinamarco, *Teoria Geral do Processo*, 18ª ed., p. 232.

de juízo, interna e recursal,[29] além da observância do critério da prevenção, tratado pelos arts. 106, 107 e 219 do Código de Processo Civil e utilizável quando, no final do raciocínio acima proposto, nos depararmos com situação em que continue a existir competência concorrente.[30]

A fixação da competência por critérios constitucionais e legais é da essência do juiz natural por conta do disposto no art. 5º, LIII, da Carta Magna.

Contudo, para que o princípio em comento seja efetivamente respeitado, não basta a competência do magistrado – ou, mesmo, a vedação de tribunais *ad hoc*:[31] Se um dos objetivos da Constituição da República foi o de assegurar a independência do juiz, necessário se faz sejam afiançadas as respectivas imparcialidade[32] e responsabilidade.

Com efeito, de nada adiantaria o tratamento constitucional da matéria – arrolada que está dentre os direitos e garantias individuais e coletivos – se não fossem criadas regras prevendo a efetiva imparcialidade do juiz.[33]

Assim é que o direito processual pátrio consagrou critérios de recusa ou abstenção do juiz, por intermédio do impedimento e da suspeição,[34]

---

29. Idem, ibidem.
30. No mesmo sentido: "O princípio do juiz natural exige não só uma disciplina legal da via judicial, da competência funcional, material e territorial do tribunal, mas também uma regra sobre qual órgão judicante (Câmara, Turma, Senado) e qual juiz em cada um desses órgãos individualmente considerados deve exercer a sua atividade" (Schwab, "Divisão de funções e o juiz natural", *Justitia* 139/38).
31. A propósito, v. o Capítulo 7, *infra*.
32. Também conhecida por *capacidade subjetiva* do juiz (v., a propósito, Araújo Cintra, Dinamarco e Grinover, *Teoria Geral*..., 18ª ed., p. 50), que complementa a capacidade objetiva, decorrente das regras ordinárias de competência.
33. Em mencionado sentido: "Para poder exercer as suas funções em determinada causa, o juiz deve ser completamente estranho aos interesses que ali estão em jogo, não sendo ligado às partes por especiais relações pessoais: é essa uma elementar garantia da sua imparcialidade na causa e, antes disso até, uma garantia de seu prestígio perante as partes e a opinião pública, que advém da certeza de sua independência" (Liebmann, *Manual*..., v. 1, p. 82).
34. V., também, os arts. 252-254 do Código de Processo Penal. Impende destacar que "os casos de impedimento são mais graves e retiram do juiz o poder jurisdicional para o caso concreto", ensejando, inclusive, ação rescisória do julgado, nos termos do art. 485, II, do Código de Processo Civil. Já a suspeição "depende de reconhecimento pelo juiz ou de provocação da parte" (Vicente Greco Filho, *Direito*..., v. 1, p. 47), permitindo o afastamento do juiz do processo, mas não afetando a coisa julgada "se não houver a oportuna recusa do julgador pela parte" (Theodoro Júnior, *Curso de Direito Processual Civil*, v. 1, p. 202).

tratados, respectivamente, nos arts. 134 e 135 do Código de Processo Civil.³⁵

Da essência do princípio em comento decorre, outrossim, a responsabilidade do juiz.

A Lei de Introdução ao Código Civil, em seu art. 4º, impõe ao magistrado o dever de dirimir a controvérsia posta sob sua apreciação, ainda que a lei seja omissa:³⁶ veda-se, em corolário, o *non liquet*, em resguardo ao princípio constitucional da indeclinabilidade da jurisdição.³⁷

De outra banda, reza o art. 5º da lei em comento que o juiz, na aplicação da norma, deverá "atender aos fins sociais a que ela se dirige e às exigências do bem comum".

A análise dos dispositivos citados leva à inevitável conclusão de que o magistrado não é um reles aplicador da lei ao caso concreto, mas possui discricionariedade – ainda que limitada, tendo em vista o exato teor do art. 4º da Lei de Introdução ao Código Civil e o princípio da motivação das decisões, inserto no art. 93, IX, da Constituição Federal –, de sorte a poder adaptar os princípios legais à hipótese *sub examine*, atentando para a realidade social e a efetiva vontade que brota da sistemática jurídica posta.³⁸

As garantias outorgadas aos magistrados pela Constituição Federal – especialmente a da inamovibilidade –, somadas à independência

---

35. Em que pese estarem relacionados à capacidade subjetiva do juiz – no sentido de diferençá-los dos critérios ordinários de fixação de competência, indicativos da capacidade objetiva –, de ver que "os motivos indicadores do impedimento do juiz são de natureza objetiva, caracterizando presunção absoluta de parcialidade do magistrado" (Nélson Nery Júnior e Rosa Maria de Andrade Nery, *Código de Processo Civil Comentado*, p. 562).
36. No mesmo sentido o art. 126 do Código de Processo Civil.
37. Consagrado pelo art. 5º, XXXV, da Constituição Federal.
38. "Os principais criadores do Direito (...) podem ser, e freqüentemente são, os juízes, pois representam a voz final da autoridade. Toda vez que interpretam um contrato, uma relação real (...) ou as garantias do processo e da liberdade, emitem necessariamente no ordenamento jurídico partículas dum sistema de filosofia social; com essas interpretações, de fundamental importância, emprestam direção a toda atividade criadora do Direito. As decisões dos tribunais sobre questões econômicas e sociais dependem da sua filosofia econômica e social, motivo pelo qual o progresso pacífico do nosso povo, no curso do século XX, dependerá em larga medida de que os juízes saibam fazer-se portadores duma moderna filosofia econômica e social (...)" (cf. mensagem enviada ao Congresso Americano pelo Presidente Theodore Roosevelt em 8.12.1908, *apud* Mauro Cappelletti, *Juízes Legisladores?*, "Introdução").

no exercício dos respectivos misteres, fruto do princípio consagrado pelo art. 5º, LIII, da Magna Carta, certamente estariam a emprestar suposto poder desmesurado ao Judiciário, de sorte que o direito assegurado aos integrantes da sociedade de serem julgados por um juiz imparcial poderia estar restrito ao campo principiológico, não fosse a imposição de limites ao exercício discricionário de mencionado poder.[39]

Assim, se o magistrado é um agente do Estado, detentor de expressiva parcela do poder que deste emana, possuindo não apenas o mister de aplicar, mas também de criar o Direito, a ele hão de ser aplicadas regras de responsabilidade civil, na esteira do apregoado pelo art. 37, § 6º, da Carta da República e em decorrência do princípio do juiz natural.

Assim, à imparcialidade do juiz devem ser somadas regras acerca de sua responsabilidade como forma de assegurar a efetividade do princípio em estudo.

Impende ressaltar que, na esteira do disposto no art. 37, § 6º, da Constituição, o Código de Processo Civil disciplina as hipóteses de responsabilidade pessoal do magistrado, fazendo-o no art. 133.

Destarte, a competência prévia, a ausência de causas de suspeição e de impedimento e a efetiva previsão de responsabilidade do magistrado materializam o princípio do juiz natural.

5.3.7 Alcance do princípio

A Constituição da República, no inciso LIII de seu art. 5º, não distinguiu a que processo se aplica o princípio do juiz natural.

Conseqüência do fato, temos que o dispositivo em comento possui a mais ampla aplicabilidade, incidindo não apenas na senda judicial (processo de natureza civil ou penal),[40] como também na esfera da

---

39. "(...) o reconhecimento de que é intrínseco em todo ato de interpretação certo grau de criatividade – ou, o que vem a dar no mesmo, de um elemento de discricionariedade e assim de escolha – não deve ser confundido com a afirmação de total liberdade do intérprete. Discricionariedade não quer dizer necessariamente arbitrariedade, e o juiz, embora inevitavelmente criador do Direito, não é necessariamente um criador completamente livre de vínculos. Na verdade, todo sistema jurídico civilizado procurou estabelecer e aplicar certos limites à liberdade judicial, tanto processuais quanto substanciais" (Cappelletti, *Juízes Legisladores?*, pp. 23-24).

40. Não se pode olvidar que a origem do princípio é processual penal. Contudo, consistindo em autêntica garantia da independência e da imparcialidade do magistrado – ou, em outras palavras, da escorreita aplicação da lei ao caso concreto

Administração (no sentido, por exemplo, de que nenhum servidor poderá ser punido senão pela autoridade administrativa a quem deva subordinação hierárquica e funcional, segundo critérios prévios)[41] e, mesmo, na órbita desportiva.[42]

5.4 Repartição da competência

Tivemos a oportunidade de afirmar que os critérios de fixação da competência são multifacetários.

Com efeito, tendo em vista a multiplicidade e a diversidade de conflitos que podem surgir no seio da sociedade, o legislador haveria de igualmente adotar critérios variados de fixação de competência, sob pena de dificultar – ou, mesmo, inviabilizar – o efetivo acesso à Justiça, assegurado pelo art. 5º, XXXV, da Constituição Federal.

A distribuição de mencionados critérios, por seu turno, se perfaz através "de três operações lógicas", nos dizeres de Araújo Cintra, Grinover e Dinamarco.[43]

Assim, a competência firma-se pela instituição de diferentes órgãos jurisdicionais,[44] pela elaboração de grupos de causas ou litígios (que devem considerar "elementos objetivos, subjetivos ou causais", nos dizeres de José Frederico Marques[45]) e, finalmente, pela atribuição de cada um desses grupos ao órgão jurisdicional "mais idôneo para conhecer destas *[causas]*, segundo uma política legislativa que leve em conta aqueles caracteres e os caracteres do próprio órgão".[46]

–, à evidência que o princípio do juiz natural deve espraiar seus efeitos para outras esferas de julgamento. A propósito, v. Carlo Taormina, *Giudice Naturale e Processo Penale*, pp. 264 e ss.

41. Cf. Nelson Nery Júnior, *Princípios...*, p. 66.
42. Prevista no art. 217, §§ 1º e 2º, da Constituição Federal. Ao fazer alusão a processo no § 2º e ao relegar ao legislador ordinário o poder de regular as instâncias da Justiça Desportiva, à evidência que a Carta Magna não concedeu à norma inferior o poder de ignorar os direitos e garantias individuais e coletivos trazidos por seu art. 5º, dentre os quais se insere o princípio do juiz natural.
43. *Teoria...*, 18ª ed., p. 231.
44. Constituídos e estruturados por normas "de organização judiciária", que são normas de "administração da justiça", e não de sua atuação (cf. Araújo Cintra, Grinover e Dinamarco, *Teoria...*, 18ª ed., p. 167).
45. *Tratado de Direito Processual Penal*, v. 1, p. 289.
46. Araújo Cintra, Grinover e Dinamarco, *Teoria...*, 18ª ed., p. 231.

As regras de competência dentro do sistema jurídico brasileiro são traçadas em sede constitucional (quer na Constituição da República, quer nas Estaduais),[47] em codificações processuais, em leis federais que regulamentam certos tipos de ações (*v.g.*, a Lei de Falências e o Estatuto da Criança e do Adolescente) e em leis de organização judiciária, que dispõem acerca da denominada *competência de juízo*.

Cumpre asseverar que a sistemática vigente acerca da competência faz com que, submetido determinado conflito de interesses ao crivo da jurisdição, apenas um dentre todos os magistrados brasileiros efetivamente se encontre apto a conhecê-lo e a dirimi-lo: o *juiz natural*, de quem acima tratamos.

Como acima vimos, a apuração do denominado *juiz natural* demanda raciocínio complexo e seqüencial, realizado com base no estudo sucessivo das normas susoexpostas.

De fato, partindo da análise abstrata de uma lide que será submetida ao crivo jurisdicional, deverá o operador do Direito tecer sucessivas considerações antes de efetivamente vir a endereçá-la.

Cumprir-lhe-á, assim, verificar qual a Justiça competente (Estadual ou Federal, comum ou especial); se a competência originária incumbe a órgão singular ou colegiado; se a singular, de qual comarca ou seção judiciária; dentro de mencionado espaço territorial, a qual vara; e, finalmente, a qual juiz.

Fala-se, destarte, em competências *de jurisdição, originária, de foro, de juízo* e *interna*.

5.5 Critérios constitucionais de fixação da competência

A Constituição da República arrola, em seu art. 92, os órgãos integrantes do Poder Judiciário.

Vale-se, para tanto, de sete incisos, ao largo dos quais prevê os denominados *Tribunais Superiores* (Supremo Tribunal Federal e Superior Tribunal de Justiça) e as Justiças Federal, do Trabalho, Eleitoral, Militar e dos Estados, Distrito Federal e Territórios.

47. "A fixação da competência envolve uma série de disposições, a partir da Constituição Federal. É nesta que estão as regras fundamentais a respeito da estrutura judiciária do país e se encontram as normas básicas de competência" (Scarance Fernandes, *Processo Penal Constitucional*, p. 123).

A par de instituir os órgãos que compõem o Poder Judiciário, a Constituição Federal houve por bem tratar, de forma exaustiva, da competência dos Tribunais Superiores[48] e de cada uma das Justiças,[49] exceto no pertinente às Estaduais, do Distrito Federal e dos Territórios, detentoras da conhecida competência residual.[50]

Em corolário, a denominada *competência de jurisdição* emana da própria Carta de Princípios, ainda que a situação específica advinda de certo conflito de interesses nela não se encontre textualmente prevista.[51]

A Constituição da República traz, ainda, regras exaustivas acerca da competência inicial (ou originária) dos Tribunais Superiores.

Arrola, outrossim, hipóteses de competência originária de Tribunais Estaduais (como nos arts. 29, X, e 96, III – foros *ratione personae*), permitindo, neste caso, que as leis ordinárias ou as Constituições dos Estados venham a ampliar a relação.[52]

Quanto às Justiças especiais, houve por bem a Carta Federal delegar ao legislador ordinário o poder de criar hipóteses de competência originária dos respectivos tribunais.[53]

---

48. Cf. o art. 102, relativamente ao Supremo Tribunal Federal, e o art. 105, no pertinente ao Superior Tribunal de Justiça.
A propósito da completude de mencionados róis, v., do *Superior Tribunal de Justiça*: 3ª S., Pet. 1.143-DF, rel. Min. José Arnaldo da Fonseca, *DJU* 29.11.1999, p. 119; Corte Esp., Recl. 591-SP, rel. Min. Nílson Naves, *DJU* 15.5.2000. p. 112; Pleno, AgRg na Pet. 1.738-2, rel. Min. Celso de Mello, *DJU* 1.10.1999, p. 42; do *Supremo Tribunal Federal*: Pleno, AgRg na Pet. 693-SP, rel. Min. Ilmar Galvão, j. 12.8.1993, *DJU* 1.3.1996.

49. Cumpre consignar que a competência da Justiça Federal (e da Militar) se firma *ratione personae* ou *ratione materiae*, ao passo que a das Justiças Eleitoral e do Trabalho apenas em razão da matéria.

50. Apesar de possuírem competência residual, a Carta de Princípios expressamente atribuiu às Justiças Estaduais o julgamento de determinadas causas que, de ordinário, estariam afetas à Justiça Federal. Assim o fez, *v.g.*, com as ações acidentárias, propostas em face de autarquia federal, e com os processos falimentares ainda que a União seja credora da massa (art. 109, I).

51. Pois "todas as causas não previstas expressamente na Constituição Federal como de competência das Justiças especializadas cabem à Justiça comum exercida pelos Tribunais e juízes estaduais, e ainda pela Justiça local do Distrito Federal e Territórios" (Athos Gusmão Carneiro, *Jurisdição e Competência*, p. 54).

52. Cf., a título de exemplos, os arts. 74, I, da Constituição Paulista e 87 do Código de Processo Penal (que trata dos *chefes de polícia*).

53. Cf. os arts. 113, 121 e 124, parágrafo único.

5.6 A competência de foro na sistemática do Código de Processo Civil

Dissemos que a denominada *competência de jurisdição* vem traçada pela própria Constituição Federal, sendo a primeira regra a ser observada no raciocínio lógico e seqüencial que possibilitará a identificação, em termos de competência interna, do juiz natural para o julgamento de determinado litígio.

Firmada a Justiça nacional incumbida de dirimir o conflito de interesses posto sob apreciação, necessário se apure, dentro da respectiva estrutura organizacional, o órgão competente.

Excetuadas algumas hipóteses de competência originária – como no caso dos Tribunais Superiores –, a resposta não mais se encontrará em sede constitucional, mas em normas processuais e de organização judiciária.

Dentro da sistemática traçada pela legislação processual civil, a verificação do juiz natural começará pela análise da denominada *competência de foro*, ou seja, do espaço territorial em que a causa deverá ser proposta.[54]

Nos dizeres de Enrico Tullio Liebman: "A competência por território distribui as causas entre os muitos juízos de igual tipo, com dois objetivos principais: facilitar e tornar mais cômoda a defesa das partes, especialmente a do réu, e fazer com que, em determinadas categorias de controvérsias, o processo corra perante o juiz que, em razão do lugar em que tem sede, possa exercer as suas funções de forma mais eficiente".[55]

A regra geral consagrada pelo Código de Processo Civil em termos de competência de foro vem prevista em seu art. 94: será firmada tendo em conta o domicílio do réu.

---

54. Na justiça Estadual, a *comarca*; na Federal, a *seção judiciária*; na Eleitoral, a *zona eleitoral* (cf. Athos Gusmão Carneiro, *Jurisdição e Competência*, p. 55).
   A própria Constituição da República, em seu art. 110, institui as seções judiciárias da Justiça Federal, dizendo-as situadas em cada um dos Estados e no Distrito Federal.
   Cumpre consignar, no entanto, que a divisão do espaço territorial pertencente a certa Justiça Estadual em comarcas não é tema afeto à Carta Política ou à legislação processual, mas à organização judiciária. A propósito, v. o tópico 5.7, *infra*.
   55. *Manual...*, v. 1, p. 65.

Sem embargo, a própria codificação processual civil cria regras especiais de competência territorial, como nas hipóteses do art. 100,[56] que levam em conta situação peculiar do demandante e têm por escopo suprir presumida desigualdade entre os litigantes, em respeito ao princípio insculpido no art. 5º, *caput*, da Magna Carta.[57]

Regra especial de competência de foro – e que nos interessa mais de perto – é aquela decorrente do art. 95 do Código de Processo Civil.

Nos termos do dispositivo em comento, a competência territorial será firmada tendo em conta o foro de situação do bem – e não o domicílio do réu.

Revela o dispositivo em comento regra de competência mista, denominada *territorial-funcional*, posta tendo em vista "que o juiz desse lugar, por exercer ali sua função, tem melhores condições de julgar essas ações, aliado ao fato de que as provas, normalmente, são colhidas mais direta e facilmente".[58]

Entre a regra geral do domicílio do réu e a especial, da situação do bem,[59] vige distinção bastante expressiva, com reflexos significativos em termos de competência.

Com efeito, em que pese estar vazada em critério idêntico – territorial –, quando a norma tem por finalidade melhor atender à conveniência das partes, visando a facilitar a defesa por parte do réu, "a competência pode ser prorrogada ou derrogada pelas partes"; no entanto, quando é utilizada com o escopo de propiciar a otimização da própria prestação jurisdicional, mediante a suposição de que o juiz do local

---

56. Citado por Nélson Nery Júnior e Rosa Maria de Andrade Nery, *Código...*, p. 491, nota 14 ao art. 91.

57. Visto que se deve "tratar igualmente os iguais e desigualmente os desiguais, na exata medida de suas desigualdades", conforme escólio de Nery Júnior, *Princípios...*, p. 42.

Cumpre consignar que regras de competência territorial de igual magnitude brotam do Código de Defesa do Consumidor – mas como faculdade (art. 101, I) – e do art. 147 do Estatuto da Criança e do Adolescente.

58. Nery e Nery, *Código...*, p. 514. No mesmo sentido, Celso Agrícola Barbi afirma a conveniência de tal estipulação de foro "porque as provas, em regra, aí se encontram, e porque pode haver necessidade de inspeção ocular pelo juiz, que é excelente meio de apuração dos fatos pela pessoa que vai julgar a causa" (*Comentários ao Código de Processo Civil*, v. 1, p. 426).

59. Ou do local do dano ou de sua ameaça (art. 2º da Lei federal 7.347/1985); ou do local onde ocorreu ou deva ocorrer a ação ou omissão (art. 209 do Estatuto da Criança e do Adolescente).

possui melhores condições para proferir o julgamento, a competência se torna "improrrogável e inderrogável".[60]

Mercê do exposto, em que pese ser a competência territorial, de ordinário, suscetível de alteração (logo, relativa), hipóteses há em que ela se torna também funcional – e, em corolário, absoluta.[61]

5.7 A organização judiciária

As regras de competência têm por escopo racionalizar o exercício da função jurisdicional, além de propiciar aos litigantes a garantia da imparcialidade do magistrado, em respeito ao princípio do juiz natural.

Não obstante tratem dos critérios de competência, as leis processuais não possuem o condão de lidar com a divisão territorial interna de cada uma das Justiças.

Com efeito, se ao Código de Processo Civil é dado trazer a regra de que a ação será proposta no foro de domicílio do réu, não lhe cabe especificar o espaço territorial que, em determinada Justiça, corresponda ao foro nele previsto.

Em outras palavras, caso venhamos a supor que em certa unidade federativa somente exista uma comarca, com abrangência sobre todo o território do Estado, em tal lugar teremos o foro de domicílio do réu – ainda que tal domicílio diste 100 ou 200 quilômetros da sede física do juízo.

A situação, à evidência, é inconcebível, mesmo porque o princípio da inafastabilidade da jurisdição somente poderá ser assegurado a partir do momento em que a Justiça se mostre acessível aos jurisdicionados, pois a distância é um forte óbice ao efetivo acesso apregoado pelo art. 5º, XXXV, da Constituição Federal.

O suposto problema aventado torna-se significativo, no entanto, quando vislumbramos as causas justificativas da regra de fixação da competência territorial (facilitação da defesa das partes ou conveniência da própria função jurisdicional).

Isso porque os objetivos perseguidos pelo Código de Processo Civil somente serão alcançados mediante adequada divisão do espaço territorial, em tantas comarcas quantas se façam necessárias para que a Justiça efetivamente se aproxime de todos os jurisdicionados.

60. Liebman, Manual..., v. 1, p. 65.
61. V., a propósito, o tópico 5.12, infra.

Não obstante – e como acima asseverado –, a divisão do espaço territorial é matéria estranha ao estatuto procedimental civil, pois afeta às leis de organização judiciária.

À organização judiciária – "regime legal da constituição orgânica do Poder Judiciário" – cabe "estabelecer normas sobre a constituição dos órgãos encarregados do exercício da jurisdição", dispondo, pois, acerca da "administração da justiça".[62]

A Constituição da República, no art. 125, atribui aos Estados o poder de organizarem sua Justiça, traçando, não obstante, regras gerais para tanto nos arts. 93 a 98.

Ditas regras gerais, no entanto, nada esclarecem acerca da divisão territorial a ser implantada em cada uma das Justiças Estaduais, de sorte que o tema passa a ser de atribuição privativa do Estado-membro, sendo certo que o projeto de lei que tenha por escopo tratar da organização judiciária é de iniciativa privativa do tribunal de justiça respectivo, nos termos do § 1º do art. 125 da Magna Carta.[63]

Em vista do exposto, as leis de organização judiciária possuem forte influência na fixação do juiz natural, posto complementarem os critérios constitucionais e processuais acerca da competência, como, v.g., ao delimitarem os espaços físicos que receberão o rótulo de *comarcas*.

5.8 A competência de juízo

Firmada a competência de foro e identificada a comarca (ou seção judiciária), pode ser que ainda não tenhamos chegado ao término do raciocínio que nos levará ao denominado *juiz natural*.

---

62. Araújo Cintra, Grinover e Dinamarco, *Teoria...*, 18ª ed., p. 167. A respeito do tema, vale citar o ensinamento de Nery e Nery. Segundo os festejados doutrinadores: "Para a disciplina dos temas atinentes à constituição, composição, formação, atribuições e competências dos órgãos judiciários, impõe-se a elaboração de lei, denominada lei de organização judiciária, que tem por finalidade, dentre tantas outras, nas matérias que lhe são atinentes, complementar a norma processual contida no CPC 93. Diferentemente das leis processuais (CF 22-I) – cuja competência legislativa para as editar é privativa da União –, aos Estados, no que lhes concerne, cabe (CF 96 II-'d') elaborar leis visando sua organização judiciária" (*Código...*, p. 506, nota 2 ao art. 93).

63. A Constituição Paulista, em seu art. 70, assevera competir privativamente ao Tribunal de Justiça, "por deliberação de seu Órgão Especial, propor à Assembléia Legislativa (...) IV – a alteração da organização e da divisão judiciária"; e em seu art. 67 afiança que as comarcas deverão ser divididas por entrâncias, "nos termos da lei de organização judiciária".

Com efeito, inúmeras comarcas há com mais de uma vara instalada, de sorte que, em princípio, todas elas possuiriam idêntica competência para o julgamento de determinada causa se deixássemos de evoluir na análise seqüencial.[64]

Ante a presença de mais de um órgão jurisdicional em determinada comarca, a competência será determinada com base em um, de cinco critérios: em razão do valor, em função da matéria (natureza da lide),[65] em razão da pessoa (*ratione personae*), por distribuição (cf. art. 91 do CPC) ou por prevenção (arts. 106, 107 e 219 do estatuto procedimental civil).

O Código de Processo Civil estipula, em seu art. 258, que "a toda causa será atribuído um valor certo, ainda que não tenha conteúdo econômico imediato".

Demais disso, nos termos do art. 282, V, o valor da causa é requisito de aptidão da inicial.

Mercê de tais previsões, as leis de organização judiciária podem criar varas com competência restrita ao julgamento de causas até um determinado valor.[66]

Segundo critério utilizado para a divisão de funções entre varas diz respeito à matéria.

Além de ser uma das bases utilizadas pela Constituição da República para a fixação da competência da Justiça Federal, a matéria é dado

---

64. "Na competência territorial estabelece-se a sede geográfica da lide ou causa. E como no território da causa pode haver mais de um órgão judiciário, cumpre fixar a competência, dentro do lugar da causa, para cada um dos juízes que ali exercem a função jurisdicional. Com isto, chega-se à célula da jurisdição, que é o juízo da causa ou litígio, matéria essa regulada nos preceitos sobre organização judiciária" (Frederico Marques, *Tratado*..., v. 1, p. 290).
65. Importante consignarmos que, inicialmente, a *matéria* é um dos critérios utilizados pela Constituição da República para firmar a competência da Justiça Federal comum e especial. A propósito, v. o tópico 5.5, *supra*.
66. Digno de nota mostra-se o fato de que mencionado critério vem sendo cada vez menos utilizado para a divisão de serviços por vara, sendo raros os casos em que ele ainda persiste – como nas varas cíveis dos foros regionais da Capital de São Paulo (cf. a Consolidação das Normas Judiciárias do Estado de São Paulo, Resolução 2, de 15.12.1976, art. 54, I, e a Lei estadual 3.947, de 8.12.1983, art. 4º).
O critério em comento mostra maior importância, atualmente, apenas ao fixar os limites do exercício da jurisdição deferidos ao Juizado Cível de Pequenas Causas, cuja atuação é restrita a lides cujo valor não extrapole 40 salários mínimos (cf. arts. 3º e 51, II, da Lei federal 9.099/1995).

de extrema importância na divisão de funções efetuada entre varas integrantes de uma mesma comarca, levada a termo por intermédio das regras de organização judiciária.[67]

A repartição de funções, no caso, considera a natureza da pretensão deduzida em juízo, ou seja, o fundamento material da demanda. Criam-se, destarte, varas criminais, cíveis, de família, de acidentes do trabalho, da infância e juventude etc.

A divisão de funções entre varas pode ter por norte, igualmente, um atributo ou característica peculiar de uma das partes do conflito de interesses.

A própria Constituição da República, em seu art. 109, I, estipula a competência *ratione personae* da Justiça Federal.[68]

Nessa quadra, nada obsta a que as organizações judiciárias estaduais criem varas especializadas tendo em conta a parte que propõe ou em face de quem a demanda é proposta.

O melhor exemplo da utilização de mencionado critério, diga-se, vem da criação de varas da Fazenda Pública, instituídas para o julgamento de ações em que a Fazenda Estadual figure como interessada.[69]

5.9 Competência interna (ou por distribuição)

Mesmo a criação de varas especializadas em razão do valor, da matéria ou da pessoa pode não ser suficiente para que cheguemos ao juiz natural de determinada causa.

Com efeito, comarcas há em que o movimento judiciário exige a criação de diversas varas especializadas numa mesma matéria ou instituídas em razão da mesma pessoa.

Em tais casos, possuindo as varas idêntica competência territorial e material (*v.g.*), necessária se faz a estipulação de um novo critério que determine qual dentre os respectivos juízes deverá dirimir o conflito de interesses.

---

67. A divisão em comento não tem por escopo tão-somente promover a repartição das ações, mas também propiciar "uma maior especialização dos juízos", nos dizeres de Athos Gusmão Carneiro (*Jurisdição e Competência*, p. 113).
68. Compete à Justiça Federal julgar "as causas em que a União, entidade autárquica ou empresa pública federal forem interessadas na qualidade de autoras, rés, assistentes ou oponentes".
69. A propósito, v. o art. 35 do Código Judiciário do Estado de São Paulo (Decreto-lei Complementar 3/1969, que institui as varas da Fazenda Pública na comarca da Capital).

Mencionado critério é o da distribuição dos processos entre os diversos juízos, a qual deverá levar em conta fatores exclusivamente objetivos (ordem de protocolo, sorteio etc.), assegurada a paridade, sob o risco de restar maculada a imparcialidade do magistrado, condição essencial para o exercício da jurisdição.

Finalmente, não raras vezes encontramos em um mesmo juízo (ou vara) dois magistrados atuando (*v.g.*, o titular e o auxiliar – situação comum na comarca de São Paulo). Mesmo aqui deverá viger critério objetivo de divisão do serviço entre os magistrados, como garantia do princípio do juiz natural.[70]

5.10 Competência concorrente entre juízos de comarcas distintas

Os critérios susoexpostos mostram-se suficientes para delimitar o juiz natural de determinada causa ao menos na grande maioria das vezes.

Não obstante, hipóteses há em que, mesmo aplicados os critérios de competência e as normas de organização judiciária, teremos mais de um juízo com o poder de decidir um dado conflito.

Finda a aplicação das regras até aqui analisadas sem que de tal emane um órgão jurisdicional como o detentor privativo da competência, surge situação que espelha concorrência.

Com efeito, a regra comum de competência territorial inserta no art. 94 do Código de Processo Civil é a de que a ação seja proposta no foro de domicílio do réu.

Nada obsta, no entanto, a que o réu possua mais de um domicílio.

De igual sorte, podemos nos deparar com um litisconsórcio passivo, possuindo os acionados domicílios em comarcas distintas.

Demais disso, tendo em conta o critério traçado pelo art. 2º da Lei federal 7.347/1985, nada obsta a que determinada lesão a interesse metaindividual venha a atingir mais de uma comarca.

As primeiras hipóteses acima elencadas à guisa de exemplos são retratadas pelo Código de Processo Civil nos §§ 1º e 4º de seu art. 94, respectivamente.[71]

---

70. Em São Paulo vigora o Provimento 281/1986, do Conselho Superior da Magistratura, que efetua a distribuição dos processos entre juízes titulares e auxiliares de acordo com os respectivos finais.

71. "§ 1º. Tendo mais de um domicílio, o réu será demandado no foro de qualquer deles"; "§ 4º. Havendo dois ou mais réus, com diferentes domicílios, serão demandados no foro de qualquer deles, à escolha do autor".

Tratando-se da tutela coletiva vazada na Lei federal 7.347/1985, a seu tempo, a ação poderá ser proposta perante o juízo de qualquer das comarcas atingidas pelo dano (ou por sua ameaça).

Ocorrida qualquer das hipóteses acima elencadas, estaremos diante de situação de *competência concorrente*.

Considerada a necessidade de fixarmos a competência em um único órgão jurisdicional – inclusive com o escopo de obstar à duplicidade de causas (ensejadora de litispendência, nos moldes do art. 301, §§ 1º a 3º, do CPC, com as conseqüências previstas no art. 267, V, do mesmo *Codex*) –, de qual instrumento ou fórmula deveremos nos valer?

A resposta encontra-se no art. 219 do Código de Processo Civil e é representada pelo instituto da *prevenção*, que implica a "fixação da competência de um juízo em face de outros juízos que também seriam em tese competentes".[72]

Em corolário, a prevenção "supõe a igualdade de competência entre dois ou mais juízes",[73] tendo como objetivo permitir se determine, dentre eles, aquele que efetivamente estará incumbido de dirimir o conflito de interesses, excluindo, por conseguinte, a competência dos demais.

O art. 219, em destaque, afiança que a prevenção do juízo é um dos efeitos processuais da citação válida.

Destarte, a data da propositura da demanda ou do primeiro despacho judicial é irrelevante para fixar a competência do juízo na hipótese de que estamos tratando.[74]

5.11 A competência funcional

"Fala-se em competência funcional quando se tem de determinar, num dado processo, os órgãos judiciários que devem participar da rela-

---

72. Vicente Greco Filho, *Direito...*, v. 2, p. 34.
73. Gabriel Rezende Filho, *Curso de Direito Processual Civil*, v. 1, p. 148.
74. Nessa linha: Theodoro Júnior, *Curso...*, v. 1, p. 263; Greco Filho, *Direito...*, v. 2, p. 34; José Carlos Barbosa Moreira, *O Novo Processo Civil Brasileiro*, p. 32.

Importante ressaltar que o Código de Processo Civil trata da competência concorrente também em seus arts. 106 e 107. Neste último a prevenção também é efeito da citação válida; no caso do art. 106 (que trata do instituto da conexão), no entanto, a prevenção será firmada tendo em conta a data do primeiro despacho judicial. A propósito, v. Nery e Nery, *Código...*, p. 530, nota 2 ao art. 106.

ção processual, e sobre a prática dos atos que lhe são atribuídos dentro desse processo".[75]

Em face do conceito acima traçado, pode-se afirmar que a competência funcional tem por finalidade repartir as funções que serão exercidas por órgãos judiciários distintos dentro de uma mesma relação processual.

Historicamente a competência funcional não possuía assento na legislação judiciária, tendo sido identificada pela doutrina "a partir do conteúdo de normas processuais".[76]

Não obstante, o art. 93 de nosso Código de Processo Civil culminou por expressamente prevê-la, e não apenas no pertinente à denominada *competência vertical* – decorrente do princípio do duplo grau de jurisdição –, mas também com relação aos juízos de primeira instância (*competência horizontal*).[77]

A regra de que estamos tratando, em seu aspecto de repartir funções a serem exercidas dentro de um mesmo processo por mais de um órgão jurisdicional, pode ser classificada em três espécies: pela fase do procedimento, pelo grau de jurisdição e pelo objeto do juízo.[78]

O melhor exemplo para tratarmos de mencionadas espécies é colhido do processo penal – mais especificamente, do rito procedimental referente aos crimes dolosos contra a vida.

De fato, no rito solene do Júri podemos identificar, ao mesmo tempo, as três espécies de competência funcional de que estamos tratando.

Assim é que a divisão de tarefas entre "o juiz singular na primeira fase do procedimento e em seu encerramento, e do juiz-presidente do Tribunal do Júri a seguir", retrata hipótese de competência funcional por fase do procedimento; "as atribuições do juiz-presidente e dos ju-

---

75. José Frederico Marques, *Instituições de Direito Processual Civil*, v. 1, p. 356.
76. José Frederico Marques, *Instituições...*, v. 1, p. 357. Na obra em comento o eminente professor catedrático atribui ao jurista alemão Adolf Wach a primazia da identificação de tal modalidade de competência.
77. Cumpre esclarecer que alguns doutrinadores identificavam como sinônimas as expressões *funcional* e *hierárquica* – esta decorrente do poder revisional cometido aos tribunais (v., dentre outros, Gabriel Rezende Filho, *Curso...*, v. 1, p. 112). Nery e Nery, à luz do Código de Processo Civil de 1973, alertam que a competência hierárquica é, em verdade, espécie da funcional, sendo prova de tal fato o próprio art. 93, citado (*Código...*, p. 505, nota 1 ao art. 93).
78. Conforme proposta ofertada por Theodoro Júnior, *Curso...*, v. 1, p. 167.

rados" revelam caso de competência pelo objeto do juízo; finalmente, "a competência dos tribunais de segundo grau quando conhecendo apelações" traz a competência pelo grau de jurisdição (ou hierárquica).[79]

Cumpre consignar que a competência funcional apresenta segunda faceta, que não se identifica com as fases do processo, mas com um fato que esteja a aconselhar o julgamento da lide respectiva em determinado local.

Com efeito, hipóteses há em que a natureza especial de determinada causa recomenda sua atribuição a certo juízo, "pelo fato de ser aí mais fácil ou mais eficaz a sua função".[80]

Em tais casos fala-se em *competência territorial absoluta* (ou *funcional*), sendo eles identificados sempre que "a lei especificamente declara competente a autoridade de determinado lugar em vista da relação existente entre a lide e um fato ali ocorrido ou com um cargo ali situado".[81]

A competência funcional, assim, justifica-se também pela proximidade do juiz em relação aos fatos, supondo a lei que ele possua melhores condições de compor adequadamente o conflito de interesses, além de ter maior facilidade na coleta da prova a tanto destinada.[82]

Exemplos de tal vertente da competência funcional são variegados em nosso ordenamento jurídico, podendo ser lembrados os arts. 95 do Código de Processo Civil, 2º da Lei federal 7.347/1985 e 7º do Decreto-lei 7.661/1945 (Lei de Falências).

5.12 Competência absoluta e relativa

As regras de fixação da competência comportam diversas formas de classificação.[83]

---

79. Hermínio Alberto Marques Porto, *Júri*, 9ª ed., p. 45.
80. Chiovenda, *Instituições de Direito Processual Civil*, v. 2, p. 187. À guisa de exemplo, cita o eminente processualista o processo de falência, que deve ser promovido na sede do estabelecimento principal da sociedade.
81. Chiovenda, *Instituições...*, v. 2, p. 194. No mesmo sentido, Hely Lopes Meirelles, *Mandado de Segurança, Ação Popular, Ação Civil Pública, Mandado de Injunção, "Habeas Data", Ação Direta de Inconstitucionalidade, Ação Declaratória de Constitucionalidade e Argüição de Descumprimento de Preceito Fundamental*, 24ª ed., p. 170.
82. A respeito, v. Nery e Nery, *Código...*, p. 514, nota 1 ao art. 95.
83. A propósito, v. Nery e Nery, *Código...*, p. 490, nota 8 ao art. 91.

A COMPETÊNCIA 85

Delas nos interessa mais de perto a divisão entre competência absoluta[84] e relativa, tendo em vista a proposta do presente trabalho.

Como tivemos a oportunidade de ver, as regras de competência são inspiradas em fatores diversos: ora levam em conta o interesse das partes, "quer facilitando ao autor o acesso ao Judiciário, quer propiciando ao réu melhores oportunidades de defesa";[85] ora a própria conveniência do exercício da função jurisdicional.

Considerados os motivos inspiradores do critério que esteja sob exame, a competência será absoluta ou relativa.

Assim, reputam-se absolutos os critérios de fixação de competência que se relacionem à conveniência da própria função jurisdicional,[86] vez que têm por escopo atender ao interesse público. São, em corolário, improrrogáveis e infensos à vontade das partes ou – mesmo – às regras de conexão e de continência.

As regras da denominada *competência relativa*, ao reverso, levam em conta a conveniência das partes, consultando ao interesse privado. Comportam, destarte, prorrogação, quer em virtude de causas legais (conexão ou continência), quer em face de convenção (estipulação contratual de foro – respeitados, à evidência, os limites gizados pela norma), quer, mesmo, em decorrência da inércia do réu dentro da relação jurídico-processual.

A distinção ora traçada mostra-se de curial importância, especialmente em sede de processo civil, pois – como visto – as regras de competência relativa traçadas pela respectiva sistemática procedimental são instituídas em prol dos próprios litigantes, comportando alteração por vontade destes, motivo por que não possuem natureza pública, a elas não se aplicando, por conseguinte, o princípio do juiz natural.[87]

---

84. Também nominada de competência *real* ou *de atribuições*. A propósito, v. Gabriel Rezende Filho, *Curso...*, v. 1, p. 114.
85. Cf. Athos Gusmão Carneiro, *Jurisdição e Competência*, p. 61.
86. Cf. Theodoro Júnior, *Curso...*, v. 1, p. 177.
87. Cf. Nelson Nery Júnior, *Princípios...*, p. 66.
  São de competência relativa as regras de fixação em razão do valor e do território, nos termos do art. 102 do Código de Processo Civil. Não obstante, casos há de competência territorial absoluta (ou *funcional*), trazidos pelo próprio Estatuto procedimental civil (art. 95) e por leis extravagantes (v. g., os arts. 2ª da Lei 7.347/ 85 e 209 do Estatuto da Criança e do Adolescente).

5.13 Causas legais de prorrogação da competência

Nos termos do art. 102 do Código de Processo Civil, a conexão e continência são critérios que propiciam a alteração das regras ordinárias de fixação da competência relativa (estipuladas em razão do valor ou do território).

Há conexão quando duas ou mais causas apresentam identidade de partes, de causa de pedir ou de pedido.[88]

Verifica-se a continência, a seu turno, quando entre duas ou mais ações há "identidade quanto às partes e à causa de pedir, mas o objeto de uma, por ser mais amplo, abrange o das outras", nos termos do art. 104 do Código de Processo Civil.

Em que pese estar inserida pelo Código na parte alusiva à competência, a conexão[89] possui reflexos em diversos institutos processuais, tais como no litisconsórcio e na reconvenção.

Interessa-nos, não obstante, tratar do instituto tendo em conta sua capacidade de gerar alteração nos critérios legais de fixação de competência.[90]

---

88. Cf. Nery e Nery, *Código...*, p. 526, nota 1 ao art. 103. Admite-se, assim, a existência de conexão *subjetiva* ou *objetiva*, sem embargo de o art. 103 do Código de Processo Civil nada mencionar quanto à identidade de partes. Tendo em vista o silêncio do estatuto procedimental a respeito de tal dado identificativo entre ações, Cândido Rangel Dinamarco afirma que a conexão *subjetiva* foi por ele desprezada (cf. *Direito Processual Civil*, pp. 20-21).

89. Passaremos a tratar apenas dela, posto que a continência "não deixa de ser uma espécie de conexão, sendo que a conseqüência processual advinda da existência de uma ou outra é a mesma" (Nery e Nery, *Código...*, p. 527, nota 1 ao art. 104).

90. Cumpre consignar que alguns autores cometem à conexão o rótulo de causa *necessária* de prorrogação de competência (v., a propósito: Theodoro Júnior, *Curso...*, v. 1, p. 178; Rezende Filho, *Curso...*, v. 1, p. 149).

Com o respeito devido, a denominação em foco não se mostra adequada, vez que, pela sistemática do Código de Processo Civil de 1973, verificada a conexão será facultado ao juiz determinar a reunião das ações (cf. arts. 102 e 105, que falam em poder – e não em dever), como o próprio Theodoro Júnior culmina por reconhecer (p. 181, em que – não obstante e com acerto, segundo pensamos – ressalva a possibilidade de ocorrerem julgamentos contraditórios, quando a junção passa a se mostrar efetivamente necessária em prol da segurança que deve advir das decisões judiciais).

A denominação de *necessária* certamente foi atribuída ao instituto mercê do disposto no Código de Processo Civil de 1939, que em seu art. 148 utilizava a expressão "prorrogar-se-á a competência" na hipótese de conexão (dentre outras), com evidente cunho imperativo.

Difere a conexão das demais causas de prorrogação de competência por ser decorrente da lei – e não da vontade das partes ou da eventual inércia do réu –, sendo firmada pela sistemática procedimental em prol da economia processual ou do interesse na prestação jurisdicional harmônica.

Em que pese ao fato, vimos que o instituto da conexão não possui o poder de alterar as regras de competência quando estas forem estabelecidas "tendo em vista a hierarquia dos órgãos judiciários, ou a necessidade de especialização deles, ou mesmo razões que aconselhem ser uma certa questão submetida a juiz de determinado local, porque ele tem melhores condições de processá-la e julgá-la".[91]

Ante tais considerações, impende anotarmos que o instituto da conexão não se aplica às regras de fixação de competência absoluta, ainda que lastreadas em critério territorial.[92]

Finalmente, cumpre tecermos importante distinção entre competência prorrogada (decorrente de causas legais ou voluntárias) e por prevenção.

Neste sentido, "jurisdição prorrogada é a de um juiz incompetente dilatando-se na jurisdição de outro, e jurisdição preventa é a de um juiz competente antecipada pela de outro também competente".[93]

Assim, o instituto da conexão transforma um juiz incompetente em competente para o julgamento de determinada causa; de outro lado, a prevenção é o critério para se aferir qual será o juiz incumbido do julgamento da lide dentre vários órgãos jurisdicionais detentores de idêntica competência.

5.14 As nulidades em sede de competência

A existência de critérios distintos para a delimitação da competência enseja o surgimento de diferentes soluções legais para as hipóteses de propositura da demanda perante juízo incompetente.

---

91. Celso Agrícola Barbi, *Comentários...*, v. 1, pp. 460-461.
92. Como nos casos das denominadas competências *territorial-funcional* (prevista, dentre outros, no art. 2º da Lei federal 7.347/1985) ou *territorial absoluta* (cf. art. 209 do Estatuto da Criança e do Adolescente). Em mencionado sentido, v. TJSP, ADIn 18.468-0, rel. Des. Dirceu de Mello, j. 9.11.1994.
93. Teixeira de Freitas, *Primeiras Linhas sobre o Processo Civil*, apud Frederico Marques, *Instituições...*, v. 1, pp. 439-440. Cumpre consignar que o autor se utiliza do vocábulo *jurisdição* como sinônimo de *competência*.

Dentro da sistemática processual civil brasileira as soluções estão pautadas pelos motivos ensejadores da fixação do critério de competência que esteja sob análise.

Com efeito, vimos que na hipótese de a regra ter sido estipulada tendo em conta a conveniência das partes a lei define a competência como relativa. Em contrapartida, caso a norma consulte ao interesse da própria função jurisdicional estaremos lidando com critério definido pelo Código de Processo Civil como de competência absoluta.

Assim, diante da classificação do Código, violada regra de competência absoluta ter-se-á nulidade da mesma magnitude, insuscetível de convalidação ou de prorrogação.[94]

Ao reverso, caso a norma desrespeitada seja de competência relativa admite-se a prorrogação[95] em virtude de causas legais (conexão e continência – arts. 102 e 104 do CPC), por acordo de vontades[96] ou, mesmo, pela inércia do réu em opor a pertinente exceção de incompetência.[97]

Considerados sua magnitude e o fato de ser firmada tendo em vista a conveniência do próprio exercício da função jurisdicional, a violação de regra de competência absoluta deve ser objeto de reconhecimento pelo juiz de ofício[98] ou mediante provocação da parte, em qualquer fase do procedimento,[99] sem que seja necessária a adoção de forma sacramental (exceção).[100]

---

94. Visto que "juiz absolutamente incompetente nunca se legitima para a causa, ainda que haja conexão ou continência, ou mesmo acordo expresso entre os interessados" (Theodoro Júnior, *Curso...*, v. 1, p. 178).
95. Que "é o fenômeno pelo qual o juízo, que era originariamente relativamente incompetente, se torna competente para o julgamento da causa" (Nery e Nery, *Código...*, p. 539, nota 2 ao art. 114).
96. Como, *v.g.*, no foro de eleição, previsto no art. 111 do Código de Processo Civil.
97. Cf. o art. 114 do Código de Processo Civil.
98. Cf. o art. 113 do Código de Processo Civil. Segundo os dizeres de Piero Calamandrei: "Todo órgão judiciário é juiz da própria competência (a chamada *Kompetenz-Kompetenz* dos alemães). (...) é claro que o juiz pode decidir sobre sua própria competência, *sem no entanto vincular outro juiz a essa decisão, pois que este também tem competência para apreciar e decidir a respeito dos pressupostos do processo*" (apud Frederico Marques, *Instituições...*, v. 1, p. 482).
99. Mesmo em segundo grau de jurisdição. A argüição apenas não pode ser feita em caráter original em sede de recursos excepcionais (especial e extraordinário), pois "o prequestionamento é sempre necessário, mesmo para as questões de ordem pública, que o juiz deva conhecer de ofício, como, por exemplo, (...) a in-

Impende aduzir que o descumprimento de regra de competência absoluta gera a nulidade de todos os atos decisórios praticados no processo (art. 113, § 2º, do CPC), a qual se opera automaticamente[101] e é insuscetível de convalidação mesmo com o trânsito em julgado da sentença, posto que ensejadora da propositura de ação rescisória.[102]

As conseqüências advindas da incompetência relativa, no entanto, são visceralmente distintas.

Com efeito, tendo em vista o principal mote inspirador da instituição de tais critérios de fixação de competência (atender à conveniência das partes), ao juiz não é dado declinar de exercer a função jurisdicional no processo de ofício.[103]

Demais disso, possui o réu a incumbência de argüi-la em momento certo (no prazo para a oferta de defesa – art. 297 do CPC) e pelo uso de forma sacramental (exceção – art. 304). Caso o faça por meio de mera alegação em sede de contestação, não caberá ao juiz acolhê-la.[104]

Se o réu deixar de suscitar a incompetência relativa no prazo ocorrerá a prorrogação da competência do juiz, não mais se havendo de falar em nulidade.

5.15 Mecanismos de solução dos conflitos de competência

Vimos em tópico anterior que a competência para o julgamento de determinada causa pode continuar sendo concorrente mesmo depois de

---

competência absoluta" (Nélson Nery Júnior, *Princípios Fundamentais – Teoria Geral dos Recursos*, p. 326).

100. Cumpre consignar que, se o réu não argüir a exceção na primeira oportunidade – como preliminar de contestação (CPC, art. 301, II) –, responderá pelas custas processuais por inteiro, nos termos do art. 113, § 1º.

101. Cf. *RTJ* 128/624 e ss.

102. Cf. art. 485, II, do Código de Processo Civil. Impende destacar que apenas findo o prazo para a propositura da ação rescisória a matéria se tornará preclusa.

103. Cf. Súmula 33 do Superior Tribunal de Justiça.

104. Cf.: Cândido Rangel Dinamarco, "Declaração *ex officio* da incompetência relativa?", *Ajuris* 17/43; José Carlos Barbosa Moreira, "Pode o juiz declarar de ofício a incompetência relativa?", *Temas de Direito Processual (Quinta série)*, pp. 63-76.

Há acórdãos, no entanto, sustentando que a argüição por meio de preliminar em sede de contestação constitui mera irregularidade (cf. *RT* 605/30, *RJTJSP* 103/305, colacionados por Nery e Nery, *Código...*, p. 537; no mesmo sentido: STJ, CComp 13.623-7-RJ, rel. Min. Sálvio de Figueiredo, *DJU* 18.9.1995).

aplicados, de forma sucessiva, os diversos critérios existentes para sua atribuição ao denominado *juiz natural*.

Vimos, outrossim, que para tais hipóteses a norma procedimental civil tratou do instituto da prevenção, mecanismo adequado para a fixação do juiz natural dentre órgãos jurisdicionais detentores de idêntica competência para o julgamento da demanda..[105]

Finalmente, cuidamos das hipóteses legais de prorrogação da competência, decorrentes dos institutos processuais da conexão e da continência.[106]

Não obstante, apesar do regramento processual e de organização judiciária, não raro nos deparamos com situações em que dúvidas continuam a existir acerca do órgão jurisdicional que efetivamente detenha a competência para o julgamento de determinada causa.

Em tais casos surgirá o conflito (e não a concorrência, é bom que anotemos) de competência.

O Código de Processo Civil previu a possibilidade em seu art. 115, dizendo haver conflito "quando dois ou mais juízes se declaram competentes" (denominado *conflito positivo* – inciso I), "quando dois ou mais juízes se consideram incompetentes" (conhecido por *conflito negativo* – inciso II), ou "quando entre dois ou mais juízes surge controvérsia acerca da reunião ou separação de processos" (inciso III).[107]

Em vista do objetivo perseguido pelo presente trabalho, importa-nos tratar do instituto enquanto mecanismo capaz de sanar dúvidas advindas da aplicação das regras de competência – e não de suas peculiaridades procedimentais.

Enquanto a prevenção é o mecanismo adequado para se atribuir, de modo efetivo, o julgamento de determinada lide a um órgão jurisdicional dentre vários detentores de idêntica competência – solucionando problemas de concorrência, portanto –, e as normas que tratam da

---

105. Cf. tópico 5.10, *supra*.
106. Cf. tópico 5.13, *supra*.
107. Segundo Nery e Nery esta última hipótese não constitui uma terceira espécie de conflito, "pois o inciso ora comentado é manifestação dos conflitos positivo ou negativo de competência. Será negativo quando o juiz que determinou a separação dos processos se der por incompetente e remeter uma das causas a outro juiz que, ao recebê-la, também se declara incompetente. Será positivo quando o juiz a quem é solicitada a remessa dos autos para reunião se recusa a fazê-lo: neste caso os dois se deram por competentes para julgar a ação conexa" (*Código...*, p. 540, nota 6 ao art. 115).

conexão e da continência servem para transformar em competente juiz que, de ordinário, não o era – por critérios de racionalização de serviços e para a garantia de que a prestação jurisdicional será harmônica –, os conflitos de que estamos tratando não são regras de fixação ou de alteração da competência, mas instrumentos adequados para solucionar as dúvidas que porventura venham a surgir acerca da aplicabilidade dos critérios processuais e organizacionais que regem o tema.

Como acima enfatizamos, nosso ordenamento jurídico impõe a obrigatoriedade de que apenas um órgão jurisdicional seja o detentor da efetiva competência para o julgamento de certo conflito de interesses, criando mecanismos variegados para que possamos identificá-lo.[108]

Contudo, não raras vezes juízos distintos interpretam as regras de modo incompatível entre si, de sorte a nos depararmos com situações concretas em que mais de um órgão jurisdicional se declare competente para o julgamento de uma determinada causa.

Parece claro que o conflito entre os juízos é apenas aparente, pois os mecanismos processuais e de organização judiciária se mostram suficientes para definir qual dentre eles é o efetivo detentor da competência dado um caso concreto.

Contudo, a presumida completude do ordenamento não se mostra suficiente para dirimir a quizila que subsiste em termos fáticos, motivo por que deve existir mecanismo específico para que possa ser ela suplantada.

Inconcebível, outrossim, que no ordenamento inexista previsão acerca do juízo competente para o julgamento de todo e qualquer conflito de interesses que venha a ser submetido à apreciação do Judiciário, mercê, até mesmo, do princípio inserto no art. 5º, XXXV, da Constituição Federal, que veda o *non liquet*.

Não obstante, casos práticos há em que nenhum juízo se diga competente para o julgamento de determinada demanda.

Ainda aqui, indispensável se afigura a existência de mecanismo adequado para que se declare qual juízo deverá apreciar e dirimir o conflito de interesses.

108. Pois, "em um mesmo pleito, podem ser chamados a funcionar diversos órgãos sucessivamente; não, porém, simultaneamente. A atuação sucessiva é para julgar recurso. Mas, entre os órgãos que pretendam funcionar simultaneamente, a competência de um para determinada causa exclui a competência de outro" (Odilon de Andrade, *Comentários ao Código de Processo Civil*, v. IX, *apud* Celso Agrícola Barbi, *Comentários...*, v. 1, p. 491).

O mecanismo para a solução de ambas as quizilas é o mesmo – qual seja, o conflito de competência, que possui a natureza jurídica de incidente, por decorrer "de divergência entre órgãos judiciais, a ser decidida por outro órgão superior aos conflitantes".[109]

A decisão do conflito está afeta a órgão jurisdicional superior àqueles que divergem entre si, possuindo natureza declaratória, "pois não modifica qualquer situação ou estado jurídico",[110] mas apenas interpreta as normas de competência e de organização judiciária e delas extrai uma conclusão de cunho vinculativo.

Caso o conflito ocorra entre órgãos pertencentes à mesma Justiça, incumbidos de superá-lo estarão o tribunal de justiça ou tribunais regionais federais.[111]

Se o conflito vier a se manifestar entre tribunais, assim como "entre tribunal e juízes a ele não vinculados e entre juízes vinculados a tribunais diversos", a competência para seu julgamento estará afeta ao Superior Tribunal de Justiça, nos termos do art. 105, I, "d", da Constituição Federal.[112]

Finalmente, caso o conflito envolva "o Superior Tribunal de Justiça e quaisquer tribunais", "Tribunais Superiores" ou "estes e qualquer outro tribunal", a competência originária é do Pretório Excelso, por força do disposto no art. 102, I, "o", da Magna Carta.

---

109. Barbi, *Comentários...*, v. 1, p. 494.
110. Idem, ibidem.
111. No Estado de São Paulo o órgão do Tribunal de Justiça incumbido de julgá-lo é a Câmara Especial, nos termos do art. 187 de seu Regimento Interno.
112. A hipótese de conflito de competência entre órgãos pertencentes a Justiças distintas em sede de ação civil pública é, aliás, bastante corriqueira, especialmente em face da discutida aplicabilidade do disposto no art. 109, § 3º, da Constituição Federal em sede de Lei 7.347/1985. A propósito, v. o Capítulo 6, tópico 6.1.3.2, *infra*.

6
A COMPETÊNCIA
NO SISTEMA DA JURISDIÇÃO CIVIL COLETIVA

6.1 O critério geral de competência para a tutela dos interesses difusos e coletivos: 6.1.1 Introdução – 6.1.2 A competência de foro: 6.1.2.1 A regra geral – 6.1.2.2 A tutela preventiva – 6.1.2.3 Lesões que ultrapassam os limites da comarca – 6.1.2.4 Os danos regionais e a regra do art. 93 do Código de Defesa do Consumidor – 6.1.2.5 A incompatibilidade entre regras destinadas à defesa de interesses individuais homogêneos e à tutela de direitos difusos e coletivos – 6.1.2.6 A inaplicabilidade do disposto no art. 93 do Código do Consumidor à defesa de interesses metaindividuais – 6.1.3 A competência de jurisdição: 6.1.3.1 A competência da Justiça Federal e dos Tribunais Superiores em face do disposto no art. 2º da Lei 7.347/1985 – 6.1.3.2 A aplicabilidade do disposto no art. 109, § 3º, da Constituição Federal em sede de ação civil pública – 6.1.3.3 Os danos interestaduais – 6.1.4 A competência de juízo.

6.1 O critério geral de competência para a tutela dos interesses difusos e coletivos

6.1.1 Introdução

Tivemos a oportunidade de tratar de diversos dos critérios utilizados pela ordem jurídica para a delimitação da competência para o julgamento de determinado conflito de interesses.

Vimos, outrossim, que a fixação da competência demanda raciocínios seqüenciais, que somente experimentarão termo final quando nos depararmos com um único órgão – dentre todos aqueles que detêm a jurisdição – a quem se atribui o poder de dizer o Direito no caso concreto.[1]

Com base em mencionadas premissas é que iremos tratar das regras de competência vigentes em sede de ação civil pública, buscando abordar, inicialmente, o critério geral trazido pela Lei 7.347/1985, em seu art. 2º.

Cumpre de logo aduzir que a regra inserta no mencionado art. 2º traduz apenas a *competência de foro* para o julgamento da ação civil pública – motivo por que, na seqüência, deveremos tratar também das denominadas *competências de jurisdição* e *de juízo*, sem as quais o objetivo de chegarmos a um único órgão jurisdicional com o poder de dizer o Direito no caso concreto não poderá ser alcançado.

Importante frisar, nesta oportunidade, que buscaremos analisar a competência de foro antes mesmo daquela denominada *de jurisdição*, tendo em vista pretendermos partir da regra geral para o julgamento das ações civis públicas para, no momento seguinte, verificar qual das Justiças (Estadual ou Federais comum ou especiais) será a efetiva detentora da competência no caso concreto, e a qual de seus órgãos o mister deverá ser atribuído.

6.1.2 A competência de foro

6.1.2.1 A regra geral

Conforme salientado, a competência para o julgamento de ações civis públicas é traçada, como regra geral, pelo art. 2º da Lei 7.347/1985.

Reza mencionado dispositivo que "as ações previstas nesta Lei serão propostas no foro do local onde ocorreu o dano, cujo juízo terá competência funcional para processar e julgar a causa".

De logo, pode-se notar a preocupação do legislador em criar regra de competência absoluta e improrrogável, mercê das repercussões sociais advindas de mencionadas ações.

Assim, em que pese ser definida como territorial, a competência, no caso, é firmada tendo em vista a proximidade do juiz em relação ao impacto decorrente do dano (ou de sua ameaça, diga-se), o qual possui melhores condições – quando em cotejo com qualquer de seus pares – de exercer a função jurisdicional no caso concreto, mercê de presumi-

---

1. Cf. o Capítulo 5, *supra*.

do conhecimento dos fatos e maior facilidade na coleta e obtenção das provas necessárias para deslindá-lo.[2]

A lei, portanto, utilizou-se da somatória de dois critérios para a fixação da competência: de início, traçou regra territorial (juiz do local do dano) e, em arremate, disse que ela será funcional.

Temos, assim, que a competência para o julgamento de ação civil pública é formada por um critério composto: ela é *territorial-funcional*.[3]

A expressão *funcional*, inserta no art. 2º, não escapou a críticas doutrinárias, que a têm por imprópria.

Neste sentido, Hugo Nigro Mazzilli afiança que o legislador confundiu os critérios de competência e "usou *funcional* por *absoluta*". Isso porque – ao ver do renomado jurista – a Lei 7.347/1985 "não leva em conta a sua *[do magistrado]* especialização ou a divisão de trabalho, nem há distribuição do poder jurisdicional de acordo com as fases do processo, objeto do pedido ou graus de jurisdição. Não há previsão alguma de competência funcional, nem horizontal nem vertical".[4]

Críticas da mesma cepa partem, também, de José dos Santos Carvalho Filho. Assevera o eminente doutrinador que "a expressão *competência funcional* tem sentido técnico dentro da Teoria Geral do Processo", implicando a "repartição da função jurisdicional" entre "órgãos jurisdicionais diversos".[5]

Em corolário, conclui que a parte final do art. 2º da Lei 7.347/1985 é "de todo dispensável", pois se a lei atribui a competência ao juiz do local do dano "já estaria automaticamente conferindo compe-

---

2. Em que pese se referir à atribuição do órgão do Ministério Público – e não à competência jurisdicional –, interessante se mostra a seguinte passagem, da lavra de René Ariel Dotti, no sentido de que o critério legal melhor consulta ao interesse público, pois "o sentimento de reação emocional ao dano é melhor vivenciado pelo agente do Ministério Público (e outras autoridades) que habita na mesma cidade, que convive com as mesmas vítimas e testemunhas e assim poderá, com mais eficiência que outro colega distanciado da área das conseqüências do fato, promover as medidas adequadas à perseguição dos agressores, bem como lutar pela prevenção do dano" ("A atuação do Ministério Público na proteção dos interesses difusos", *Revista do Ministério Público do Rio Grande do Sul* 19/84).
3. A propósito, cf.: Nery e Nery, *Código de Processo Civil Comentado*, p. 1.410; Rodolfo de Camargo Mancuso, *Ação Civil Pública*, pp. 49-50.
4. Hugo Nigro Mazzilli, *A Defesa dos Interesses Difusos em Juízo*, p. 211.
5. José dos Santos Carvalho Filho, *Ação Civil Pública: Comentários por Artigos*, pp. 43-44.

tência funcional ao juiz a quem coubesse o processamento e julgamento da causa".[6]

Com o respeito devido aos eminentes juristas, temos para nós que razão alguma esteja a lhes assistir.

De início, cumpre relembrarmos que o sistema das ações coletivas é inovador, tendo sido firmado a partir de variegadas alterações impostas nas regras tradicionais do processo destinado à composição de litígios intersubjetivos.

Mercê do exposto, mostra-se no mínimo temerário nos voltarmos seguidamente para as regras procedimentais civis tradicionais, como a buscar moldar aos seus rigorosos limites preceitos inovadores e destinados a um tipo de tutela até então desconhecida.

Assim como ainda busca fincar no art. 6º do Código de Processo Civil o estudo da legitimidade ativa para a propositura da ação civil pública[7] – como a não conceber pudesse a novel sistemática de tutela coletiva instituir princípio próprio e diferenciado, mercê da natureza dos interesses por ela tratados[8] –, parte da doutrina parece querer amoldar as regras de competência àquelas inerentes à tutela individual, como a entender pecaminoso o surgimento de critério próprio, que venha somar-se aos anteriormente reconhecidos e agasalhados em nossos Códigos.

Cumpre aduzir, outrossim, que o conceito de *competência funcional* trazido por citados juristas revela apenas uma de suas facetas, inerente à divisão de funções a serem exercidas por mais de um órgão jurisdicional dentro do mesmo processo.

Não obstante, como acima tivemos a oportunidade de anotar, vazados no ensinamento do eminente Giuseppe Chiovenda,[9] hipóteses há em que a competência é funcional pois firmada tendo em conta a própria natureza de determinada causa, que recomenda sua atribui-

---

6. Idem, p. 44.
7. Dizendo-a, no mais das vezes, extraordinária, com as vicissitudes inerentes à própria denominação, que implica excepcionalidade, invulgaridade. A propósito, cf.: Mazzilli, *A Defesa* ..., p. 257; Carvalho Filho, *Ação Civil Pública:* ..., p. 78; José Marcelo Menezes Vigliar, *Ação Civil Pública*, p. 75.
8. V., a propósito: Motauri Ciocchetti de Souza, *Ação Civil Pública e Inquérito Civil*, pp. 38-39; Fiorillo, Rodrigues e Nery, *Direito Processual Ambiental Brasileiro*, p. 119.
9. Cf. Capítulo 5, tópico 5.11, *supra*.

ção a certo juízo, que possuirá maior aptidão para processá-la e julgá-la.[10]

Mencionada situação, aliás, é contemplada por nossa ordem jurídica em variegadas situações – inclusive pelo próprio Código de Processo Civil (art. 95).

Demais disso, adotar-se o argumento lançado por Carvalho Filho – no sentido de que bastaria a fixação do critério territorial – seria ferir de morte o interesse público, mote justificativo da utilização de regra de competência absoluta para o julgamento da ação de que estamos tratando, conforme a própria Exposição de Motivos do anteprojeto que resultou na Lei 7.347/1985, pois a competência se tornaria meramente relativa.[11]

Ante os motivos expostos, não vemos, com a devida vênia, justificativa adequada para as críticas lançadas em face da utilização do critério composto de competência pelo art. 2º, em análise.[12]

Cumpre consignar, finalmente, que a regra do art. 2º é insensível, mesmo, ao princípio da *perpetuatio jurisdicionis*, consagrado pelo art. 87 do Código de Processo Civil, pois o desmembramento da comarca (que enseja *modificação no estado de direito*) impõe o deslocamento da ação civil pública.[13]

6.1.2.2 A tutela preventiva

Em que pese ter feito alusão apenas ao juiz "do local do dano", como a permitir ilação de que as regras de competência para a hipótese de tutela preventiva pudessem ser distintas, em verdade o disposto no art. 2º da Lei federal 7.347/1985 aplica-se a qualquer rito procedimental utilizado à guisa de ação civil pública.

De início, cumpre asseverarmos que não teria sentido a lei tratar de forma específica as ações reparatórias, justificando a imposição de

---

10. A propósito, v. Isabella Franco Guerra, *Ação Civil Pública e Meio Ambiente*, pp. 52-53.
11. O autor, aliás, parece admitir tal hipótese, ao falar em prorrogação de competência caso a ação fosse proposta em local diverso (Carvalho Filho, *Ação Civil Pública: ...*, p. 44).
12. No sentido de que a competência efetivamente é territorial funcional, v. STJ, 1ª S., CComp 19.126-RJ, rel. Min. Garcia Vieira, *DJU* 6.10.1997, p. 49.842.
13. Neste sentido, v. TJSP, CComp 49.140-0, rel. Des. Yussef Cahali, j. 11.3.1999 – que trata da hipótese de criação de foro distrital.

critério de competência absoluta mercê do interesse público, e permitir que outras regras fossem utilizadas para as demandas de cunho preventivo.

Isso porque a própria natureza dos interesses, de regra indisponíveis, torna inequívoca a conclusão de que a tutela preventiva possui importância substancialmente maior do que aquela de índole reparatória.

Com efeito, ao falarmos em *interesses sociais*, à evidência que a prioridade de seu trato haverá de ocorrer na própria esfera administrativa, com a criação de adequado aparato destinado a evitar a eclosão de danos.[14]

Bem por tal motivo os instrumentos administrativos possuem importância transcendental em sede de interesses difusos, competindo ao processo papel eminentemente supletivo.

Ante tais argumentos, e valendo-nos do mesmo raciocínio, se os instrumentos extrajudiciais não se mostrarem capazes de propiciar adequada defesa dos interesses da sociedade, à evidência que as ações de cunho preventivo devem possuir nítida prevalência em relação às reparatórias.

Aliás, a importância conferida à tutela preventiva pela jurisdição civil coletiva foi tamanha, que já nos idos de 1985 era prevista a concessão de liminares no bojo de qualquer ação civil pública, nos termos do art. 12 da Lei 7.347/1985.

Demais disso, as cautelares foram textualmente contempladas pela própria Lei da Ação Civil Pública, que, em seu art. 4º, as admitia inclusive com a finalidade de "evitar o dano".

Acresça-se, outrossim, que o Código de Defesa do Consumidor instituiu em nossa ordem jurídica – e justamente no sistema das ações coletivas – a concessão da tutela liminar,[15] dizendo-a cabível quando "relevante o fundamento da demanda e havendo justificável receio de ineficácia do provimento final", requisitos inerentes a qualquer medida liminar e singelos ante o rigorismo que acompanhou a introdução do mecanismo no art. 273 do Código de Processo Civil.

Mas não é só: afiançando a maior relevância das medidas preventivas, a Lei 7.347/1985 permitiu ao juiz impor, em decisões liminares

---

14. Cf. Motauri Ciocchetti de Souza, *Interesses Difusos em Espécie*, pp. 38-39.
15. Ou "a antecipação do provimento definitivo", nos dizeres de Kazuo Watanabe (in *Código Brasileiro de Defesa do Consumidor Comentado pelos Autores do Anteprojeto*, p. 528).

ou definitivas, multas como um *plus* com o escopo de assegurar o efetivo cumprimento de seu comando (arts. 11 e 12, § 2º), adotou como regra geral apenas o efeito devolutivo para os recursos (art. 14) e impôs ao Ministério Público o dever de prosseguir com a ação[16] e de executar a sentença (arts. 5º, § 3º, e 15, respectivamente).

Mercê do Código de Defesa do Consumidor, o sistema passou a prever, também, mecanismo administrativo de composição (*compromisso de ajustamento de conduta*), ao qual foi conferida força de título executivo extrajudicial (art. 5º, § 6º, da Lei 7.347/1985).

Como se observa, o sistema da jurisdição civil coletiva é rico em mecanismos de cunho preventivo, de sorte que seria incompatível não emprestarmos a ações que tenham mencionado escopo regra de competência da importância daquela destinada às demandas reparatórias pelo art. 2º da Lei 7.347/1985.[17]

Destarte, a competência para o julgamento das ações cautelares e para a adoção de medidas de tal cepa é firmada também pelo critério territorial-funcional, de que estamos tratando.

Casos há, no entanto, em que o dano está por materializar-se, sem que exista tempo hábil de alcançarmos o órgão jurisdicional competente com o escopo de obstá-lo.

Considerados os diversos mecanismos de cunho preventivo insertos no sistema da ação civil pública e a relevância dos interesses difusos e coletivos, não há como negar, na hipótese, a possibilidade da adoção de providências de excepcional urgência com o escopo de assegurar a preservação do bem jurídico metaindividual por qualquer juízo, tendo em conta o poder geral de cautela.

De fato, prevendo a Constituição Federal que nenhuma lesão poderá ser subtraída à apreciação do Poder Judiciário (art. 5º, XXXV), parece claro que, verificado um dano emergente a interesses metaindividuais, qualquer órgão jurisdicional estará autorizado a determinar as medidas cautelares que se façam necessárias para coartá-lo, independentemente do fato de ser o efetivo detentor da competência.

16. Em casos de desistência ou abandono injustificados pelo autor.
17. Em tal sentido, v. STJ, 2ª T., REsp 108.862-SP, rel. Min. Ari Pargendler, *DJU* 1.9.1997, p. 40.802. A respeito do tema desconhecemos a existência de voz discrepante na doutrina. Cumpre consignar, outrossim, que o Código de Defesa do Consumidor e o Estatuto da Criança e do Adolescente equipararam, de forma textual, a regra de competência para as tutelas preventiva e reparatória, nos arts. 93 e 209, respectivamente.

Isso porque as regras procedimentais de competência não podem sobrepor-se ao comando constitucional citado, nem tampouco constituir óbice à efetiva proteção do direito material, tendo em vista a própria instrumentalidade do processo.

Destarte, apesar do critério territorial-funcional de natureza absoluta, nada obsta a que, em circunstâncias de especial urgência, medidas cautelares sejam determinadas por juiz incompetente, com base no poder geral de cautela.

6.1.2.3 Lesões que ultrapassam os limites da comarca

Não raras vezes determinado dano espraia seus efeitos para além do território de determinada comarca.

Com efeito, não há como restringirmos ao território de uma única comarca lesões como as decorrentes da adoção de política pública inadequada em relação às pessoas portadoras de deficiência pelo Estado-membro, as impostas por cláusulas abusivas insertas em contratos de adesão por empresas que administram planos de saúde, ou as que afetem uma bacia hidrográfica.

Em tais casos diversas serão as comarcas afetadas, de sorte que, à luz do art. 2º da Lei 7.347/1985, vários serão os juízes detentores de competência funcional para o julgamento da causa.

A hipótese em comento é solucionada por intermédio do instituto da *prevenção*, de que acima tratamos.[18]

Em outras palavras: extrapolando o dano os limites territoriais de determinado foro, surge hipótese de competência concorrente, que deverá ser dirimida à luz do disposto nos arts. 106, 107 e 219 do Código de Processo Civil.[19]

Caso o dano alcance dimensão territorial expressiva a ponto de segunda ação acerca dos mesmos fatos ser proposta em comarca distinta, tendo em vista desconhecimento da demanda anterior, a hipótese

---

18. Cf. o Capítulo 5, tópico 5.10, *supra*.
19. A Medida Provisória 1.984, na reedição datada de 1.6.2000, acrescentou parágrafo único ao art. 2º em comento, cujo texto reza que: "A propositura da ação prevenirá a jurisdição do juízo para todas as ações posteriormente intentadas que possuam a mesma causa de pedir ou o mesmo objeto". Mencionada redação foi mantida pela atual Medida Provisória 2.180-35, de 24.8.2001. Assim, a prevenção, no caso, decorrerá da propositura da ação (a respeito, o art. 263 do CPC) – e não da citação válida, como apregoado pelo art. 219.

dará ensejo à reunião dos processos para julgamento conjunto em decorrência de conexão (arts. 106 e 107 do CPC) – medida necessária para que não surjam decisões judiciais discrepantes.[20]

Importante frisarmos que, na hipótese em comento, estaremos lidando com um tipo diferenciado de conexão, pois por seu intermédio não se estará tornando competente juiz que, de ordinário, não o era.

Com efeito, em sede de ação civil pública, tendo em vista a regra territorial-funcional, de natureza absoluta, não há falar-se em ampliação da competência do juiz que originariamente, por critérios processuais, não a detinha, como objetivado pelas normas de conexão insertas no Código de Processo Civil.

No caso, a conexão será decorrência da própria prevenção, deslocando-se o processo de um juízo para outro que também era detentor – pelos critérios de jurisdição e de foro – da competência para o julgamento da segunda das demandas propostas.

Cumpre consignar, finalmente, que a junção de processos em face de conexão somente poderá ocorrer desde que inexista, em qualquer deles, sentença lançada.[21]

6.1.2.4 Os danos regionais e a regra do art. 93 do Código de Defesa do Consumidor

Questão que está a gerar controvérsia em termos doutrinários diz respeito à aplicabilidade, em sede de tutela de interesses metaindividuais, do disposto no art. 93 do Código de Defesa do Consumidor – ou, mais especificamente, da regra de seu inciso II.

20. Cf. Nery e Nery, *Código* ..., p. 1.410. A propósito, v.: STJ, 1ª S., CComp 5.519-RS, rel. Min. César Asfor Rocha, *DJU* 29.11.1993, p. 25.839; CComp 7.432-DF, rel. Min. Hélio Mosimann, *DJU* 27.6.1994, p. 16.869; e CComp 22.693-DF, rel. Min. José Delgado, *DJU* 19.4.1999, p. 71.
A reunião de processos deverá ocorrer ainda que se trate de conexão entre ações popular e civil pública (cf.: STJ, 1ª S., CComp 3.911-DF, rel. Min. Garcia Vieira/rel. para o acórdão Min. Hélio Mosimann, *DJU* 16.8.1993, p. 15.943; STJ, 3ª S., CComp 17.432-SC, rel. Min. William Patterson, *DJU* 13.10.1997, p. 51.516).
As ações deverão ser reunidas, à evidência, se não forem idênticas entre si, quando a medida correta a ser adotada será a prevista no art. 267, V, do Código de Processo Civil, em face de litispendência.
21. V., a propósito, STJ, 1ª S., CComp 18.979-RJ, rel. Min. Humberto Gomes de Barros, *DJU* 13.10.1998, p. 5.

Nos termos da norma em comento, a ação deverá ser proposta "no foro da Capital do Estado ou do Distrito Federal, para os danos de âmbito nacional ou regional".

Segundo o escólio de Rodolfo de Camargo Mancuso, tendo em conta que o dispositivo se encontra inserido na parte processual do Código de Defesa do Consumidor, "ele se estende às ações civis públicas em geral, mercê do art. 117 desse Código".[22]

O mesmo entendimento possuem Álvaro Luiz Valery Mirra,[23] Arruda Alvim, Thereza Alvim, Eduardo Arruda Alvim e James J. Marins[24] – para quem o dano será regional "se extrapolar o território de uma única comarca ou seção judiciária (...) e abranger todo o Estado federado atingido ou o Distrito Federal"; e nacional se o dano ultrapassar "os limites do Estado federado" –, José Marcelo Menezes Vigliar,[25] Ada Pellegrini Grinover,[26] Hugo Nigro Mazzilli,[27] Luiz Paulo da Silva Araújo Filho[28] e Athos Gusmão Carneiro,[29] dentre outros.[30]

Édis Milaré, por seu turno, apregoa a aplicação mitigada do disposto no art. 93, II, do Código de Defesa do Consumidor, asseverando que na hipótese de danos regionais a competência será concorrente, devendo a quizila ser suplantada por intermédio da prevenção. Caso, não obstante, a lesão seja de impacto nacional, aí, sim, a competência deverá ser cometida com privatividade ao juiz do Distrito Federal.[31]

---

22. *Ação Civil Pública*, p. 58.
23. "Ação civil pública em defesa do ambiente", in Édis Milaré (coord.), *Ação Civil Pública – 15 Anos*, p. 74.
24. In *Código Brasileiro de Defesa do Consumidor Comentado*, pp. 203-204.
25. *Ação Civil Pública*, p. 59 – em que o autor parece ter alterado o opinamento que externou em sua obra *Tutela Jurisdicional Coletiva* (p. 162).
26. In *Código Brasileiro de Defesa do Consumidor Comentado pelos Autores do Anteprojeto*, p. 549.
27. *A Defesa ...*, p. 212.
28. *Ações Coletivas: a Tutela Jurisdicional dos Direitos Individuais Homogêneos*, p. 137.
29. *Jurisdição e Competência*, p. 104.
30. Na jurisprudência, v.: TJSP, 1ª C. de Direito Público, AI 026.666-5/7, rel. Des. Cauduro Padin, j. 18.3.1997; e 8ª C. de Direito Público, AI 026.665/5-2, rel. Des. Felipe Ferreira, j. 19.3.1997.
31. "A ação civil pública por dano ao ambiente", in Édis Milaré (coord.), *Ação Civil Pública – 15 Anos*, pp. 188-190. No artigo em comento o autor propõe seja utilizado como critério para a delimitação do dano como *regional* o previsto na Resolução CONAMA-237/1997 (art. 1º, IV), que assim define aquele capaz de afetar o território de dois ou mais Estados-membros.

Interessante, a propósito, a posição de José dos Santos Carvalho Filho: a seu ver, a regra do art. 93 da Lei 8.078/1990 possui aplicabilidade apenas em sede de tutela coletiva de consumidores – e não na defesa de outros interesses individuais homogêneos ou metaindividuais.[32]

Com o respeito devido aos eminentes doutrinadores, temos para nós que a regra inserta no art. 93, II, do Código de Defesa do Consumidor não comporta aplicação em sede de tutela dos interesses metaindividuais.

É certo que a parte processual do Código de Defesa do Consumidor e a Lei 7.347/1985 são normas recíprocas, que interagem com o escopo de formar a base da jurisdição civil coletiva.

É inequívoco, de igual sorte, que o art. 93, em comento, se encontra inserido na parte processual da Lei 8.078/1990.

Não obstante, os dispositivos legais que ensejam a reciprocidade (arts. 21 da Lei da Ação Civil Pública e 90 do Código do Consumidor) são sábios ao apregoarem que a interação não se perfará havendo colidência.[33]

E, em nosso sentir, incompatibilidade há, na hipótese em análise, entre o disposto nos arts. 2º da Lei da Ação Civil Pública e 93, II, da Lei 8.078/1990.

Cumpre consignarmos, de início, que o Código de Defesa do Consumidor parece ter repartido sua parte processual em duas diferentes metades: de um lado, trouxe princípios de conteúdo geral, que efetivamente se aplicam à tutela de qualquer dos interesses retratados por seu art. 81, parágrafo único (Capítulos I e IV de seu Título III); de outro, instituiu, nos Capítulos II e III do Título III, normas típicas e específicas, por vezes diferenciadas em relação às regras globais alusivas à ação civil pública, tendo em vista a natureza do interesse a ser submetido a tutela (Capítulo II) e a pessoa em face de quem a demanda será intentada ou a qualidade de quem a intenta (Capítulo III).

Nessa quadra, entendemos que as disposições gerais da parte processual do Código de Defesa do Consumidor (assim como aquelas alusivas aos efeitos da coisa julgada) se aplicam, à saciedade, à tutela de qualquer dos interesses arrolados em seu art. 81, parágrafo único.[34]

---

32. *Ação Civil Pública:* ..., pp. 39-42.
33. Nesse sentido, cf. Nélson Nery Júnior, in *Código Brasileiro de Defesa do Consumidor Comentado pelos Autores do Anteprojeto*, p. 662.
34. Aliás, os arts. 82 e 103 são *textuais* ao regularem a legitimidade ativa e os efeitos da coisa julgada na defesa de interesses indivisíveis.

No entanto, os demais capítulos somente possuirão mencionada aplicabilidade desde que o conteúdo de seus princípios seja compatível com as regras trazidas pela Lei 7.347/1985.

Isso porque parece evidente – por exemplo – que o disposto no art. 101, I, do Código de Defesa do Consumidor (inserido em sua parte processual, diga-se) é incompatível com o critério de fixação de competência absoluta trazido pelo art. 2º da Lei 7.347/1985.

O Código de Defesa do Consumidor instituiu, em nossa ordem jurídica, uma nova modalidade de interesses que – em que pese serem individuais – podem ser tutelados de forma coletiva (art. 81, III).

Ditos interesses diferem substancialmente dos difusos e coletivos, especialmente no que se refere à natureza divisível de seu objeto.

Em face de mencionada distinção, o legislador consumerista entendeu por bem criar princípios procedimentais próprios e adequados à tutela dos interesses a que deu, de forma inovadora, tratamento normativo, fazendo-o no Capítulo II de seu Título III e nominando-os de *ação coletiva para a defesa dos interesses individuais homogêneos.*

Cumpre destacar que a finalidade de mencionada ação é a de obter a reparação simultânea de *diversas lesões individuais* decorrentes de um mesmo evento – o que se mostra louvável em termos de acessibilidade ao Judiciário e ante a concreta possibilidade da existência de decisão harmônica abarcando todos os danos de idêntica origem.[35]

Em contrapartida, não tem a ação civil pública por escopo obter a reparação de danos pessoais – que não podem ser nela reclamados.[36]

À evidência que mencionada diferenciação finalística há de refletir-se em diversos princípios estruturais inerentes às ações coletivas em comento, mostrando insuperáveis dissonâncias, como abaixo passaremos a analisar.

---

35. "Um dos objetivos da ação coletiva é evitar a proliferação de demandas individuais. É evidente que a demanda coletiva em muito contribui para o desafogamento do Poder Judiciário, porquanto, em vez de milhares de ações individuais, fragmentando interesses individuais, ter-se-á apenas uma, a coletiva, representativa de todas elas" (Sérgio Shimura, *Título Executivo*, pp. 188-189).
36. Muito embora a sentença que venha a julgá-la procedente tenha eficácia *erga omnes* ou *ultra partes*, segundo o disposto no art. 103, I e II, do Código de Defesa do Consumidor, de ver que o benefício experimentado pelo particular lesado jamais será imediato e direto.

6.1.2.5 A incompatibilidade entre regras destinadas à defesa de interesses individuais homogêneos e à tutela de direitos difusos e coletivos

Diversos dos dispositivos insertos no Capítulo II do Título III do Código do Consumidor são próprios e estipulados tendo em conta a natureza divisível dos interesses individuais homogêneos.

De logo, temos que a regra do art. 94 – a qual fala da habilitação dos lesados como litisconsortes do autor da demanda coletiva em defesa dos interesses individuais homogêneos – é incompatível com os princípios que regem a ação civil pública.[37]

Aliás, vários dos autores que pregam a extensão do princípio contido no art. 93, II, do Código do Consumidor às ações civis públicas – mercê da integração das normas – paradoxalmente entendem que o art. 94 de mencionado *Codex* a elas não se aplica.[38]

Inquestionável se nos afigura, de igual sorte, que o disposto no art. 95 é privativo da tutela dos interesses individuais homogêneos (pois limita a função jurisdicional ao *reconhecimento da responsabilidade do réu pelos danos causados*, em restrição incompatível com a defesa de direitos difusos ou coletivos, em que a decisão pode ter qualquer conteúdo).

De igual sorte, a prioridade conferida pelos arts. 97 e 100 aos particulares (*vítimas e seus sucessores*) para a liquidação da sentença de

---

37. Tendo em vista que mencionada demanda coletiva não comporta a análise da eventual existência de relação jurídica mantida entre particular lesado e réu, nem, tampouco, de possível nexo de causalidade entre ação (positiva ou negativa) praticada por este último e lesão sofrida pelo primeiro.

Em que pese o art. 103, § 3º, do Código de Defesa do Consumidor afiançar, em sua parte final, que a procedência da ação civil pública legitimará os particulares que tenham sofrido lesão em decorrência dos mesmos fatos a liquidarem e executarem a decisão nos moldes dos arts. 97 a 100 do mesmo *Codex*, de ver que a liquidação será, no caso, *sui generis*, refugindo à sistemática comum do Código de Processo Civil, posto que não bastará ao particular a prova de fato novo: deverá ele demonstrar não apenas a existência de um dano (o que justificaria a denominada *liquidação por artigos*), mas o próprio nexo de causalidade ligando a conduta do réu à sua lesão.

E, se assim o é, o processo de liquidação em comento contempla amplo contraditório, exceto no pertinente aos fatos soberanamente resolvidos no bojo da ação civil pública, mercê dos efeitos externos da coisa julgada (*secundum eventum litis* e *in utilibus*).

38. Cf., a propósito: Mazzilli, *A Defesa* ..., pp. 273-274; Vigliar, *Ação Civil Pública*, pp. 80-81; Mancuso, *Ação Civil Pública*, p. 154.

que trata o art. 95 revela de forma insofismável a finalidade almejada pelos princípios traçados pelo Capítulo II do Título III do Código do Consumidor: a *reparação de lesões individuais*.[39]

Obviamente que a situação é oposta em sede de tutela de interesses difusos e coletivos, competindo a liquidação e a execução exclusivamente aos legitimados ativos de que trata o art. 5º da Lei 7.347/1985, como se depreende de seu art. 15.[40]

Em corolário, patente se mostra o fato de que nem todos os princípios contidos na parte processual do Código de Defesa do Consumidor integram o núcleo comum da jurisdição civil coletiva.[41]

A situação, no entanto, torna-se ainda mais aflitiva quando nos deparamos com o instituto da legitimidade ativa.

Como tivemos oportunidade de anotar, o Código de Processo Civil possui vocação nitidamente individualista, inspirado que foi na filosofia liberal.

Destarte, diversos de seus princípios não se harmonizam com a tutela de interesses despersonalizados, posto que sociais.

Mencionada dissonância começa a ser verificada quanto à forma de legitimação ativa prevista na sistemática processual civil tradicional, cujos desdobramentos serão de curial importância para que possamos afiançar a inaplicabilidade das regras procedimentais destinadas à defesa dos direitos individuais homogêneos em sede de interesses indivisíveis.

Nos termos do art. 6º do Código de Processo Civil, "ninguém poderá pleitear, em nome próprio, direito alheio, salvo quando autorizado por lei".

---

39. "A grande novidade nessa matéria (...) é que o produto da condenação, como regra, vai para o patrimônio das vítimas, em ressarcimento da lesão sofrida, e só excepcionalmente reverterá para o Fundo de Reconstituição de Bens Lesados, quando insignificante o número de vítimas habilitadas ao fim de um ano (art. 100 e parágrafo único)" (João Batista de Almeida, *A Proteção Jurídica do Consumidor*, p. 153).
40. A propósito, v. Patrícia Miranda Pizzol, *Liquidação nas Ações Coletivas*, pp. 196 e ss. Cumpre, não obstante, relembrarmos que a sentença tirada na ação civil pública pode comportar *também* liquidações individuais, mas em decorrência da eficácia externa da coisa julgada.
41. Como, aliás, ocorre com princípios procedimentais específicos trazidos por leis como as de ns. 7.853/1989, 7.913/1989 e 8.429/1992 e pelo Estatuto da Criança e do Adolescente.

De mencionado dispositivo extraímos as duas formas de legitimação consagradas por nossa sistemática processual civil, sendo uma delas a comum (ou *ordinária*), e a outra, excepcional (ou *extraordinária*).

Assim, a regra geral do processo civil de cunho individualista é a de que o titular do direito material objeto de controvérsia é o único legitimado a promover sua tutela em juízo. Em outras palavras, na legitimação ordinária há exata coincidência entre o titular do direito material e do processo respectivo.

Como se observa, o instituto da legitimação processual é indissociável do direito material e de sua respectiva titularidade.

Em vista de situações peculiares e excepcionais, no entanto, o Código de Processo Civil cuidou de trazer segunda forma de legitimação, a qual culminou por receber o nome doutrinário de *extraordinária*, pois invulgar.

Em tais casos há descoincidência entre os titulares do direito material e do processo que almeja tutelá-lo.

As hipóteses em que tal descoincidência pode ocorrer constituem *numerus clausus*, tendo em vista que o próprio Código exige autorização legal expressa para tanto. Bem por tal fato, possuem característica inerente à excepcionalidade.

É o que acontece, por exemplo, com a ação civil *ex delicto* proposta pelo Ministério Público (titular do processo) em defesa da vítima pobre do crime (titular do direito material), a teor do disposto no art. 68 do Código de Processo Penal. Ou da ação de alimentos intentada pelo Ministério Público em prol de criança ou adolescente desassistido, por força do disposto no art. 201, III, da Lei federal 8.069/1990. Ou da própria tutela dos interesses individuais homogêneos, tendo em vista a previsão inserta no art. 91 do Código de Defesa do Consumidor no sentido de que a demanda é proposta pelos entes arrolados no art. 82 "em nome próprio e no interesse das vítimas ou seus sucessores".

As formas de legitimação acima previstas são bastante adequadas quando o assunto é a tutela de interesses individuais, ainda que plúrimos, como na hipótese trazida pelo art. 91, em destaque.

Ante a natureza divisível dos interesses com os quais estamos lidando, à evidência que cada um dos lesados pode, individualmente, ingressar em juízo com demanda própria, visando a obter a reparação do dano sofrido.

Dentro de mencionado contexto, vemos mesmo como adequada a previsão da legitimação extraordinária, pois as pessoas arroladas pelo art. 82 do Código do Consumidor efetivamente atuam em nome próprio (são, pois, as titulares do processo), mas em defesa do direito material individualizável das vítimas.

Necessário, não obstante, afiancemos sua adequação frente a interesses despersonalizados, como o são os metaindividuais. Considerado o traço comum a ligá-los entre si, consubstanciado na indivisibilidade do objeto, os interesses difusos e coletivos não propiciam se identifiquem titulares certos e determinados de quinhões do interesse, posto pertencerem a todos e a ninguém ao mesmo tempo, tendo por objeto "um bem necessário para toda a coletividade"[42] ou para todos os integrantes de um grupo, categoria ou classe de pessoas, sem contemplar situações individualmente avaliáveis.

Em outras palavras, ninguém pode se arvorar na qualidade de detentor do interesse metaindividual: se a lesão atinge indistintamente a toda a sociedade ou a todos os integrantes de determinado grupo, nenhum de seus componentes pode ser considerado individualmente titular de parcela do objeto tutelado, posto que ele não comporta divisão.

Em conseqüência, a legitimação ordinária concebida pela sistemática processual civil se mostra incompatível com os princípios de tutela dos interesses em comento, pelo só fato de que não pode haver coincidência entre titular do direito material e do processo respectivo.

Cumpre afiançarmos que o denominado *sistema da ação civil pública* não tratou de forma expressa, em qualquer de seus textos legais, da natureza da legitimidade ativa conferida às pessoas arroladas nos arts. 5º da Lei 7.347/1985, 82 do Código de Defesa do Consumidor ou 210 do Estatuto da Criança e do Adolescente.

Talvez em virtude de tal fato, boa parte dos doutrinadores culminou por buscar adequá-la à divisão tradicional do processo civil, inclinando-se pelo reconhecimento, na espécie, da legitimação extraordinária.[43]

Interessante corrente doutrinária, sustentada, dentre outros, por Nélson Nery Júnior, vem apregoando – com inteiro acerto, segundo pensamos – que a legitimação trazida pela denominada *Lei da Ação Civil Pública* não se confunde com as tradicionais do art. 6º do Código de Processo Civil.

---

42. Antônio Augusto Mello de Camargo Ferraz, Édis Milaré e Nélson Nery Júnior, *A Ação Civil Pública e a Tutela Jurisdicional dos Interesses Difusos*, p. 56.
43. V., dentre outros: Hugo Nigro Mazzilli, *A Defesa* ..., pp. 224 e ss.; José Marcelo Menezes Vigliar, *Ação Civil Pública*, p. 74; José dos Santos Carvalho Filho, *Ação Civil Pública:* ..., p. 78.

Segundo o eminente processualista, "tenta-se justificar a legitimação do Ministério Público, por exemplo, como extraordinária, identificando-a com o fenômeno da substituição processual. Na verdade, o problema não deve ser entendido segundo as regras de legitimação para a causa com as inconvenientes vinculações com a titularidade do direito material invocado em juízo, mas sim à luz do que na Alemanha se denomina de *legitimação autônoma para a condução do processo*, instituto destinado a fazer valer em juízo os direitos difusos, sem que se tenha de recorrer aos mecanismos de direito material para explicar referida legitimação".[44]

A sistemática processual civil, como já afiançamos, tem por norte a tutela de interesses meramente individuais, de sorte que as formas de legitimação previstas em seu art. 6º estão adequadas à defesa de tais direitos, mostrando incompatibilidade com os princípios que regem a ação civil pública.

Ao tratar dos interesses metaindividuais e trazer mecanismos diferenciados para sua tutela, a denominada *Lei da Ação Civil Pública* culminou por inovar a sistemática processual tradicional sob vários enfoques, sendo certo que também o fez quanto à forma de legitimação: se os direitos difusos e coletivos não podem ser titularizados por qualquer indivíduo, mostra-se tormentoso nos valermos do disposto no art. 6º do Código de Processo Civil, que tem por pressuposto a propriedade de alguém (pessoa certa) sobre um bem da vida.

Mas não é só: a legitimação extraordinária recebe tal nome porque invulgar, incomum, excepcional – em contraposição à ordinária, que constitui a regra.

Pois bem: seria a legitimidade que brota do art. 5º da Lei 7.347/1985 também excepcional? Ou seria ela a comum para a defesa dos interesses metaindividuais?

Cremos que a resposta é evidente: a legitimação das pessoas arroladas no art. 5º em análise é a comum para a propositura da ação civil pública, mesmo porque a ela não há alternativa.

E, se a legitimidade é comum e única, não vemos como chamá-la de *extraordinária*.

Obviamente não nos cabe trazer aqui a legitimação ordinária tal como prevista no citado art. 6º, por evidente incompatibilidade.

---

44. *Princípios do Processo Civil na Constituição Federal*, p. 114.

No entanto, temos para nós que a Lei da Ação Civil Pública previu uma nova modalidade de legitimação ordinária, comum para a defesa dos interesses metaindividuais, nominando, em seu art. 5º, as pessoas a quem estará afeto o direito de provocar a jurisdição para a respectiva tutela.

Mencionada forma de legitimação ordinária culminou por ser conhecida como *autônoma para a condução do processo*.

Mercê do exposto, a regra legislativa referente à legitimação para a tutela dos interesses individuais homogêneos é de absoluta incompatibilidade com o sistema da ação civil pública, de sorte que falar na aplicabilidade do disposto no art. 91 do Código do Consumidor em sede de defesa de interesses metaindividuais *em face da integração do sistema* é, no mínimo, inadequado.

6.1.2.6 A inaplicabilidade do disposto no art. 93 do Código do Consumidor à defesa de interesses metaindividuais

Vimos que a grande maioria das regras insertas nos dispositivos atinentes à denominada *ação coletiva em defesa de interesses individuais homogêneos* é de aplicabilidade restrita, não interagindo, em corolário, com os princípios insertos na Lei 7.347/1985.

Posta mencionada premissa – e não nos perdendo do objetivo proposto pelo presente trabalho –, incumbe-nos verificar se o disposto no art. 93 do Código de Defesa do Consumidor é compatível com a norma de competência territorial-funcional inserta no art. 2º da Lei 7.347/1985 – ou, em outras palavras, se sua aplicação em sede de tutela dos interesses metaindividuais se mostra *cabível*, como estipulado pelo art. 21 da Lei da Ação Civil Pública.

Nesse sentido, cremos, de logo, que diferenciação de tratamento há – e já mesmo pela análise do inciso I do art. 93.

Com efeito, a competência para o julgamento da ação coletiva em defesa dos interesses individuais homogêneos recai, de ordinário, no juiz do local em que o dano ocorreu ou deveria ocorrer – critério que se amolda àquele inserto no art. 2º da Lei 7.347/1985.

Não obstante, temos para nós que a regra geral trazida pelo art. 93, I, seja de natureza meramente territorial – logo, relativa e prorrogável.

De fato, ao reverso do princípio consagrado em sede de ação civil pública, o legislador consumerista não fez alusão a regra de competência absoluta, contentando-se com o critério territorial.

Muito embora a ilustre jurista Ada Pellegrini Grinover sustente que a competência, no caso, se assemelha àquela imposta pelo art. 2º da Lei 7.347/1985,[45] nosso entendimento acerca do tema caminha em sentido oposto, pois não vemos de onde extrair regra absoluta do texto do art. 93.[46] Como acima dissemos, o art. 93 trouxe regra de competência típica para o julgamento de ações que tenham por escopo a tutela de interesses individuais homogêneos.[47]

Ao fazê-lo, deixou de prever o critério funcional – omissão que não ocorreu, diga-se, em sede de Estatuto da Criança e do Adolescente, que tramitou pelo Congresso Nacional paralelamente ao Código de Defesa do Consumidor e que, em seu art. 209, fala em competência territorial absoluta.

Pois bem: ao tratar da tutela de interesses próprios e diferenciados; ao fazê-lo por meio de princípios procedimentais típicos; ao deixar de fazer alusão textual a critério de competência absoluta – como já constava da Lei 7.347/1985 e como constou do Estatuto da Criança e do Adolescente –, parece-nos evidente que o legislador consumerista pretendeu emprestar à tutela dos interesses individuais homogêneos regra distinta daquela que vige em sede de defesa de direitos metaindividuais.

O fato tanto se nos afigura verídico que o próprio inciso II do art. 93, em comento, possui o condão de excepcionar a aplicabilidade do contido no inciso I – como na hipótese de o dano afetar particulares residentes nas Regiões Norte e Leste do Estado de São Paulo, quando a ação deverá ser proposta na Capital, onde lesão alguma ocorreu!

Como assevera Carlos Maximiliano, "competência não se presume".[48]

Ora, se a norma está inserida em capítulo que trata de interesses peculiares, pois divisíveis, se o legislador houve por bem valer-se de

---

45. In *Código Brasileiro de Defesa do Consumidor Comentado pelos Autores do Anteprojeto*, pp. 549-550 e 552.
46. Sem embargo, tendo em conta que as normas insertas no Código de Defesa do Consumidor são de ordem pública (a teor do disposto em seu art. 1º) e possuem caráter protetivo, o critério adotado pelo art. 93 é insuscetível de ser alterado por intermédio da eleição de foro. Em mencionado sentido, v. TJSP, AI 20.672-0, rel. Des. Dirceu de Mello, j. 14.9.1995.
47. Neste sentido, cf. Roberto Senise Lisboa, *Contratos Difusos e Coletivos*, pp. 520-521.
48. *Hermenêutica e Aplicação do Direito*, p. 265.

critério exclusivamente territorial de fixação de competência – mesmo sabedor da existência dos princípios atinentes à tutela de direitos metaindividuais –, por certo que o fez por entender importante a diferenciação, e não na suposição, que está longe de ser óbvia, de que a regra do art. 2º da Lei 7.347/1985 supriria sua omissão.

Em nosso entendimento, o legislador criou, na hipótese, regra especial de competência, entendendo-a mais adequada para a pertinente ação coletiva, dada a natureza distinta dos interesses por ela tratados. E, se norma especial de competência há para a hipótese em comento, não vemos como integrá-la através da utilização do critério geral trazido pelo art. 2º da Lei 7.347/1985, afeto à tutela de direitos indivisíveis.[49]

Ao tratarmos da situação contida no inciso II do art. 93, então, a ausência de sintonia entre os dispositivos ganha contornos ainda piores.

De fato, não bastassem problemas como o decorrente do exemplo acima exposto – de danos que atingem regiões do Estado, porém não a respectiva Capital –, "em que se estaria traindo o objetivo básico da Lei da Ação Civil Pública na busca da eficiência", como assevera Édis Milaré,[50] a regra em comento, se aplicada à defesa dos interesses difusos e coletivos, refugiria a todo o norte da tutela jurisdicional coletiva e contrariaria o próprio espírito que regeu a elaboração da parte processual do Código de Defesa do Consumidor, cujo escopo notório foi o de ampliar "o efetivo acesso à ordem jurídica justa, procurando sempre torná-lo uma realidade", nos dizeres precisos de Celso Antônio Pacheco Fiorillo, Marcelo Abelha Rodrigues e Rosa Maria de Andrade Nery.[51]

Com efeito, dentre outras inovações de significativa importância, o Código de Defesa do Consumidor, em seu art. 83, suprimiu a restri-

---

49. Nesse sentido o entendimento manifestado por José Geraldo Brito Filomeno: "Lembre-se, todavia, que o Capítulo II do Título III ('Da Defesa do Consumidor em Juízo'), onde se insere sobredito dispositivo, cuida especificamente de ações coletivas para a defesa de interesses individuais homogêneos, e não de interesses coletivos propriamente ditos (inciso II do parágrafo único do art. 81 do CDC) ou difusos (inciso I do mesmo parágrafo único daquele dispositivo)" (*Manual de Direitos do Consumidor*, p. 397).

Não obstante, o autor, na qualidade de Procurador-Geral de Justiça de São Paulo, dirimiu conflito negativo de atribuições entre órgãos do Ministério Público sustentando exatamente o contrário. A propósito, cf. o Protocolado MP-44.567/1999, *DOE* – Executivo (Seção I) 25.5.2000, p. 110.

50. "A ação civil pública ...", in *Ação Civil Pública – 15 Anos*, p. 189.

51. *Direito Processual...*, p. 104.

ção advinda do art. 3º da Lei 7.347/1985. De igual sorte, instituiu mecanismo administrativo para a prevenção ou a composição do dano – conferindo-lhe a eficácia de título executivo extrajudicial –, retirou o caráter puramente objetivo de aferição da legitimidade ativa das associações civis no que tange ao prazo da respectiva existência legal (art. 113), além de ter tornado meramente exemplificativo o rol inserto no art. 1º da Lei 7.347/1985 (art. 110).

Mencionados exemplos se nos afiguram suficientes para indicar, de modo insofismável, a tendência adotada pelo legislador consumerista no sentido de conferir maior efetividade ao processo e de melhor aproximar a jurisdição civil coletiva do princípio consagrado pelo art. 5º, XXXV, da Constituição Federal.[52]

Ante tal quadro, afigurar-se-nos-ia como de absoluta dissonância impor-se autêntica e efetiva restrição à competência para o julgamento de ação civil pública aforada em face de um dano de largo espectro territorial – como o que, *v.g.*, venha a acometer o rio Piracicaba, que banha diversas comarcas.

Na hipótese em tela, caso aplicado fosse o disposto no art. 93, II, do Código do Consumidor, não apenas a competência pertenceria a órgão jurisdicional da Capital do Estado – que não é *juiz do local do dano*, conforme determina, em regra imperativa, o art. 2º da Lei 7.347/ 1985 –, como seria privativa, impedindo, assim, que os magistrados de todas as comarcas efetivamente afetadas pudessem julgar a demanda – o que afrontaria critério de competência absoluta, pondo por terra toda a louvável preocupação que norteou a elaboração do disposto na Lei da Ação Civil Pública, além de inibir, de modo concreto, o efetivo acesso à Justiça, posto impor a Municípios e associações civis diretamente afetados pelo dano o ônus de terem de se deslocar até a Capital caso queiram promover a demanda.

Ademais, ainda que se entenda por regional somente o dano que alcance toda a dimensão do Estado, a situação não estaria revertida, pois a competência continuaria a ser surrupiada de juízes escorados no art. 2º da Lei 7.347/1985, além de se estar conferindo injustificável privilégio a associações civis sediadas na Capital em detrimento de suas pares com sedes distintas.

---

52. "O fim para que foi inserto o artigo na lei sobreleva a tudo. Não se admite interpretação estrita que entrave a realização plena do escopo visado pelo texto. Dentro da letra rigorosa dele procura-se o objeto da norma suprema: seja este atingido, e será perfeita a exegese" (Carlos Maximiliano, *Hermenêutica* ..., pp. 313-314).

Assim, aplicarmos o art. 93, II, em sede de tutela de interesses metaindividuais implicaria impormos restrição severa ao princípio consagrado pelo art. 2º da Lei 7.347/1985, pois estaríamos proibindo o juiz do local do dano de vir a julgar a respectiva demanda, sem ao menos termos a garantia de que ela efetivamente será proposta na Capital do Estado.

E a interpretação limitadora de regra da jurisdição civil coletiva em decorrência de outra norma interna do sistema é solução imprópria e inadequada, capaz de criar precedente perigoso, cujos reflexos podem vir a ser cruéis para com a tutela de interesses da magnitude daqueles com os quais estamos lidando.[53]

Curioso, neste sentido, que todos os eminentes doutrinadores que apregoam a aplicabilidade do art. 93, II, do Código do Consumidor em sede de tutela dos interesses metaindividuais são pródigos ao elogiarem o princípio contemplado pelo art. 2º da Lei 7.347/1985 (pois as críticas pontuais em momento algum estão dirigidas à relevância da utilização de regra territorial de natureza absoluta).

Parece-nos, no caso, faltar coerência: a importância da regra geral é destacada, com louvas ao legislador, mas, ao mesmo tempo, sua aplicabilidade é mitigada – e de forma severa.

Pior: vários deles falam em competência concorrente e, de forma concomitante, na aplicabilidade da regra do art. 93, II, o que, à evidência, se mostra incompatível, ainda mais se partirmos da premissa – posta por alguns – de que o dano é regional se extrapola os limites territoriais da comarca ou seção judiciária.

Pois bem: em nosso entendimento, estender-se a aplicabilidade do disposto no art. 93, II, do Código do Consumidor à defesa dos interesses difusos e coletivos traduz autêntica involução ao instituto da competência tal como firmado na Lei 7.347/1985, além de contrariar frontalmente o escopo da legislação consumerista – manifestado em variegados dispositivos –, que foi o de tornar mais eficaz a prestação jurisdicional coletiva, ampliando o acesso à Justiça.

A limitação da competência na forma exposta vai na contramão do objetivo perseguido pelo Código ao instituir novos regramentos pro-

---

53. Podemos, neste sentido, citar situações possíveis de ocorrer que não desbordariam, de forma tão significativa, das limitações de que estamos tratando, tais como a de se sustentar a prevalência do disposto no art. 16 da Lei 7.347/1985 (com a redação da Lei 9.494/1997) em relação ao art. 103 do Código do Consumidor, ou, mesmo, do art. 3º da Lei da Ação Civil Pública em face do art. 83 do Código.

cessuais, interferindo negativamente, como vimos, na própria legitimação ativa, posto impor a várias das pessoas arroladas pelo art. 5º da Lei 7.347/1985 esforço inusitado para poderem vir a intentar a demanda.[54] Pelos argumentos susoexpostos, devemos refutar também o posicionamento de Édis Milaré no sentido de que a regra do art. 93, II, do Código do Consumidor somente deve ser aplicada caso o dano alcance todo o território brasileiro, quando a competência passaria a ser privativa do juiz do Distrito Federal: mais uma vez, endossando os doutos ensinamentos do eminente ambientalista estaríamos impondo injustificável restrição ao princípio inserto no art. 2º da Lei 7.347/1985, com as conseqüências de tal advindas, que resvalam, mesmo, nas questões da legitimidade ativa e do efetivo acesso ao Judiciário.[55]

Finalmente, cumpre-nos tratar da tese sustentada por Carvalho Filho no sentido de que a competência de que trata o art. 93, II, da Lei 8.078/1990 se aplica à tutela de interesses individuais homogêneos, difusos ou coletivos, desde que afetos ao consumidor.

Com o devido respeito, o raciocínio em comento cria diferenciação inusitada – e ao arrepio da lei.

De fato, é da hermenêutica jurídica que, onde a lei não distingue, não cabe ao intérprete fazê-lo.

É sabido e consabido que as normas processuais gerais insertas no Código do Consumidor se aplicam às ações coletivas em defesa de qualquer dos interesses constantes do rol de seu art. 81, parágrafo único.

Em que pese surgirem em maior número as lesões a direitos individuais homogêneos quando o assunto é relação de consumo, tal fato não obsta a que em outras áreas interesses particulares da mesma cepa sejam atingidos por um dano decorrente de origem comum. Assim, se o Poder Público deixa de disponibilizar vagas no ensino fundamental

54. Este o entendimento de José Carlos Barbosa Moreira, para quem, no caso de dano que afete interesses metaindividuais em comarcas ou seções judiciárias distintas, "o que há é uma pluralidade de competências, há uma concorrência de competências; qualquer ação civil pública pode ser proposta em qualquer daquelas circunscrições territoriais, nas quais o dano tenha se manifestado" ("Ação civil pública", conferência realizada em Simpósio sobre a Justiça Federal, realizado no STJ, *RTDP* 3/194).

55. Cumpre consignar que o próprio Superior Tribunal de Justiça vem entendendo que mesmo em sede de danos de alcance nacional a interesses individuais homogêneos a competência não é privativa do juiz do Distrito Federal (2ª S., CComp 17.533-DF, rel. Min. Carlos Alberto Menezes Direito, j. 13.9.2000, *DJU* 30.10.2000, p. 120).

para 80 ou 100 crianças. Do mesmo modo, se ele deixa de distribuir a determinado número de portadores de AIDS o *kit* medicamentoso.[56]

Nas hipóteses versadas estaremos a lidar com interesses individuais homogêneos, que vínculo algum guardam com relação de consumo. No entanto, à evidência que ditos direitos podem ser tutelados pelos princípios insertos nos arts. 91 a 100 do Código de Defesa do Consumidor.

Raciocinar em sentido oposto seria obstar a que fossem eles tutelados coletivamente, pois os princípios da Lei 7.347/1985 não têm por escopo solucionar lesões individuais, ainda que de origem comum – o que, à evidência, sabe a disparate.

E se o dano alcançar espaço territorial que extrapole os limites de um Estado-membro? Na hipótese, a solução haverá de ser alcançada dentro dos critérios da denominada *competência de jurisdição* – e não de foro –, vez ocasionar conflito entre Justiças diversas, e não apenas entre órgãos jurisdicionais.[57]

6.1.3 A competência de jurisdição

6.1.3.1 A competência da Justiça Federal e dos Tribunais Superiores em face do disposto no art. 2º da Lei 7.347/1985

Cumpre-nos tratar, na oportunidade, da Justiça incumbida do julgamento de ações civis públicas.

Dentro da análise seqüencial para a apuração do juiz competente para o julgamento de qualquer ação, parece lógico que o critério com o qual estamos lidando possui prevalência em relação àquele traçado no tópico anterior: de início devemos apurar a Justiça competente, para apenas então tratarmos da competência de foro.

Não obstante, a ordem que utilizamos mostra-se adequada na medida em que ilustres doutrinadores apregoam que o critério trazido pelo

---

56. A propósito do dever de distribuir tais medicamentos, em decorrência dos direitos constitucionais à vida e à saúde, v. STF, AgRg no RE 271.286-RS, rel. Min. Celso de Mello, *Informativo STF* 22.11.2000, p. 3.

57. Cumpre observarmos que haverá competência concorrente de foro caso o julgamento da causa esteja afeto à Justiça Federal. Caso a hipótese esteja inserida na competência residual das Justiças Estaduais o conflito será entre jurisdições. Dada a similitude de situações, no entanto, entendemos por bem tratar de ambas as questões em tópico único (tópico 6.1.3, *infra*).

art. 2º da Lei federal 7.347/1985 é excepcionado mercê de regras de competência de jurisdição.[58]

Assim, a regra geral de competência de foro de que tratamos não se aplicaria a causas afetas à Justiça Federal ou de competência originária dos Tribunais Superiores, em face dos critérios traçados pela própria Constituição da República.[59]

Podemos a tal respeito supor que em determinada ação civil pública a União figure no pólo passivo, ou que o objeto da demanda seja vazado em uma convenção ou tratado internacional. Podemos, ainda, fazer alusão a ações civis públicas em que litiguem, em posições processuais adversas, dois Estados-membros.

Nos casos inicialmente traçados a competência de jurisdição é da Justiça Federal, em face do disposto no art. 109, I e III, respectivamente, da Carta de Princípios.[60] No último caso é originária do Supremo Tribunal Federal, a teor da previsão inserta no art. 102, I, "f", de nossa Constituição.

Não obstante – e com o respeito devido –, temos para nós que os dispositivos constitucionais em comento guardam perfeita harmonia com a regra contida no art. 2º da Lei 7.347/1985.

Com efeito, é cediço que a efetiva atribuição de competência para que um órgão jurisdicional decida determinado conflito de interesses demanda raciocínios seqüenciais, que vão desde a verificação da Justiça que deverá julgar a causa até a apuração do juiz da vara incumbido de apreciá-la.

E é dentro de mencionada análise seqüencial que deveremos apurar a possível incompatibilidade entre a regra inserta no art. 2º da Lei 7.347/1985 e os dispositivos constitucionais citados.

58. V., dentre outros: Mazzilli, *A Defesa* ..., pp. 213 e ss.; Mancuso, *Ação Civil Pública*, pp. 53 e ss.
59. Ditas ressalvas, alias, são expressamente consignadas nos arts. 93 do Código de Defesa do Consumidor e 209 do Estatuto da Criança e do Adolescente.
60. Impende destacarmos que a competência será da Justiça Federal, na hipótese do inciso I, caso a União (ou suas autarquias e empresas públicas) demonstre efetivo interesse jurídico na solução da quizila – e não um interesse fático qualquer. Neste sentido, cf. STF, *RTJ* 51/242 e 75/945, dentre outras. Cf., também, Paulo Affonso Leme Machado, *Ação Civil Pública e Tombamento*, p. 34; Édis Milaré, "A ação civil pública ...", in *Ação Civil Pública – 15 Anos*, pp. 190-192.
De outra banda, hipótese de competência em virtude de tratado encontramos nos danos decorrentes de poluição por óleo (cf. Decreto 83.540/1979). A propósito, cf.: STJ, 2ª T., REsp 108.862-SP, rel. Min. Ari Pargendler, *DJU* 1.9.1997, p. 40.802; CComp 16.863-SP e 16.953-SP (*DJU* 19.8.1996, pp. 28.416 e 28.417).

E, nessa quadra, temos para nós que incompatibilidade alguma há a justificar a não-aplicação do disposto no art. 2º para as hipóteses de competência da Justiça Federal.

De fato, se o art. 109, I, da Constituição da República (*v.g.*) estipula qual a Justiça competente para o julgamento de ação civil pública aforada em face da União, não refere sequer qual das seções judiciárias da Justiça Federal deverá fazê-lo.

Mencionada resposta, aliás, não será encontrada na Carta de Princípios – mas na legislação infraconstitucional, de repartição de competências territoriais (ou de foro) entre os órgãos integrantes de tal Justiça.[61]

Assim, o art. 109, I, da Constituição define a Justiça que deverá julgar a causa (competência de jurisdição) – e não o juízo respectivo que estará incumbido de fazê-lo.

Esta última indagação haverá de ser respondida pela análise dos textos infraconstitucionais – ou, mais especificamente, na hipótese da ação civil pública, do art. 2º da Lei 7.347/1985.

E o cotejo dos dispositivos nos levará à conclusão de que o juiz federal competente para o julgamento da ação civil pública será o do local do dano – ou, melhor dizendo, aquele que, pelas regras de competência e de organização judiciária, exerça a jurisdição federal sobre dado território.[62]

É princípio do Direito o de que somente poderemos falar em exceção quando uma regra especial afastar a incidência de outra – geral – em determinada hipótese, em face de incompatibilidade (*lex especialis derrogat lex generalis*).

No caso em comento, no entanto, incompatibilidade alguma há entre a Constituição Federal e a Lei 7.347/1985, pois os dispositivos pertinentes, antes de se chocarem, são harmônicos e devem ser aplicados de forma sucessiva – e não concomitante: o art. 109, I, da Carta Política fala qual a Justiça competente; o 2º da Lei da Ação Civil Pública, a qual de seus órgãos jurisdicionais estará afeto o julgamento – resposta que, insistimos, não se encontra na Constituição Federal.

Assim, caso a União tenha sido a causadora de um dano a interesse metaindividual de pessoas portadoras de deficiência na cidade de

---

61. Pois a Constituição Federal apenas assevera que "cada Estado, bem como o Distrito Federal, constituirá uma seção judiciária que terá por sede a respectiva Capital, *e varas localizadas segundo o estabelecido em lei*" (grifos nossos).
62. Cf. Motauri Ciocchetti de Souza, *Ação Civil Pública* ..., p. 29.

São Paulo, o julgamento da ação civil pública respectiva estará afeto ao magistrado que exercer a jurisdição federal em mencionado território, mercê de normas infraconstitucionais: trata-se, aqui, da aplicação sucessiva do disposto nos citados arts. 109, I, e 2º, o que mais demonstra a compatibilidade entre ambos.[63]

Solução similar impõe-se nos casos de competência originária dos Tribunais Superiores.

Com efeito, exercendo a jurisdição sobre todo o território nacional, nos termos do art. 92, parágrafo único, da Constituição da República, não vemos como negar a tais Cortes a qualidade de *juízes do local do dano* quando, em razão da matéria ou da pessoa, a competência lhes caiba de modo originário.

A única diferença, na hipótese, é que a jurisdição exercida pelos Tribunais Superiores possui tratamento restrito ao Texto Magno, dentro do qual se exaure a análise das respectivas competências, as quais, demais disso, são infensas a concorrência.

Assim, a regra de competência dos Tribunais Superiores não será extraída da análise de textos infraconstitucionais.

Em que pese ao fato, não há desarmonia entre a competência territorial dos Tribunais Superiores – que é plena – e a regra prevista no art. 2º da Lei 7.347/1985. E, inexistindo embate, não há falar em exceção: cuidamos – isso, sim – da desnecessidade de aplicação do critério legal.

Em outras palavras, a Constituição da República, ao tratar da competência territorial dos Tribunais Superiores em seu art. 92, parágrafo único, não trouxe regra antagônica àquela inserta no art. 2º da Lei 7.347/1985, de sorte a podermos falar em autêntica e efetiva exceção.

63. O problema está relacionado ao conceito que se empreste à expressão *juiz do local do dano*. Entendendo-se-a sob o aspecto de lotação física, como a Justiça Federal não se encontra organizada em espaços territoriais relativamente restritos – tal qual ocorre com as comarcas das Justiças Estaduais –, poder-se-ia falar em exceção à regra do art. 2º nas hipóteses de que estamos tratando.
 Contudo, a solução será oposta caso a definição seja aquela que traçamos – o que nos parece mais adequado, pois firmada em critérios legais de competência, e não em regra meramente espacial.
 Interessante, nesse diapasão, o próprio art. 95 do Código de Processo Civil, que, versando também sobre regra de competência territorial-funcional, fala em "foro da situação da coisa". Caso a propriedade do imóvel seja reivindicada em face da União, o julgamento do conflito estará afeto ao juiz federal cuja competência territorial abranja o local de *situação do bem*.

6.1.3.2 A aplicabilidade do disposto no art. 109, § 3º, da Constituição Federal em sede de ação civil pública

Patente a compatibilidade entre o disposto nos arts. 109, I e III, da Constituição da República e 2º da Lei 7.347/1985, resta analisarmos a efetividade deste último, ante o fato de que a Justiça Federal não se encontra estruturada em todo o território de nosso país.

O art. 109, § 3º, da Carta de Princípios, atento à realidade social, às dimensões territoriais de nosso país, e tendo em conta o pequeno número de sedes da Justiça Federal, culminou por refrear o rigorismo inserto nos incisos de seu *caput*, investindo, em dadas circunstâncias e para o julgamento de certas causas, o juiz estadual de jurisdição federal nos locais em que não houver vara da mencionada Justiça.

Além de textualmente prever a excepcionalidade para o julgamento das ações em que figurem como partes instituição de previdência social e segurado, o legislador constituinte, no mesmo art. 109, § 3º, cometeu à lei ordinária o poder de discriminar outras hipóteses de investidura do juiz estadual em jurisdição federal.

Nessa senda, a Lei federal 7.347/1985 culminou, em seu art. 2º, por conferir competência territorial-funcional ao juiz do local do dano para o julgamento das ações civis públicas.

A questão deixa de demandar maiores comentários se o local em que o dano ocorreu for sede da Justiça Federal: nesta hipótese, sendo a União a responsável pelo evento lesivo, a competência será firmada, como vimos, pela aplicação sucessiva do disposto nos arts. 109, I, da Carta Magna, e 2º da Lei 7.347/1985.

Análise mais acurada, no entanto, deve ser feita caso o local em que o suposto dano causado pela União não seja sede de vara da Justiça Federal.

Isso porque quando o art. 109, § 3º, da Magna Carta confere ao legislador ordinário o poder de criar outras hipóteses de investidura do juiz estadual em jurisdição federal pode parecer, *prima facie*, ter editado um comando que exija venha a norma inferior a fazer expressa alusão ao fato – ou seja, a dizer que, dada certa hipótese, ocorrerá a citada investidura.

Mencionado raciocínio, diga-se, é endossado por respeitável corrente doutrinária.[64]

---

64. Cf., dentre outros: Mazzilli, *A Defesa* ..., pp. 217-218; Édis Milaré, *Direito do Ambiente*, pp. 431-432.

Não obstante, a aplicabilidade do disposto no art. 109, § 3º, para o julgamento de ações civis públicas ensejou – e enseja – sérias dúvidas, que culminaram por dar azo a significativo número de conflitos negativos de competência.[65] Como acima afiançamos, o art. 109, § 3º, em verdade, lida com as próprias dificuldades de estruturação da Justiça Federal.

Em corolário, entende-se ferir a própria acessibilidade ao Judiciário a imposição, ao segurado da previdência pública, do dever de se deslocar por longas distâncias com o escopo de propor a medida judicial adequada para o resguardo de seu direito.

As Justiças Estaduais estão, de regra, mais próximas e bem-estruturadas, de sorte que o art. 109, § 3º, confere, até mesmo, eficácia aos princípios da igualdade e do amplo acesso ao Judiciário, resguardando o hipossuficiente.

É fato que a ação civil pública, ao cometer a diversos organismos a legitimação para agir, não traduz situação similar à das ações previdenciárias, posto que a seu autor não se pode cometer, de ordinário, a pecha de hipossuficiência quando cotejado em face da parte contrária.

Contudo, a Lei 7.347/1985, em seu art. 2º, não trouxe regra de competência meramente aleatória.

Com efeito, os interesses resguardados pela lei – de cunho nitidamente social – não poderiam ser relegados à vala comum das regras ordinárias de competência trazidas pelo Código de Processo Civil. De outra banda, ainda tendo em conta a importância dos interesses, o legislador houve por bem fixar a competência no juiz do local do dano, o qual – devemos supor – conhece melhor do que qualquer de seus pares a realidade social da comunidade a que serve, estando, portanto, em condições vantajosas para mensurar a efetiva importância do objeto tutelado em determinada ação civil pública.

A par disso, o legislador cometeu tamanha importância ao critério de competência eleito, que culminou por somar à regra territorial o aspecto funcional, fazendo absoluta competência que seria prorrogável.

Partindo de mencionadas premissas é que devemos avaliar a aplicabilidade do disposto no art. 109, § 3º, da Constituição Federal às ações civis públicas – ou, em outras palavras, a conclusão advinda de

---

65. V. dentre outros, STJ, CComp 24.556-BA, 16.075-SP, 12.361-RS e 2.230-RO.

entendimento que chegou a ser sumulado pelo Superior Tribunal de Justiça.[66]

E, neste diapasão, não vemos como se atacar o acerto do entendimento firmado, na oportunidade, por mencionada Corte de Justiça.[67] De fato, se um dos objetivos da Constituição da República com o dispositivo foi o de trazer a facilitação da defesa de determinados direitos, suprindo as falhas de estrutura da Justiça Federal e propiciando acesso mais efetivo ao Judiciário; se a ação civil pública tutela interesses de largo espectro social; se o julgamento de mencionada ação deve estar afeto ao juiz do local do dano – conhecedor que é da importância do interesse tutelado no processo para a comunidade a que serve –, cuja competência é absoluta; se o texto da lei não conflita com o princípio constitucional, não vemos como impedir-se a aplicabilidade da regra maior tão-somente pelo fato de a lei não ter trazido dispositivo expresso.

O raciocínio então desenvolvido pelo Superior Tribunal de Justiça coaduna-se com o texto constitucional. Ao falar em *permissão legal* a Carta Magna não exigiu previsão expressa. A investidura do juiz estadual melhor atende aos interesses sociais – objeto maior de tutela pelo Estado.

Em corolário, havendo perfeita compatibilidade entre a regra constitucional e o critério de competência firmado pelo art. 2º da Lei 7.347/ 1985, vemos como de absoluta correção o entendimento manifestado pelo Superior Tribunal de Justiça que culminou por ensejar a edição da Súmula 183.[68]

Cumpre asseverarmos, não obstante, que, instado a se manifestar acerca do tema, o Supremo Tribunal Federal, por sua composição plena e em decisão unânime, culminou por entender que a regra do art. 109, § 3º, da Constituição da República somente pode ser aplicada caso exista, em determinada lei, previsão textual em mencionado sentido.[69]

---

66. "Súmula 183. Compete ao juiz estadual, nas comarcas que não sejam sede da Justiça Federal, processar e julgar ação civil pública, ainda que a União figure no processo."
67. O qual se coaduna "com o princípio da efetividade da tutela dos interesses metaindividuais", nos dizeres de Fiorillo, Rodrigues e Nery (*Direito Processual* ..., p. 129).
68. Neste sentido, v. Nery e Nery, *Código* ..., p. 219.
69. RE 228.955-9-RS, rel. Min. Ilmar Galvão, j. 10.2.2000, *DJU* 14.4.2000, p. 56.

Considerada a inexistência no sistema da ação civil pública de norma fazendo alusão expressa ao art. 109, § 3º, em comento, o Pretório Excelso culminou por firmar o entendimento de que a investidura que vimos sustentando é descabida na espécie.

Finalmente, consigne-se que o Superior Tribunal de Justiça, em virtude da decisão citada, advinda do Pretório Excelso, veio a cancelar a Súmula 183, em acórdão tirado em sede de embargos de declaração opostos nos autos do CComp 27.676-BA.[70]

Mercê da decisão oriunda da Suprema Corte, a competência para o julgamento da ação civil pública no caso será do juiz federal que exercer a jurisdição sobre o local em que o dano ocorreu ou deveria ocorrer,[71] pouco importando sua lotação física.[72]

6.1.3.3 Os danos interestaduais

Danos há que sobrepujam os limites territoriais de um Estado-membro.

Com efeito, não raras vezes a lesão a interesse metaindividual haverá de extrapolar os limites territoriais de uma unidade da Federação, podendo vir a alcançar, mesmo, toda a sociedade brasileira.

A hipótese em comento desafia abordagens distintas e instigantes – quer com relação ao instituto da competência, quer no que toca aos efeitos subjetivos e objetivos da coisa julgada.[73]

Conforme a doutrina mais abalizada, atingindo o dano (ou sua ameaça) mais de um Estado-membro a situação ensejará conflito de competência, que deverá ser solucionado por intermédio do instituto da prevenção – como ocorre, aliás, quando a lesão alcança comarcas distintas inseridas na mesma unidade federada.[74]

70. 1ª S., j. 18/11/2000, *DJU* 24.11.2000, p. 265.
71. Pois detentor de competência territorial-funcional, segundo o recurso extraordinário em comento.
72. Cumpre ressaltar, por coerência, que, apesar de sustentarmos que *juiz do local do dano* é quem exerce a jurisdição sobre dado território em face das regras de competência e de organização judiciária, não discutimos a importância efetiva da proximidade física do magistrado em relação ao sítio do evento a ser objeto de tutela por intermédio de ação civil pública.
73. Quanto a estes, v. o Capítulo 11, *infra*.
74. Neste sentido: Carvalho Filho, *Ação Civil Pública: ...*, pp. 39-40; Álvaro Luiz Valery Mirra, "Ação civil pública ...", in Édis Milaré (coord.), *Ação Civil Pública – 15 Anos*, pp. 54 e ss.; Mazzilli, *A Defesa ...*, p. 213.

A solução ora apresentada comporta interessante desdobramento: caso a competência, no caso concreto, seja da Justiça Federal (quer em razão da pessoa, quer da matéria), estaremos frente a competência concorrente de foro (entre seções judiciárias); caso, no entanto, o julgamento da ação caiba à Justiça Estadual a competência que se mostrará concorrente será a de jurisdição.

Isso porque no primeiro caso a concorrência envolverá órgãos jurisdicionais pertencentes à mesma Justiça; já no segundo os julgadores estarão atrelados a Justiças Estaduais distintas.

Insta acentuarmos que, determinada a competência do órgão jurisdicional por intermédio da prevenção, os efeitos de sua sentença haverão de extravasar os limites territoriais dentro dos quais lhe cabe, de ordinário, exercer a jurisdição.[75]

Ensinamentos há apregoando que na hipótese em análise a competência será sempre da Justiça Federal, em decorrência do "princípio federalista".[76]

Em que pese estar escudada em decisão oriunda do Superior Tribunal de Justiça,[77] cremos não seja esta a melhor exegese para a questão em análise.

---

75. Cumpre consignar que o Superior Tribunal de Justiça em duas ocasiões restringiu – a nosso ver, indevidamente – os limites territoriais de atuação dos próprios juízes federais, sendo que numa delas a ementa apregoa que "a ação civil pública ajuizada no Estado de São Paulo não atrai aquela proposta no Estado de Pernambuco, para julgamento simultâneo (...)", pois "são ações sujeitas a jurisdições diferentes" (1ª S., CComp 17.137-PE, rel. Min. Ari Pargendler, *DJU* 2.9.1996, p. 31.017; no mesmo sentido: CComp 2.478-PA, rel. Min. Garcia Vieira, *DJU* 11.5.1992, p. 6.400).

Com a devida vênia, de início cumpre salientar que não pode haver conflito de jurisdição entre órgãos pertencentes à mesma Justiça – como na hipótese em comento.

Demais disso, a restrição advinda das decisões citadas afronta o disposto no art. 103 do Código de Defesa do Consumidor, impondo injustificáveis limitações objetivas e subjetivas aos efeitos da coisa julgada. A propósito, v. o Capítulo 11, *infra*.

76. Cf. Vigliar, *Tutela ...*, p. 162. O mesmo entendimento parece ser esposado por Mancuso (*Ação Civil Pública*, pp. 56-57).

77. 1ª T., ROMS 3.106-PE, rel. Min. Demócrito Reinaldo, *DJU* 27.9.1993, p. 19.777. Do acórdão em comento consta a seguinte passagem: "A competência para processar e julgar a ação civil pública para proteção do meio ambiente é do juízo estadual da comarca onde ocorreu ou está a ocorrer o dano, *somente se deslocando para a Justiça Federal se tal dano desborda para além de um Estado* (...)" (grifos nossos).

Tivemos a oportunidade de afirmar que a competência da Justiça Federal comum está encerrada dentro do art. 109 da Constituição da República. Sabemos, outrossim, que o rol inserto em mencionado dispositivo constitui *numerus clausus*, não comportando acréscimos legais.

Assim, é de competência da Justiça Federal (comum e especiais) aquilo que a Constituição afirma que é – e textualmente prevê, de forma exaustiva. O que não está na Carta de Princípios como sendo de sua competência também é objeto de atribuição – mas residual e à Justiça dos Estados.[78]

E a Constituição Federal não arrola, em momento algum, a hipótese com a qual estamos lidando.

Nesse sentido, vale transcrever a lição de José Carlos Barbosa Moreira, que, com maestria, bem delimita o tema. Segundo o eminente processualista, a competência da Justiça Federal é "delimitada pela Constituição e não pode ser ampliada a outras hipóteses que não estejam previstas no texto constitucional".

E, continuando em seu raciocínio, afiança: "Faço essa afirmação com certa ênfase, porque li, em mais de um trabalho, o asserto de que, quando o dano envolve mais de um Estado da Federação, *ipso facto*, a competência passaria a pertencer à Justiça Federal. Não vejo, sinceramente, como se possa sustentar essa conclusão à luz do texto constitucional – aliás, não há nada de anômalo, de extraordinário, de excêntrico, ou que seja capaz de nos escandalizar, pelo fato de que, eventualmente, uma lide seja resolvida numa determinada comarca ou seção judiciária, e os efeitos do julgamento, porventura, hajam de produzir-se noutra comarca ou noutra seção, ou até noutro Estado. O próprio Código de Processo Civil tem uma disposição expressa referente ao imóvel situado sobre a divisa entre dois Estados, e determina que, nessa hipótese, a competência firmada pela prevenção se estenda a toda a área do imóvel. De sorte que é perfeitamente possível que um juiz paulista profira uma sentença destinada a produzir efeitos, em parte, pelo menos,

---

78. "Um dos mais importantes princípios constitucionais a assinalar nesta matéria é o princípio da indisponibilidade de competências, ao qual está associado o princípio da tipicidade de competências. Daí que, (1) de acordo com este último, as competências dos órgãos constitucionais sejam, em regra, apenas as expressamente enumeradas na Constituição; (2) de acordo com o primeiro, as competências constitucionalmente fixadas não possam ser transferidas para órgãos diferentes daqueles a quem a Constituição as atribui" (J. J. Gomes Canotilho, *Direito Constitucional*, p. 693).

no Estado de Minas Gerais ou no Estado do Paraná – se o imóvel lindeiro aí estiver situado. Isso não nos deve assustar".[79]

Ante tais ponderações, temos para nós que os conflitos de interesses surgidos em hipóteses de danos interestaduais que não se amoldem ao disposto no art. 109 da Constituição da República devam ser dirimidos pelas Justiças dos Estados afetados (ou, mais especificamente, pelos órgãos jurisdicionais em exercício *nos locais do dano*), resolvendo-se a concorrência entre as respectivas competências por intermédio da prevenção.

6.1.4 A competência de juízo

Verificados a Justiça (por intermédio de regras constitucionais) e o foro (pela aplicação do disposto no art. 2º da Lei 7.347/1985) competentes, não raras vezes vamos nos deparar com comarcas ou seções judiciárias em que diversos juízes exerçam seus misteres.

Mostra-se necessário, desta forma, verificar, pelos critérios de competência de juízo, a qual deles estará afeto o mister de julgar a ação civil pública.

Feitas algumas ressalvas,[80] a competência de juízo é matéria que comporta tratamento por intermédio das normas de organização judiciária.

De mencionada competência e dos critérios utilizados para defini-la tivemos oportunidade de tratar.[81]

Resta, na oportunidade, analisarmos os conflitos que possam surgir dentro da mesma comarca entre juízes cujas competências materiais ou em razão da pessoa sejam distintas.[82]

Comarcas há em que vários foros são instituídos, sendo as respectivas competências firmadas em razão do território.[83]

---

79. José Carlos Barbosa Moreira, "Ação civil pública", *RTDP* 3/194.
80. Como as insertas nos arts. 126 da Constituição Federal (que trata do julgamento de questões fundiárias) e 148 do Estatuto da Criança e do Adolescente (que aborda a competência da vara da infância e da juventude).
81. Cf. Capítulo 5, tópico 5.8, *supra*.
82. Pois se a competência for concorrente – como na hipótese das 40 Varas Cíveis do Foro Central da Comarca de São Paulo – a quizila haverá de ser resolvida por intermédio da distribuição.
83. No Interior do Estado de São Paulo há varas distritais que possuem competência plena para o julgamento de ações civis públicas.

A Capital do Estado de São Paulo, por exemplo, conta com o chamado *Foro Central* e com diversos foros regionais.

A competência cível dos foros regionais da comarca, por sua vez, é firmada tendo em conta, principalmente, o critério territorial.

Não obstante, várias regras de organização judiciária tratam da competência das varas cíveis dos foros regionais, limitando-a quer em razão da matéria, quer em face do valor da causa, quer, mesmo, *ratione personae*.

Nesse diapasão, incumbe-lhes julgar, *v.g.*, ações firmadas em relações locatícias, execuções firmadas em título extrajudicial, reparatórias por danos causados em virtude de acidente de veículo e ações reais ou possessórias sobre imóveis, independentemente do valor.

De outra banda, compete-lhes o julgamento das causas cíveis e comerciais até o limite de 50 salários mínimos, excetuadas as acidentárias e aquelas em que figure como parte a Fazenda Pública.[84]

Como se observa, a organização judiciária do Estado de São Paulo não exclui da competência das varas cíveis dos foros regionais o julgamento de ações civis públicas, limitando tal poder, não obstante, às causas cujo valor não suplante 50 salários mínimos.[85]

Interessante questão que surge diz respeito à adequação do critério de valor que rege a competência dos foros regionais para o julgamento de ações civis públicas ao preceito contido no art. 2º da Lei 7.347/1985.

Como dissemos, o primeiro critério a nortear a competência dos foros regionais é o territorial. É a partir dele que as normas de organização judiciária vão impondo limitações e criando restrições.

O art. 2º da Lei 7.347/1985, como vimos, traz regra de competência de foro, estipulando-a como territorial-funcional.

84. Cf. a Resolução 2, de 15.12.1976 (Consolidação das Normas Judiciárias do Estado de São Paulo), art. 54, e a Lei estadual 3.947, de 8.12.1983, art. 4º.
85. Nessa esteira, quando exercemos nossos misteres junto à Promotoria de Justiça do Meio Ambiente da Capital tivemos a oportunidade de aparelhar três ações civis públicas junto ao Foro Regional de Pinheiros, sendo que em duas delas impetramos mandados de segurança, pois o Magistrado entendia bastar a intimação do órgão do Ministério Público que exercia suas atribuições junto àquele Foro para o atendimento do quanto disposto no art. 236, § 2º, do Código de Processo Civil. A propósito, v. *Justitia* 167/139 e ss.

Mercê de tais fatos, pode parecer surgir incompatibilidade entre a limitação pelo valor constante da norma organizacional e o critério amplo estipulado pela lei federal de competência.

Contudo, não nos parece existir mencionada colidência.

Com efeito, ao instituir os foros regionais as normas de organização judiciária não pretenderam conferir aos respectivos juízes competência territorial plena e privativa para o julgamento de toda e qualquer ação.

O fato tanto se nos afigura verídico que, além de mencionados foros, a organização judiciária criou, na Capital do Estado, varas privativas da Fazenda Pública e de acidentes do trabalho (por exemplo), as quais estão centralizadas e possuem competência territorial sobre toda a comarca.

De igual sorte, cometeu aos juízes das varas cíveis centrais idêntica competência territorial para o julgamento, dentre outras, de causas falimentares.

Mercê de tais exemplos, não vemos empeço a que a organização judiciária também cometa (ainda que de forma implícita) aos juízes das varas centrais a competência territorial para o julgamento de ações civis públicas por danos ocorridos na comarca, ainda que a limite em razão do valor.

Conceituamos *juiz do local do dano* como aquele que, pelas normas de competência e de organização judiciária, exerça a jurisdição sobre dado território.

Em mencionado contexto, a organização judiciária paulista atribui tanto ao órgão jurisdicional regional quanto ao central a competência para o julgamento de ações civis públicas, diferenciando-a apenas no que toca ao valor da causa. Em conseqüência, atribui a ambos competência territorial, de sorte que não vemos incompatibilidade entre o critério e a regra inserta no art. 2º da Lei 7.347/1985.[86]

Certo é que a solução não nos parece a mais adequada, posto criar diferenciação sem motivo plausível para tanto. Certo, também, que o melhor seria incumbir da competência plena para o julgamento das ações civis públicas quer os juízes regionais, quer aqueles lotados nas varas centrais.

No entanto, a ausência de razoabilidade decorrente da divisão em foco não se mostra suficiente, em nosso entendimento, para que possa-

---

86. Em mencionado sentido, v. TJSP, AI 92.941-5, rel. Des. Cuba dos Santos, j. 25.2.1999.

mos concluir pela incompatibilidade entre os dispositivos insertos na organização judiciária e no art. 2º da Lei 7.347/1985.[87]

Questão que também apresenta interesse é a da competência *ratione personae* das varas da Fazenda Pública.

Suponhamos que a Fazenda do Estado seja a causadora de um dano ambiental no Município de Ribeirão Preto, que não possui vara privativa.

Em mencionada hipótese a competência para o julgamento da ação civil pública haveria de deslocar-se para a Capital do Estado, tendo em conta a qualidade do ocupante do pólo passivo da relação processual?

A resposta se nos afigura evidente.

De fato, incumbe à organização judiciária atuar nos limites traçados pelas normas processuais que regem a competência de foro, sendo, pois, "dependente, subordinada, regulamentadora".[88]

Assim, "o direito processual dispõe a respeito do *exercício* da jurisdição (o poder de julgar) e sua forma de desenvolvimento. Os Estados *organizam* o sistema de justiça, criando tribunais e juízos".[89]

E – no caso em comento – a Lei 7.347/1985 determina que o foro competente para o julgamento da demanda é o do local do dano – a comarca de Ribeirão Preto.

Nessa quadra, à organização judiciária cumpre apenas dizer a qual dos juízes de mencionada comarca estará afeto o julgamento da ação – e nunca deslocá-lo do local em face da qualidade do réu.

Mercê do exposto, caso o dano provocado pelo Estado venha a ocorrer nos limites territoriais da comarca da Capital a competência para o julgamento da ação respectiva estará afeta às varas da Fazenda

---

[87] Importante relembrar que as regras de organização em comento foram elaboradas antes mesmo da vigência da Lei da Ação Civil Pública. Demais disso, o problema estaria devidamente solucionado caso o Tribunal de Justiça do Estado instalasse as "cinco varas de relações de consumo e demandas coletivas para o julgamento das ações oriundas das Leis ns. 7.347/1985, 7.853/1989 e 8.078/1990", previstas no art. 32, I, da Lei Complementar Estadual 762, de 30.9.1994. Interessante anotarmos que a norma em comento dividiu tais varas pelas regiões da comarca (Santana, Penha, Santo Amaro, Centro e Lapa), indicando, em corolário, que a competência territorial de cada uma delas seria privativa caso os efeitos do dano fossem limitados.

[88] Antônio Fernando do Amaral e Silva, in *Estatuto da Criança e do Adolescente Comentado*, 4ª ed., p. 470.

[89] Idem, ibidem.

Pública; caso, no entanto, no local do dano inexista vara especializada em razão da pessoa a competência estará afeta ao juiz que ali se encontre lotado, em face do disposto no art. 2º da Lei 7.347/1985, não competindo à organização judiciária dispor de forma diversa.[90]

Interessante questão que surge diz respeito à existência na mesma comarca de varas privativas da Fazenda e especializadas em determinada matéria.

Dita questão será por nós enfrentada, no entanto, ao tratarmos da competência dos juízes da infância e da juventude.[91]

---

90. Neste sentido, v.: TJSP, AI 278.902-2, rel. Des. Celso Bonilha, j. 6.3.1996; AI 262.584-1, rel. Des. Pires de Araújo, j. 27.6.1995; AI 23.550-0, rel. Des. Nigro Conceição, j. 15.2.1996 – dentre outros.
91. Cf. Capítulo 9, tópico 9.2, *infra*.

7

AS REGRAS GERAIS DE COMPETÊNCIA EM SEDE DE JUSTIÇA DA INFÂNCIA E JUVENTUDE

7.1 As varas privativas da infância e da juventude: juízos especiais, especializados ou de exceção?. 7.2 A competência do juiz da infância e juventude.

7.1 As varas privativas da infância e da juventude: juízos especiais, especializados ou de exceção?

Vimos em oportunidade anterior que a função jurisdicional é una, em que pese a seu exercício ser fracionado dentre diversos órgãos integrantes do Poder Judiciário por intermédio das regras de competência.

Vimos, outrossim, que a função jurisdicional deve estar apta a dirimir todo e qualquer tipo de conflito de interesses surgido no seio social.

Tendo em conta que a própria Constituição Federal atribuiu, por meio de seu art. 227, prioridade absoluta no trato das questões inerentes à infância e à juventude, obviamente que os órgãos incumbidos do exercício das funções legislativa e jurisdicional deveriam adotar as providências cabíveis no sentido de assegurar o efetivo cumprimento do comando advindo da Lei Maior, inclusive no trato processual de conflitos de interesses envolvendo crianças e adolescentes.

Dentre os princípios processuais que têm por escopo dar efetividade ao comando advindo da Magna Carta incumbe-nos citar aquele inserto no art. 145 do Estatuto da Criança e do Adolescente, que dispõe acerca da criação, por Estados e Distrito Federal, de "varas especializadas e exclusivas da infância e da juventude".

De mencionado dispositivo três aspectos nos interessam na oportunidade.

O primeiro deles diz respeito à competência da Justiça Estadual para tratar de temas afetos à infância e à juventude, pois a matéria não se encontra arrolada na Constituição da República dentre aquelas afetas ao julgamento pela Justiça Federal – comum ou especiais.[1]

O segundo é o de que a regra em comento é típica de organização judiciária, pois prevê, dentro da Justiça Estadual, a criação de vara especializada em razão da matéria e da qualidade da parte.

Como é cediço, é de competência privativa dos Estados-membros legislar sobre a organização de suas Justiças (art. 125 da CF).[2]

Mercê de tal fato, o legislador federal consignou, no art. 145 do Estatuto, que os Estados terão a *possibilidade* de criar varas especializadas, e não o dever – hipótese em que estariam extrapolando de seus misteres e ingressando em seara legislativa alheia.

A norma, nesse diapasão, é despicienda, pois sua inexistência em momento algum turbaria a possibilidade da instituição de tais varas por parte do Estado-membro.

Não obstante, devemos nela reconhecer o inegável mérito de alertar o legislador estadual acerca da importância da matéria e da prioridade dos interesses nela inseridos, que estão a justificar – mais do que a aconselhar – seu efetivo acolhimento pela divisão judiciária.

Como acima dissemos, a regra da proteção integral da criança e do adolescente deve materializar-se também dentro do processo. E, nesta senda, não basta a observância dos princípios procedimentais do Estatuto: a instituição de órgãos jurisdicionais especializados mostra-se de mister.

Terceiro aspecto decorrente da norma a demandar comentário diz respeito à expressão *justiça especializada* e sua adequação ao princí-

---

1. Obviamente que a assertiva comporta ressalvas – como na hipótese de danos causados a crianças ou adolescentes pela União, suas autarquias ou empresas públicas, quando a competência será da Justiça Federal em razão da pessoa (cf. o art. 109, I, da CF).
2. Cumpre relembrarmos, no entanto, que a Constituição da República pode, à evidência, determinar a instituição de juízos especializados dentro da estrutura da Justiça Estadual, como o fez, aliás, em seu art. 126.

pio do juiz natural, em sua faceta contemplada pelo art. 5º, XXXVII, da Constituição da República.

Isso porque o dispositivo em comento veda sejam criados "juízos ou tribunais de exceção".

Seria a *vara especializada* um *juízo de exceção*, tal como previsto na Magna Carta?

Para chegarmos à almejada resposta necessário se mostra tecermos alguns comentários acerca do que seja *tribunal de exceção*.

No direito constitucional brasileiro, convivemos nas Cartas Políticas de 1891 e de 1937 com a possibilidade da instituição de juízos de exceção, sendo certo que a última delas, em seu art. 172, asseverou que os crimes contra a segurança do Estado e a estrutura das instituições estariam sujeitos a justiça e processo especiais, prescritos em lei.

Havia, para tanto, o Tribunal de Segurança Nacional, órgão estranho à estrutura do Poder Judiciário.

A partir da Carta de 1946, no entanto, a proibição da existência de tribunais de exceção passou a viger no regime constitucional pátrio.

Tribunal de exceção "é aquele designado ou criado por deliberação legislativa ou não, para julgar determinado caso, tenha ele ocorrido ou não, irrelevante a já existência do tribunal".[3] É o tribunal instituído para o julgamento de causa certa, *ad hoc* ou permanentemente para contingências particulares,[4] sem que sua criação decorra da Carta Magna, como da essência dos princípios da igualdade e da legalidade.

De exceção será o tribunal criado especialmente para o julgamento de fatos anteriores determinados (juiz instituído *ex post facto*), ou de certa pessoa (*ad personam*), possuindo como características a transitoriedade e a arbitrariedade.[5]

Somente a Carta Magna pode dispor acerca da criação de tribunais: sua instituição por intermédio de lei ordinária dependerá sempre de expressa autorização constitucional, como ocorre, por exemplo, com os arts. 125, § 3º – que autoriza a criação, por lei de iniciativa do tribunal de justiça, da Justiça Militar Estadual –, e 126, *caput* – que prevê a

3. Nery Júnior, *Princípios do Processo Civil na Constituição Federal*, p. 64.
4. Cretella Júnior, *Comentários à Constituição Brasileira de 1988*, p. 463.
5. Cf. José Frederico Marques, *Da Competência em Matéria Penal*, p. 63.

designação, pelos tribunais de justiça, de magistrados com competência exclusiva para o julgamento de questões agrárias.[6]

Assim, de exceção será todo tribunal que vier a ser instituído por leis ordinárias, as quais não têm legitimidade para outorgar a jurisdição sem o respaldo da Constituição Federal.[7]

Ao comentarmos as raízes históricas do princípio do juiz natural tivemos a oportunidade de observar que na França, por intermédio de lei datada de 24.8.1790, o alcance da expressão foi ampliado, para abarcar terceira faceta, consubstanciada na proibição dos denominados *juízos especiais* – norma que culminou por ser abraçada pela Constituição pós-revolucionária de 1791, no art. 4º do Capítulo V.[8]

Tratava o legislador francês, através da norma em comento, não apenas da instituição de tribunais *ex post facto* (vedados pelo poder de comissão inserto no mesmo dispositivo), mas também da impossibilidade de atribuir-se competência a certo órgão jurisdicional para o julgamento de determinada matéria – ainda que o juízo preexistisse ao fato.[9]

A vertente genuinamente francesa do princípio, no entanto, culminou por não merecer acolhida em outras ordens jurídicas, sendo certo que a própria Constituição de 1848 tratou de rechaçá-la mesmo em seu país de origem.[10]

6. "A criação de tribunais, previstos na Constituição Federal, não se constitui numa criação de tribunal de exceção; ao contrário, é uma reserva constitucional" (Wolgran Junqueira Ferreira, *Direitos e Garantias Individuais*, p. 306).
7. Interessante, a respeito, decisão de 17.12.1986, oriunda do Plenário do Supremo Tribunal Federal, tirada em autos de pedido de extradição formulado pelo Governo do Haiti. Na oportunidade o Pretório Excelso entendeu que o Tribunal de Justiça Comum do Haiti, "não sendo embora Tribunal de exceção, se tornara, para o caso concreto examinado, Tribunal de exceção, porque modificado por normas especiais, visando ao extraditando, subtraindo-o, desse modo, de seu juízo natural, na hipótese, a Justiça Militar, para transportá-lo para outro juízo, com completa inadequação da situação ali sempre estabelecida" (*apud* Junqueira Ferreira, *Direitos e Garantias Individuais*, p. 308).
Na oportunidade o Supremo Tribunal Federal definiu como de exceção o tribunal que teve "instituído ou modificado o regime de competência dos órgãos jurisdicionais *intuitu personae*" (idem, ibidem).
8. Definidos pela norma como *poder de atribuição*.
9. Cf. Ada Pellegrini Grinover, "O procedimento sumário, o princípio do juiz natural e a Lei Orgânica do Ministério Público", *Ajuris* 32/100.
10. Cf. art. 4º do Capítulo II.

REGRAS GERAIS DE COMPETÊNCIA: INFÂNCIA E JUVENTUDE

Assim, a regra dominante nas modernas Constituições é a de que a instituição de Justiças especializadas para o julgamento de determinadas matérias não vulnera o princípio do juiz natural – desde que, à evidência, a criação decorra da própria Constituição e anteceda os fatos que deverão ser submetidos à apreciação do órgão jurisdicional.

Como é cediço, a jurisdição é una e indivisível, decorrendo sempre da própria Constituição Federal. Não obstante, como já tivemos oportunidade de ver, seu exercício pode – e deve – ser fracionado, por intermédio das regras de competência.

Mercê das regras de competência, temos no Constitucionalismo Brasileiro as conhecidas Justiças comuns (Federal e Estadual) e as especializadas, sendo certo que estas últimas são criadas pela própria Carta de Princípios para o julgamento de determinadas causas, com o escopo de facilitar o exercício da jurisdição.[11]

Juízo especial "é aquele previsto antecedentemente, abstrato e geral, para julgar matéria específica prevista em lei",[12] enquanto o de exceção manifesta-se pela criação de órgãos específicos, para o julgamento de causas determinadas, geralmente fora da estrutura do Poder Judiciário e sem as garantias de investidura e de exercício – predicamentos típicos dos magistrados.[13] São organismos estranhos à estrutura constitucional.[14]

Destarte, não são de exceção os tribunais previstos na própria Constituição Federal, ainda que especializados.[15]

De igual sorte – e aqui chegamos a nossa almejada resposta –, não ofende ao princípio do juiz natural a criação, na órbita da justiça comum e pelas leis de organização judiciária, de varas especializadas por matéria (infância e juventude, criminais, acidentes do trabalho, falências etc.) ou *ratione personae* (Fazenda Pública), inseridas que estão na estrutura regular do Poder Judiciário, sendo certo que seus juízes

---

11. Assim o são as Justiças do Trabalho, Militar e Eleitoral, previstas no art. 92, IV, V e VI, da Constituição da República, respectivamente.
12. Nery Júnior, *Princípios...*, p. 65.
13. Cf. Greco Filho, *Direito Processual Civil Brasileiro*, v. 1, p. 45.
14. Segundo Frederico Marques a justiça de exceção é transitória e arbitrária, enquanto a especial é permanente e orgânica, "pois aplica a lei a todos os casos de determinada matéria, enquanto a primeira é *ad hoc*, para cada caso concreto" (*Da Competência...*, p. 63).
15. Cf. Celso Ribeiro Bastos, *Comentários à Constituição do Brasil*, v. 2, pp. 204-205.

têm competência geral para todos os fatos posteriores versando o tema especificado.[16]

7.2 A competência do juiz da infância e juventude

A Lei federal 8.069/1990, em seu art. 147, trouxe regra acerca da competência territorial (ou de foro) dos juízes da infância e juventude, fixando-a, via de regra, "pelo domicílio dos pais ou responsável" ou "pelo lugar onde se encontre a criança ou o adolescente, à falta dos pais ou responsável".

Em seu art. 148 tratou da competência da Justiça especializada da Infância e Juventude.

Criticando a seqüência dos dispositivos, Antônio Fernando do Amaral e Silva – com inteiro acerto – afiançou que o correto seria a lei tratar inicialmente da competência da Justiça especializada, para apenas então tratar do critério territorial.

Concomitantemente, afirmou que o rol inserto no art. 148 trata da competência dos juízes da infância e juventude em razão da matéria.[17]

Quanto a tal aspecto, cremos que reparo esteja a merecer o ensinamento do eminente desembargador catarinense.

Com efeito, dentre as hipóteses de competência insertas no art. 148 consta, no inciso IV, a de julgar "as ações fundadas em interesses individuais, difusos ou coletivos, afetos à criança e ao adolescente".

Temos para nós que, no caso concreto, o Estatuto traçou norma de competência também *em razão da qualidade da parte*, ou *ratione personae* – e não tendo em conta exclusivamente a matéria.

De fato, o critério distintivo da regra de competência em comento não é apenas a matéria versada na ação – mas, de igual sorte, a condição das pessoas tuteladas por seu intermédio.

Suponhamos, a tal respeito, que determinada ação civil pública tenha por escopo assegurar a implementação de programas assistenciais em prol da população carente.

---

16. A propósito, cf. as previsões insertas no art. 96, I, "d", e II, "d", e no art. 98, ambos da Constituição Federal.

17. Antônio Fernando do Amaral e Silva, in *Estatuto da Criança e do Adolescente Comentado*, 4ª ed., p. 475.

REGRAS GERAIS DE COMPETÊNCIA: INFÂNCIA E JUVENTUDE 137

À evidência que, no contexto citado, crianças e adolescentes também serão beneficiados, por força da eventual procedência da demanda.[18]

Não obstante, tendo em vista aproveitar a todas as faixas etárias, a competência para o julgamento da ação citada não estaria afeta à Justiça especializada da Infância e Juventude.

Podemos, agora, supor segunda ação, cujo escopo seja o de assegurar a manutenção de programas assistenciais voltados a crianças e adolescentes.

Em tese, o objeto de ambas as ações é o mesmo: assegurar a implantação de programas de assistência social, em atendimento ao disposto no art. 203 da Magna Carta.

No entanto, tendo em vista que na segunda delas a tutela está direcionada a crianças e adolescentes, a competência para seu julgamento será da vara especializada, a teor do disposto no art. 148, IV, da Lei federal 8.069/1990.

Em corolário, a competência das varas especializadas da infância e da juventude não é firmada apenas por critérios materiais – mas também *ratione personae*.[19]

O inciso IV do art. 148 trouxe também critério territorial próprio para o julgamento das ações por ele tratadas, vez remeter ao art. 209 do Estatuto.

Destarte, a competência de foro para o julgamento das ações civis públicas afetas à infância e à juventude é regida por critério próprio e específico, distinto daquele geral constante do mencionado art. 147.

---

18. Assim como o seriam em demandas cuja finalidade fosse a tutela do meio ambiente, do consumidor, das pessoas portadoras de deficiência etc.
19. Curiosa, aliás, a regra trazida pelo parágrafo único do mencionado art. 148: de um lado, ele arrola matérias de competência da vara especializada (alíneas "a"-"h"); de outro, assevera que em tais casos o julgamento estará afeto à Justiça especializada apenas quando a criança ou o adolescente se encontrarem em uma das situações previstas no art. 98 do Estatuto. Temos para nós que, na hipótese, a Lei 8.069/1990 utilizou um critério misto para a fixação da competência, vazado na matéria *e* na qualidade da pessoa.

8

A COMPETÊNCIA PARA O JULGAMENTO DE AÇÕES CIVIS PÚBLICAS EM SEDE DO ESTATUTO DA CRIANÇA E DO ADOLESCENTE

8.1 Rol de matérias passíveis de tutela por ação civil pública. 8.2 A regra de competência de foro trazida pelo art. 209 do Estatuto da Criança e do Adolescente: 8.2.1 Introdução – 8.2.2 A competência territorial absoluta do juiz do local em que a ação ou omissão danosa foi ou deveria ter sido praticada: 8.2.2.1 A inadequação da regra trazida pelo Estatuto – 8.2.2.2 O conceito de "local da ação" como aquele em que o comando vinculativo é ou deixa de ser emitido: efeitos decorrentes à luz da regra de competência contida no art. 209 da Lei 8.069/1990 – 8.2.2.3 O "local da ação" visto como sendo aquele em que ocorre o cumprimento do comando vinculativo – 8.2.2.4 A ampliação dos conceitos anteriores de "local da ação", para contemplar a ordem vinculativa e os respectivos desdobramentos materiais: a ação como um conjunto de atos – 8.2.3 A ressalva à competência da Justiça Federal e dos Tribunais Superiores: desnecessidade.

8.1 Rol de matérias passíveis de tutela por ação civil pública

Valendo-se da experiência do art. 1º da Lei 7.347/1985, o legislador inseriu no art. 208 do Estatuto da Criança e do Adolescente rol de temas que podem ser tutelados por intermédio de ação civil pública, composto por oito incisos.

Não obstante – e sabiamente, a teor do disposto no art. 129, III, da Constituição Federal –, acrescentou ao dispositivo mencionado o parágrafo único, transformando o rol, de exaustivo, em exemplificativo.[1]

1. Cf. Paulo Lúcio Nogueira, *Estatuto da Criança e do Adolescente Comentado*, p. 331.

Em que pese que a técnica legislativa utilizada seja discutível – pois a Constituição Federal permite a defesa de qualquer interesse metaindividual por intermédio da ação civil pública – e passível de causar dissabores,[2] temos para nós que a relação apresenta alguma importância no sentido de definir quais sejam os interesses mais relevantes em sede de defesa coletiva da infância e da juventude.

E, nessa senda, vemos que o art. 208 empresta importância primordial à educação, dela tratando em nada menos do que seis de seus oito incisos.[3]

8.2 A regra de competência de foro trazida pelo art. 209 do Estatuto da Criança e do Adolescente

8.2.1 Introdução

No Capítulo 6, *supra*, tivemos a oportunidade de analisar a regra geral de competência de foro para o julgamento de ações civis públicas.

Vimos que, em nosso entendimento – e até a presente oportunidade –, exceção alguma pode ser validamente oposta ao critério utilizado pelo art. 2º da Lei 7.347/1985.[4]

A questão, no entanto, ganha contornos distintos ao ingressarmos na análise do disposto no art. 209 do Estatuto da Criança e do Adolescente, o qual, a nosso ver, traz a única exceção efetiva à regra geral inserta na Lei da Ação Civil Pública quando o assunto é a tutela de interesses metaindividuais.

Nos termos do art. 209 da Lei 8.069/1990, "as ações previstas neste Capítulo serão propostas no foro do local onde ocorreu ou deva ocorrer a ação ou omissão, cujo juízo terá competência absoluta para processar a causa, ressalvadas a competência da Justiça Federal e a competência originária dos Tribunais Superiores".

---

2. Como os decorrentes do veto inicialmente aposto ao inciso IV do art. 1º da Lei 7.347/1985 e do espúrio acréscimo a mencionado artigo, pela Medida Provisória 2.180-35, de 24.8.2001, de parágrafo único no sentido de que não será cabível ação civil pública "para veicular pretensões que envolvam tributos (...)".
3. Obviamente que o dispositivo não olvida programas assistenciais e sanitários. A respeito, v. Hugo Nigro Mazzilli, "A ação civil pública no Estatuto da Criança e do Adolescente", *Justitia* 153/16-20.
4. Mesmo porque a regra em comento prevalece "sobre qualquer outra de caráter geral" (TJSP, AI 19.321-0, rel. Des. Dirceu de Mello, j. 6.7.1995).

Como se observa, o dispositivo em exame possui traços distintivos bastante marcantes quando cotejado com o art. 2º da Lei 7.347/ 1985, alguns deles de suma importância.

De início, cumpre consignarmos que, talvez impressionado pelas críticas opostas ao art. 2º da Lei da Ação Civil Pública, o legislador deliberou, ao tratar da competência, inserir no art. 209 a expressão *territorial absoluta* em vez de *territorial-funcional*.

Em que pese o fato, a distinção em comento – vazada em suposto tecnicismo – não gera repercussão de cunho prático algum, posto que a finalidade de ambas as normas é a de atribuir natureza absoluta ao juiz detentor da competência territorial.

Dos motivos ensejadores e das conseqüências advindas de mencionado critério de fixação de competência já tivemos a oportunidade de cuidar, em capítulo anterior.

Resta-nos, na oportunidade, tratar das peculiaridades trazidas pelo art. 209 do Estatuto quando em cotejo com a regra geral – o que doravante passaremos a fazer.

8.2.2 A competência territorial absoluta do juiz do local em que a ação ou omissão danosa foi ou deveria ter sido praticada

8.2.2.1 A inadequação da regra trazida pelo Estatuto

Em que pese que tenha demonstrado louvável preocupação ao atribuir ao critério territorial de fixação de competência para a tutela dos interesses metaindividuais a natureza absoluta, o legislador do Estatuto da Criança e do Adolescente foi infeliz ao atribuí-la ao juiz do local em que a ação ou omissão danosa foi ou deveria ter sido praticada, valendo-se de critério distinto daquele que vige em sede da Lei 7.347/ 1985.

De logo – e como acima dissemos –, impende considerarmos que ambos os dispositivos citados tratam de regra de competência de foro, sendo, não obstante, incompatíveis entre si.

Dessa forma, a regra do art. 209 do Estatuto se nos afigura como a única exceção ao critério geral traçado pelo art. 2º da Lei 7.347/1985.

Em outras palavras, caso a ação civil pública vise à tutela da infância e da juventude, a competência será do juiz do local em que a ação foi praticada; caso, no entanto, tenha por finalidade defender qualquer outro interesse difuso ou coletivo, incumbido de seu julgamento estará o juiz do local em que o dano ocorreu ou deveria ocorrer.

Injustificável a exceção trazida pelo art. 209.

Com efeito, de início a regra não se mostra lógica, posto impedir a desejável unificação do critério de competência para o julgamento de ações civis públicas, instituindo desnecessária exceção.

O descompasso, não obstante, seria até perdoável caso o art. 209 do Estatuto trouxesse efetiva evolução, em termos de acessibilidade à Justiça, à regra inserta no art. 2º da Lei 7.347/1985, o que se mostraria mais do que compreensível – mas até mesmo lógico – à luz do princípio da prioridade absoluta consagrada pelo art. 227 da Constituição Federal.

Contudo, não é isso o que ocorre: em verdade, o critério adotado pelo Estatuto da Criança e do Adolescente chega a ser por vezes restritivo, contrariando toda a filosofia que acima sustentamos e que norteou a estipulação da regra funcional para o julgamento das ações civis públicas.

O critério territorial-funcional estipulado pelo art. 2º da Lei 7.347/ 1985 possui o inegável mérito de confiar a competência para o julgamento da ação ao juiz que supostamente conhece melhor do que seus pares as conseqüências do evento lesivo (vez que inserido no contexto social afetado).

Em razão do exposto, o magistrado do local do dano é, sem dúvida, o mais indicado para processar e julgar a ação civil pública, pois teoricamente conhece os fatos e os reflexos sociais dele advindos, assim como possui maiores condições de obter a prova necessária para o correto desate da lide.

A jurisdição deve fazer-se presente onde dela se esteja a necessitar e para o trato indispensável das questões sociais das mais diversas regiões de nosso Estado e do país.

A presença física do órgão jurisdicional, nessa senda, não decorre apenas da necessidade de se assegurar o efetivo acesso ao próprio do Judiciário, dos integrantes do corpo social, em busca de solução para problemas de natureza individual. Se à jurisdição incumbe *dar a cada um o que é seu*, obviamente que lhe está afeto o mister de dirimir os conflitos de interesse relacionados a questões sociais e estruturais da comarca.

E a dimensão de tais problemas, tendo em vista a riqueza e a diversidade de nossa cultura, certamente será melhor mensurada pelo magistrado que os vivencia, que pode sentir seus reflexos para a comunidade a que serve.

A distância é inimiga da prestação jurisdicional justa quando o assunto é a defesa de interesses metaindividuais. A importância de manifestações culturais regionais perde-se, por exemplo, na vastidão e na impessoalidade que regem as relações humanas em grandes núcleos urbanos.

A preocupação com a presença física do magistrado, aliás, é de tamanha magnitude, que ocupou o pensamento do legislador constituinte. Mercê de tal fato, a Carta de Princípios impõe ao juiz o dever de residir na comarca em que lotado (art. 93, VII).

O legislador do Estatuto da Criança e do Adolescente, não obstante, deixou de conferir a tais fatos a importância devida; e, valendo-se de uma regra subsidiária de competência prevista nos sistemas processuais civil[5] e penal,[6] cometeu ao juiz do local em que a ação foi ou deveria ter sido praticada o poder de julgar a demanda coletiva que vier a ser intentada.

Com o escopo de apurarmos as diferenças que haverão de decorrer por força de mencionado dispositivo, mostra-se imperioso definirmos o que seja *local da ação*, comentando, para tanto, suas possíveis variáveis, antes de firmarmos nosso entendimento a respeito.

8.2.2.2 O conceito de "local da ação" como aquele
em que o comando vinculativo é ou deixa de ser emitido:
efeitos decorrentes à luz da regra de competência
contida no art. 209 da Lei 8.069/90

Como acima dissemos, o conceito de *local da ação* ou *da omissão* é dado essencial para que possamos firmar as diferenças que se verificam entre a regra inserta no art. 2º da Lei 7.347/1985 e aquela constante do art. 209 do Estatuto.

---

5. Cf. o art. 100, V, do Código de Processo Civil, que fala em *ato ou fato*.
6. Cf. o art. 70, § 1º, do Código de Processo Penal. A propósito, o Código Penal, em seu art. 6º, considera *local do crime* aquele em que ocorreu a ação ou a omissão, bem como "onde se produziu ou deveria produzir-se o resultado".
Não obstante, o primeiro dos critérios utilizados somente se aplica "ao denominado direito penal internacional, ou seja, à aplicação da lei penal no espaço, quando um crime tiver início no Brasil e terminar no Exterior ou vice-versa (...).
Para delitos cometidos no território nacional continua valendo o disposto no art. 70 da lei processual", que fala em *local do resultado* (cf. Guilherme de Souza Nucci, *Código Penal Comentado*, p. 45).

Duas idéias acerca de tal conceito nos surgiram ao largo do presente trabalho.

De início pensamos na ação exclusivamente enquanto ligada a comando vinculativo, a ordem emanada de forma imperativa, cujos desdobramentos nada mais seriam do que seu exaurimento, o próprio resultado lesivo.

Mercê de tal raciocínio, vindo a lesão a extrapolar os limites territoriais de uma comarca, a competência, de ordinário, não seria concorrente, pois deveríamos perquirir acerca da origem do comando cujo cumprimento ocasionou a eclosão do dano, de sorte a podermos atender ao disposto no art. 209 do Estatuto da Criança e do Adolescente.

Nessa quadra, o problema ganharia dimensões assaz tormentosas quando lidássemos com ação civil pública que tivesse por escopo, *v.g.*, questionar as políticas públicas do Estado ou da União.

De fato, centrado o conceito de *ação* no local em que emitida a ordem (por exemplo, em que baixado um decreto), pouco importa que a política pública esteja direcionada para um único Município ou Microrregião: possuindo o Estado domicílio em sua Capital[7] e a União no Distrito Federal,[8] são esses os locais em que, teoricamente, a Administração edita seus comandos, por vezes capazes de gerar lesão a interesses metaindividuais.

Assim sendo, mercê do critério utilizado pelo art. 209 da Lei 8.069/1990, caso a União viesse a instituir programa social de amparo a crianças carentes, por exemplo, da Região Nordeste, suas eventuais distorções haveriam de ser discutidas no juízo de Brasília.[9]

De igual sorte, caso uma empresa privada com sede no Distrito Federal viesse a determinar a contratação de mão-de-obra infantil para trabalho em uma de suas fazendas localizada no Mato Grosso, a tutela coletiva também haveria de ser proposta em Brasília.

---

7. Cf. o art. 35, II, do Código Civil (em São Paulo, v. o art. 6º da Constituição do Estado).

8. Cf. os arts. 18, § 1º, da Constituição Federal e 35, I, do Código Civil.

9. Importante que façamos distinção entre o critério em análise e aquele inserto no art. 93, II, do Código de Defesa do Consumidor, do qual acima tratamos.

Não cuidamos, na hipótese, das dimensões nacionais ou regionais do dano para fixarmos a competência no juízo do Distrito Federal ou da Capital do Estado, mas sim do fato de que nesses locais as políticas públicas são traçadas e a partir daí irradiam seus efeitos, que podem ser locais (atingindo um único Município), regionais ou nacionais sem que a competência sofra qualquer alteração – como ocorreria na hipótese do art. 93, citado.

Mencionado entendimento, no entanto, não se mostrou adequado ao tipo de tutela com o qual estamos lidando.

Isso porque, em primeiro lugar, o juiz de Brasília não conhece a realidade social com que vai se defrontar no processo; em segundo, por criar limitações físicas por vezes intransponíveis para que diversos dos legitimados ativos arrolados pelo art. 210 do Estatuto da Criança e do Adolescente possam, de modo efetivo, ter acesso à Justiça com o escopo de defender os interesses cuja tutela, por lei e pela Constituição da República, lhes está assegurada.

De fato, acaso o órgão do Ministério Público em exercício no local em que a lesão está ocorrendo possui condições de deslocar-se até o Distrito Federal para ajuizar a ação? Ainda que o faça, como irá acompanhá-la? Como o Judiciário de Brasília fará para dar efetivo cumprimento ao comando inserto no art. 203 do Estatuto da Criança e do Adolescente (e art. 236, § 2º, CPC)?

Poder-se-ia cogitar que o Ministério Público é uno e indivisível,[10] motivo por que a Instituição estaria legitimada a agir, sem qualquer prejuízo, por algum de seus órgãos em exercício no Distrito Federal.

A propósito, cumpre considerar, de logo, que os mesmos motivos que aconselham a proximidade física do magistrado justificam a do órgão do Ministério Público – o qual também está obrigado a residir na comarca em que lotado, nos termos do art. 129, § 2º, da Constituição Federal.

Demais disso, a unidade do Ministério Público, concretamente considerada, implica que todos os órgãos que o integram formam uma só Instituição, sujeitos a chefia administrativa única.[11]

A indivisibilidade, por seu turno, consiste no fato de que os órgãos do Ministério Público não possuem personalidade própria, posto agirem sempre em nome da Instituição, substituindo-se uns aos outros sem que qualquer prejuízo advenha aos respectivos misteres.

Contudo, a Constituição Federal, em seu art. 128, arrola diversos Ministérios Públicos, os quais não podem ser inseridos em um mesmo contexto.

Os princípios da unidade e da indivisibilidade realmente são inerentes ao Ministério Público, mas vigem dentro de cada uma das Instituições.

10. Cf. art. 127, § 1º, da Constituição Federal.
11. Cf. Paulo Cézar Pinheiro Carneiro, *O Ministério Público no Processo Civil e Penal – Promotor Natural, Atribuição e Conflito*, p. 43.

Assim, "o Ministério Público Federal é uno e indivisível, como uno e indivisível é o Ministério Público do Estado de São Paulo. Não existe, no entanto, um Ministério Público que poderíamos chamar de 'Nacional', abarcando todos os demais".[12]

Certo é que as funções confiadas ao Ministério Público pelo art. 129 da Constituição Federal não levam necessariamente em conta a divisão inserta no art. 128.

Dessa forma, qualquer dos Ministérios Públicos, dentro de sua esfera legal de atribuições, pode, v.g., instaurar inquérito civil.

Nessa quadra, estaríamos lidando com funções concorrentes, pertencentes a Instituições irmanadas, que extraem suas atribuições e competências de um mesmo núcleo constitucional – os arts. 127 a 129 da Constituição Federal.[13]

De Instituição única, portanto, não se trata, tanto que a maior parte das atribuições é repartida entre as várias Instituições, por meio de critérios legais.

E, dentro de mencionada repartição, não nos parece competir ao Ministério Público do Distrito Federal tutelar interesses sociais pertencentes exclusivamente à população do Mato Grosso ou da Bahia, por exemplo.

Em corolário, a regra do art. 209 do Estatuto da Criança e do Adolescente limitaria, na hipótese, a atuação do Ministério Público do Estado afetado pelo dano.[14]

---

12. Hugo Nigro Mazzilli, *A Defesa dos Interesses Difusos em Juízo*, p. 269.

13. Segundo Hugo Nigro Mazzilli, "devemos entender restritivamente os princípios da unidade e indivisibilidade em face das peculiaridades do Ministério Público Brasileiro. Tomado em sentido abstrato, o ofício do Ministério Público pode ser considerado uno; contudo, isso não impede que haja vários Ministérios Públicos (Constituição da República, art. 128). Assim, é possível admitir a unidade abstrata do ofício: quando a lei diz que o Ministério Público exercerá a ação penal pública, refere-se tanto ao Federal como ao dos Estados, tanto ao de um Estado como ao outro. Contudo, tendo em vista nosso regime federativo, unidade de órgãos não existe" ("Independência do Ministério Público", in Antônio Augusto Mello de Camargo Ferraz (coord.), *Ministério Público – Instituição e Processo*, p. 109).

14. Impende ressaltarmos que em caso de dano praticado pela União a competência para o julgamento da ação civil pública respectiva está afeta à Justiça Federal.

Não obstante – e seguindo o raciocínio que anteriormente traçamos, no sentido da aplicabilidade do disposto no art. 109, § 3º, da Constituição Federal em sede de ação civil pública –, inexistiria empeço para que um órgão do Ministério Público do Estado da Bahia, lotado na comarca de Barreiras, intentasse a demanda pe-

Mas não é só: caso o Governo de São Paulo baixe um decreto que venha a gerar efeitos nocivos à infância na comarca de Ribeirão Preto, o órgão do Ministério Público local estaria impedido de ajuizar a pertinente ação civil pública, em virtude da divisão legal de atribuições e do princípio do promotor natural.[15]

Pior ainda a situação da associação civil regularmente constituída no local em que o dano está propagando seus efeitos, pois obrigada a se deslocar até a Capital com o escopo de promover a demanda em defesa de um interesse que é de sua finalidade institucional.

A solução seria a decorrente da lei, tendo em conta o conceito de *local da ação* que inicialmente traçamos. Mas seria ela justa ou adequada?

À evidência que não: o sistema da jurisdição civil coletiva tem por escopo inequívoco facilitar o acesso das entidades associativas ao Judiciário, com o fim de promoverem a tutela de interesses difusos ou coletivos que constem como de suas finalidades institucionais.

A veracidade da assertiva que acima formulamos pode ser facilmente constatada por intermédio da leitura dos arts. 5º, § 4º, e 18 da Lei 7.347/1985, 87 do Código de Defesa do Consumidor e 218 do próprio Estatuto da Criança e do Adolescente.

Nesse sentido, a regra do art. 209, em comento, entraria em confronto com o espírito que norteou a própria elaboração do sistema da jurisdição civil coletiva, dificultando – e em muito – o acesso ao Judiciário, ao invés de ampliá-lo.

Vimos que o art. 227 da Constituição Federal emitiu comando de efeitos concretos no sentido de que as crianças e os adolescentes são portadores de direitos prioritários em relação aos demais – o que,

rante o juiz de direito local, mercê da regra inserta no art. 2º da Lei 7.347/1985. Em sede de tutela coletiva da infância e da juventude, no entanto, tal iniciativa não se mostraria possível, pelo conceito restritivo de *local da ação*, ora em análise.
15. Previsto no art. 5º, LIII, de nossa Constituição Federal. A propósito, v. Nery Júnior, *Princípios do Processo Civil na Constituição Federal*, p. 87. V., também, no *Superior Tribunal de Justiça*: 6ª T., ROHC 8.513-BA, rel. Min. Luiz Vicente Cernicchiaro, j. 20.5.1999, *DJU* 28.6.1999, p. 154; 5ª T., REsp 108.205-MG, rel. Min. Félix Fischer, j. 4.11.1997, *DJU* 30.3.1998, p. 109; no *Supremo Tribunal Federal*: 1ª T., AgRg no AI crim. 169.169-CE, rel. Min. Ilmar Galvão, j. 10.10.1995, *DJU* 1.12.1995, p. 41.695; HC 71.429-SC, rel. Min. Celso de Mello, j. 25.10.1994, *DJU* 25.8.1995, p. 26.023; Pleno, HC 70.290-RJ, rel. Min. Sepúlveda Pertence, j. 30.6.1993, *DJU* 13.6.1997, p. 26.691.

à evidência, deve refletir-se nos regramentos processuais pertinentes.[16]

Salientamos, outrossim, que um dos principais objetivos da jurisdição civil coletiva é o de dar cumprimento ao disposto no art. 5º, XXXV, da Magna Carta, tornando efetiva a tutela dos interesses metaindividuais por intermédio da facilitação e da ampliação do acesso à Justiça.

Asseveramos, ademais, que o sistema da jurisdição civil coletiva cria mecanismos próprios de estímulo à propositura de demandas, inclusive vedando ao magistrado a condenação do autor ao pagamento de custas processuais e honorários advocatícios, ressalvada a hipótese de má-fé.[17]

Pois bem: ante tal quadro, e caso entendêssemos *local da ação* como sendo exclusivamente aquele em que editada a ordem imperativa, teríamos, como conseqüências advindas da regra inserta no art. 209 do Estatuto da Criança e do Adolescente, restrição de significativo impacto quanto à competência jurisdicional para a tutela coletiva da infância e da juventude quando em cotejo com a defesa de outros interesses difusos e coletivos, inclusive com a instituição de dificuldades significativas no pertinente ao acesso ao Judiciário – como pudemos observar dos exemplos acima expostos.[18]

E, ante tais fatores, seria no mínimo discutível a adequação da regra de competência contida no art. 209 do Estatuto quer aos princípios constitucionais citados, quer em face do sistema da jurisdição civil coletiva dentro do qual se insere.

16. Paulo Afonso Garrido de Paula, em palestra sobre o tema realizada antes mesmo da Constituição Federal de 1988, bem tratava do tema ao dizer esperar "que o legislador constituinte mantenha os dispositivos que permitem a utilização do remédio da ação civil para a defesa dos interesses difusos e coletivos afetos à infância e à juventude, porquanto é um caminho ímpar de resgate da enorme dívida social para com os pequenos grandes marginalizados deste país: as crianças e os adolescentes" (*Menores, Direito e Justiça*, São Paulo, Ed. RT, 1989, p. 126, *apud* Paulo Lúcio Nogueira, *Estatuto...*, p. 333).
17. A propósito, v. Motauri Ciocchetti de Souza, "Do cabimento de verba honorária em ação civil pública proposta pelo Ministério Público", *Cadernos de Direito da Criança e do Adolescente*, v. 1, pp. 67 e ss. – onde diversos acórdãos a respeito do tema são colacionados.
18. Poderíamos supor, ainda, a hipótese de emissão do comando por parte de multinacional sediada no Exterior. Em tal caso, pelo raciocínio ora desenvolvido, a Justiça Brasileira não teria competência para julgar um dano a interesse metaindividual ocorrido em seu território – o que, à evidência, afeta a própria soberania de nosso Estado.

8.2.2.3 O "local da ação" visto como sendo aquele em que ocorre o cumprimento do comando vinculativo

Por *local da ação* poder-se-ia também identificar aquele em que ocorre a materialização do comando, onde são praticados os atos concretos decorrentes da manifestação de vontade anterior.

Em conseqüência da definição em análise, caso o Governo do Estado baixe um decreto cujos efeitos nocivos à infância e à juventude venham a materializar-se no Município de Ribeirão Preto, apenas este será o local da ação.

E, em corolário, a competência para o julgamento da ação civil pública respectiva seria exclusivamente do juízo local.

O conceito agora toma por norte tão-somente os atos de materialização da ordem, de concretização do comando anteriormente lançado.

Temos para nós não possa o *local da ação* ser singelamente definido da forma ora exposta.

Isso porque não podemos conceber a ação exclusivamente como a conseqüência de uma ordem, como o cumprimento de um comando anteriormente emitido: pensarmos desta forma seria o mesmo que ignorarmos o motivo ao analisarmos determinada conseqüência, como se ele relevância alguma tivesse.

Em outras palavras, a implementação da atividade é decorrência de um ato anterior de cunho determinativo, ou seja, é o cumprimento de uma ordem. E a qualidade de ação de mencionada ordem não pode ser ignorada.

Nessa senda, a ação é geralmente complexa, formada pela adição de vários atos, praticados de forma concomitante ou sucessiva.

Os atos estão concatenados entre si e compõem uma ação, tendente à obtenção de determinado resultado.

Singularizarmos o *local da ação* apenas tendo em conta seus desdobramentos finais equivaleria, *grosso modo*, a falarmos em *local em que o dano ocorreu ou deveria ocorrer*, de sorte a confundirmos critérios de competência que são legalmente distintos, além de novamente impormos injustificada restrição ao preceito inserto no art. 209 do Estatuto da Criança e do Adolescente, tendo em conta que os diversos atos que formam a ação podem ter diferentes origens territoriais.

8.2.2.4 A ampliação dos conceitos anteriores de "local da ação", para contemplar a ordem vinculativa e os respectivos desdobramentos materiais: a ação como um conjunto de atos

Após meditarmos acerca de nossa proposta inicial e analisarmos os respectivos desdobramentos, culminamos por concluir que o conceito de *local da ação* não poderia estar jungido tão-somente a um dos critérios insertos nos tópicos anteriores.

A revisão que levamos a termo se fez essencial para que pudéssemos adequar a norma em análise aos princípios gizados pelos arts. 5º, XXXV, e 227 da Constituição Federal, de sorte a torná-la harmônica e condizente com a magnitude dos interesses resguardados em sede de tutela coletiva de direitos metaindividuais afetos à infância e à juventude.

Para tal desiderato, passamos a ver a ação como algo complexo, formado por "una serie o multiplicidad de movimientos",[19] e não enquanto ato meramente ordenatório ou de simples execução de um comando.[20]

Passamos a incluir no conceito de *ação*, pois, todos os atos materiais tendentes à obtenção de um determinado resultado, abarcando o comando e seus respectivos desdobramentos – ou seja, desde a ordem até os atos físicos destinados a conferir-lhe efetividade.

Com base em mencionado conceito, as políticas públicas implementadas por Estado ou pela União (que configuram, obviamente, ações) comportam uma série de desdobramentos, que vão desde a manifestação de vontade de cunho ordenatório (emitida na sede da pessoa política) até as atividades físicas desenvolvidas para o respectivo cumprimento.

Assim, no exemplo que vimos utilizando – do decreto baixado pelo Governo de São Paulo cujos efeitos vão se materializar na comarca de Ribeirão Preto – entendemos que a ação foi praticada em ambos os locais, surgindo daí competência concorrente para o julgamento da ação civil pública em defesa da infância e da juventude.

19. Francesco Antolisei, *Manual de Derecho Penal*, p. 166.
20. Neste sentido, de ver que toda ação, em sentido lato, comporta vários atos, alguns dos quais "se desenvuelven en el ámbito de la conciencia", como lembra Antolisei (*Manual...*, p. 164).
  Não obstante, os atos que possuem relevância jurídica são aqueles que se traduzem em comportamentos externos – e não os meramente ideários.
  E, vista apenas enquanto comportamento externo, a ação pode decorrer de um único ato ou da somatória de diversos deles.

Idêntico raciocínio pode ser aplicado, ademais, aos exemplos restantes, inclusive ao da pessoa jurídica de direito privado sediada no Distrito Federal que determina a contratação de mão-de-obra infantil em seu estabelecimento situado no Estado do Mato Grosso: nesta senda, *local da ação* tanto é Brasília quanto aquele em que os espúrios vínculos laborais foram firmados.

E nas hipóteses de danos decorrentes de omissão?

Em tais casos a competência há de se firmar do mesmo modo: omissão há tanto na ausência do necessário comando como na não-implementação da atividade devida.[21]

Idêntica solução, diga-se, é de ser dada quanto a ações de cunho preventivo: a demanda poderá ser intentada tanto na comarca em que o dano deveria materializar-se quanto naquela em que o comando respectivo foi emitido. Ambos são locais em que ao menos um ato integrante da ação complexa ocorreu ou deveria ocorrer.

Com lastro em mencionada premissa, certamente o raciocínio mais se afina ao espírito da jurisdição civil coletiva, e a competência para o julgamento de ações civis públicas em defesa dos interesses metaindividuais afetos a crianças e adolescentes – em que pese ainda conter restrições em dadas hipóteses quando cotejada ao princípio do art. 2º da Lei 7.347/1985 – passa a ter contornos mais amplos.

Cumpre consignarmos, de logo, que na grande maioria das vezes a ação e o respectivo resultado irão se materializar em uma mesma comarca, de sorte que problema algum haverá de ocorrer quanto à fixação da competência de foro, pois as regras insertas nos arts. 2º e 209, apesar de distintas, gerariam idênticos efeitos práticos.

21. A propósito, exemplo citado por José Luiz Mônaco da Silva em sua obra *Estatuto da Criança e do Adolescente – Comentários*. Valendo-se da definição de *local do dano* por nós traçada no tópico antecedente, assevera o autor que, se o Estado-membro "promete construir em certa cidade um aparatoso centro médico destinado sobretudo à população infanto-juvenil, mas não faz nada de concreto, o foro do local onde deveria ocorrer a ação (construção do prédio que serviria de centro médico) será o competente para o exercício da ação civil pública" (p. 367).

Dissentimos parcialmente de tal conclusão, pois, pelo entendimento que sustentamos, *local da ação* não será apenas aquele em que a atividade física deveria ser desenvolvida, mas também aquele em que a ordem deveria ser lançada e não o foi.

No exemplo dado ocorreu um dano a interesse metaindividual de infantes em decorrência de omissão. Mas este não foi ocasionado apenas pela ausência física da construção, mas também em face da inexistência de uma decisão positiva do Governo, que deveria ser tomada, segundo pensamos, tendo em conta sua sede – a Capital.

Importante tratarmos, não obstante, de situações diferenciadas decorrentes do conceito de *ação* que ora traçamos.

Caso os atos integrantes da ação ocorram em comarcas distintas a competência haverá de ser firmada por prevenção entre os juízos respectivos, pouco importando, para tanto, que o resultado lesivo venha a se verificar em apenas um dos locais.[22]

Diante do exposto, tratando-se de política pública afeta à área da infância e juventude traçada pelo Governo do Estado, temos para nós que o juízo da Capital será sempre competente para conhecer e julgar a respectiva ação, pouco importando o fato de a medida vir a alcançar, por exemplo, apenas o Município de Campinas.[23]

No caso em comento os atos complexos que integram o conceito de *ação* foram praticados em mais de uma comarca.

E, assim sendo, não vemos como deixar de reconhecer a competência de ambos os juízos para o julgamento da demanda, em face da regra inserta no art. 209 do Estatuto da Criança e do Adolescente, sendo de nenhuma relevância o fato de a lesão ter atingido apenas o território pertencente a uma das comarcas.

Se o Estado, por sua Administração, traçar medidas genéricas cujos desdobramentos afetem indistintamente a todos os Municípios que o integram (como, por exemplo, ao determinar a reforma de seu sistema de ensino), *local da ação* será não apenas o da ordem, como também aqueles em que as novas regras foram ou deveriam ser implementadas. A competência para o julgamento da demanda respectiva será, no caso, concorrente entre os juízos de todas as comarcas do Estado.

Até a presente oportunidade parece, mesmo, que a regra traçada pelo art. 209 do Estatuto é mais ampla do que a geral inserta no art. 2º da Lei 7.347/1985.

Com efeito, vimos que quando a ordem houver de ser cumprida em comarca distinta a competência para o julgamento da demanda proposta em defesa de direitos afetos a crianças ou adolescentes será tam-

---

22. Nélson Nery Júnior e Rosa Maria de Andrade Nery, comentando a regra de competência trazida pelo art. 100, V, do Código de Processo Civil, chegam a conclusão similar, afirmando que, "quando o ato ou fato ocorre em mais de um lugar, é competente qualquer deles para o julgamento da ação reparatória, resolvendo-se eventual conflito por prevenção" (*Código de Processo Civil Comentado*, p. 521, nota 16 ao art. 100).

23. O mesmo se diga quanto ao juízo do Distrito Federal em face da sede da União.

bém do juízo do local em que gerada a decisão – o que não ocorre na tutela de outros interesses metaindividuais.

No entanto, por vezes a regra do art. 209 do Estatuto se mostra tímida quando em confronto com o art. 2º da Lei da Ação Civil Pública.

Hipóteses há – e não raras – em que uma só ação pode ensejar o surgimento de danos em diferentes espaços territoriais. Em tais casos o *local da ação* é delimitado, mas o resultado lesivo espraia seus efeitos pelo território de diversas comarcas ou seções judiciárias.

As regras de competência em comento geram, na situação posta, soluções distintas.

Com efeito, pela aplicação do art. 2º da Lei 7.347/1985 surgiria competência concorrente de foro entre órgãos jurisdicionais de todas as comarcas afetadas; ao reverso, a competência para o julgamento da ação civil pública em defesa da infância seria privativa do juiz da comarca em que a ação foi praticada.

E, em mencionada hipótese, a regra do art. 209 do Estatuto da Criança e do Adolescente será restritiva quando comparada àquela inserta no art. 2º da Lei 7.347/1985.

Não obstante situações peculiares como a acima exposta, o conceito de *ação* ora tirado se nos afigura como o único adequado a ensejar a necessária efetividade inerente ao sistema da jurisdição civil coletiva quando o assunto é a defesa de crianças e de adolescentes.

8.2.3 A ressalva à competência da Justiça Federal e dos Tribunais Superiores: desnecessidade

Cioso da competência constitucional da Justiça Federal e dos Tribunais Superiores, o legislador do Estatuto da Criança e do Adolescente houve por bem fazer ressalva expressa ao fato dentro do art. 209, em postura que culminou por ser consagrada também pelo art. 93 do Código de Defesa do Consumidor.

Doutrinadores há que defendem a ressalva levada a termo, entendendo-a necessária.[24]

Outros afiançam que a ressalva "parece ter priorizado o foro da Justiça Federal" em sede de tutela da infância e da juventude, ao rever-

---

24. Cf., dentre outros, Grinover, in *Código Brasileiro de Defesa do Consumidor Comentado pelos Autores do Anteprojeto*, p. 549.

so do estabelecido pelo art. 2º da Lei 7.347/1985, que, em decorrência de nada mencionar a propósito, "priorizou a Justiça Estadual".[25]

Há ainda quem afirme que a exceção foi pouco feliz, "porque vulnera o princípio da prioridade do atendimento à criança e ao adolescente e retrai a expressividade dos órgãos de justiça municipais".[26] Temos para nós que a ressalva constante do dispositivo é mera superfetação, sendo, destarte, despicienda.

Com efeito, a competência da Justiça Federal e dos Tribunais Superiores brota e se encerra dentro da própria Constituição da República, por intermédio das regras da denominada *competência de jurisdição*.

Em conseqüência de tal fato, parece óbvio que o critério de estipulação do foro competente, objeto de leis processuais, não pode se opor validamente ao quanto exposto pela Magna Carta.

Dentro de mencionado contexto, para afiançar a absoluta dispensabilidade da ressalva em foco bastaria lermos o dispositivo inserto no art. 209 do Estatuto desconsiderando a respectiva passagem.

Cumpre perguntar: acaso a ausência da ressalva tem o poder de transferir para a Justiça Estadual o julgamento de causas afetas, de ordinário, à Justiça Federal por critério constitucional de competência de jurisdição? Dito efeito é alcançado em sede do art. 2º da Lei 7.347/1985 – que é omisso a respeito da competência da Justiça Federal? Caso no mesmo Município coexistam varas da Justiça Federal e especializada da infância e juventude, é a ressalva que impede o julgamento de demanda interposta em face da União (*v.g.*) por órgão da Justiça Estadual?

A resposta a mencionadas indagações é unívoca e nos parece óbvia: feita ou não a ressalva pela lei, a competência da Justiça Federal e dos Tribunais Superiores continua a ser exatamente a mesma, mercê de normas constitucionais.

E se a ressalva em foco não tem poder algum de alterar as regras de competência, parece-nos evidente o fato de que ela nada representa, sendo letra inútil dentro do texto da lei.

Nesse diapasão, falar-se em privilégio da Justiça Federal ou da Estadual para o julgamento de ações civis públicas é criar-se distinção

---

25. Carvalho Filho, *Ação Civil Pública: Comentários por Artigos*, pp. 42-43. No mesmo sentido, Maria de Fátima Carrada Firmo, *A Criança e o Adolescente no Ordenamento Jurídico Brasileiro*, pp. 148-149.
26. Adão Bonfim Bezerra, in *Estatuto da Criança e do Adolescente Comentado*, 4ª ed., p. 690.

iníqua e que não possui o condão de alterar realidade constitucional: seja em sede de Lei 7.347/1985, seja por força do disposto no art. 209 do Estatuto da Criança e do Adolescente, a competência para o julgamento da demanda coletiva estará afeta à Justiça Estadual se a hipótese em exame não se amoldar a qualquer dos dispositivos trazidos pela Carta de Princípios, firmando-se, destarte, residualmente.

Poder-se-ia defender a pertinência da ressalva tendo em vista farta corrente doutrinária e jurisprudencial apregoando a aplicabilidade do disposto no art. 109, § 3º, da Constituição Federal para o julgamento de ações civis públicas.[27]

Em mencionado sentido a existência da ressalva obstaria à aplicação do dispositivo constitucional em comento em sede de tutela coletiva da infância e da juventude.

Contudo, ainda aqui não vemos razão plausível para sua existência.

Com efeito, o art. 109, § 3º, em comento, não transfere a jurisdição federal para a Justiça Estadual, mas apenas seu exercício – e em determinadas circunstâncias.

O fato tanto se mostra verídico que a Constituição da República afiança que, na hipótese, o juiz estadual atuará investido de jurisdição federal.

Em outras palavras: não é pela circunstância de a demanda estar submetida a julgamento por juiz pertencente aos quadros do Judiciário Estadual que a competência deixará de ser da Justiça Federal. A correção de tal assertiva vem firmada no fato de que o órgão recursal, na hipótese de investidura, é o Tribunal Regional Federal – e não o órgão colegiado de segundo grau da Justiça do Estado.

Assim, agindo por força do art. 109, § 3º, da Constituição da República, é inegável que o juiz estadual estará a exercer competência federal.

Em síntese, a competência federal não se altera por conta da investidura; apenas é exercida por órgão jurisdicional que, de ordinário, não pertence aos quadros da Justiça traçada pelo art. 92, III, da Constituição da República.

A situação, aliás, é similar à da Justiça Eleitoral, elencada dentre as Justiças Federais especiais, cujas funções são em boa parte exercidas por juízes pertencentes aos quadros da Justiça do Estado.

---

27. A propósito, v. o Capítulo 6, tópico 6.1.3.2, *supra*.

Cumpre consignar, outrossim, que mencionado efeito é negado, até mesmo, por Ada Pellegrini Grinover, ao afirmar que a regra da investidura deve ser aplicada também na hipótese do art. 93 do Código de Defesa do Consumidor, o qual – como dito – traz ressalva da mesma natureza daquela constante do art. 209 da Lei 8.069/1990.

Como se observa, ainda aqui a ressalva se mostra despicienda.

Pode-se alegar, outrossim, que a ressalva se faz necessária tendo em vista o fato de que a Justiça Federal não se encontra estruturada em todas as regiões dos Estados-membros e que os Tribunais Superiores estão sediados na Capital da República.

Assim, caso no local em que ocorrido um dano (art. 2º da Lei 7.347/1985) ou praticada a ação lesiva (art. 209 do Estatuto) não exista vara da Justiça Federal a competência será deslocada para a sede da seção judiciária respectiva, contrariando as regras ordinárias de fixação de foro trazidas pelos dispositivos em comento.

Dentro de mencionado contexto a existência da ressalva parece até razoável: se no local em que foi praticada a ação danosa não existir vara da Justiça Federal o julgamento da ação estará afeto a magistrado lotado fisicamente em espaço territorial distinto. Excepcionado estaria, pois, o critério adotado pelo art. 209 do Estatuto.

Com a devida vênia, ainda aqui os argumentos não convencem.

De fato, como já tivemos oportunidade de expor, juiz do *local do dano* (ou *da ação danosa*, diga-se) é aquele que, pelas regras de competência e de organização judiciária, exerça seus misteres sobre o espaço territorial delimitado, pouco importando sua lotação física.

Nessa quadra, deflagrada a ação danosa em qualquer ponto do país, certamente haverá um juiz federal investido de competência territorial para conhecer e julgar a demanda respectiva.[28]

O raciocínio, aliás, é o mesmo com relação à competência dos Tribunais Superiores.

Com efeito, possuidores de competência territorial plena e insuscetível de concorrência, por certo que os Tribunais Superiores podem, pelo raciocínio acima traçado, ser considerados *juízes do local em que praticada a ação danosa* caso o julgamento da demanda respectiva lhes caiba de forma originária.

---

28. Essa a conclusão literal que brota do acórdão tirado nos autos do RE 228.955-9-RS pelo Plenário do Supremo Tribunal Federal, por nós anteriormente citado (v. nota 69, do Cap. 6).

Finalmente, a aduzida vulneração do princípio da prioridade do atendimento à infância e à juventude – para nós inexistente, na hipótese – não seria, por óbvio, decorrência da ressalva de que estamos cuidando, mas da própria regra constitucional de competência de jurisdição, que comete o julgamento de determinadas ações à Justiça Federal.[29]

29. Cumpre observarmos que, à luz do rol constante do art. 109 da Constituição da República, a competência da Justiça Federal em sede de tutela coletiva da infância e da juventude estará restrita às hipóteses previstas no art. 109, I e III, da Constituição da República.
Em que pese a não se tratar de tutela coletiva, interessante se nos mostra acórdão oriundo da 3ª Seção do Superior Tribunal de Justiça no sentido de que julgamento de adolescente por ato infracional praticado contra a União está afeto à vara da infância e da juventude – e não à Justiça Federal (CComp 24.028-MG, rel. Min. José Arnaldo da Fonseca, *DJU* 14.6.1999; no mesmo sentido: STJ, CComp 20.036-PR, rel. Min. Luiz Vicente Cernicchiaro, *DJU* 22.6.1998, p. 16).

9

CONFLITOS DE COMPETÊNCIA EM SEDE DE TUTELA COLETIVA DA INFÂNCIA E JUVENTUDE

9.1 Introdução. 9.2 As competências da Justiça especializada da Infância e Juventude e das varas privativas da Fazenda Pública. 9.3 Conflito entre os juízos da infância e juventude e cível. 9.4 A tutela concomitante de interesses metaindividuais de crianças, adolescentes e adultos. 9.5 A existência, na mesma comarca, de varas da infância e juventude com diferentes competências territoriais.

9.1 Introdução

Do quanto acima tivemos oportunidade de expor, podemos concluir que também em sede de tutela coletiva da infância e juventude haveremos de nos deparar com conflitos de competência em face do critério territorial absoluto adotado pelo art. 209 da Lei 8.069/1990, pois os atos componentes de determinada ação podem ser praticados, de forma concomitante ou seqüencial, em comarcas ou seções judiciárias distintas.

Dos conflitos assim instaurados já tivemos oportunidade de tratar ao analisarmos a regra do art. 2º da Lei 7.347/1985.

Não obstante, variadas situações conflitivas podem surgir em virtude da existência, na mesma comarca, de diferentes juízos especializados, assim como da qualidade das pessoas tuteladas por intermédio da ação civil pública.

Algumas de mencionadas situações, por serem até mesmo corriqueiras, estão a merecer tratamento mais minudente – o que doravante pretendemos levar a termo.

9.2 As competências da Justiça especializada da Infância e Juventude e das varas privativas da Fazenda Pública

Tivemos a oportunidade de verificar que dentre os critérios utilizados para a divisão de tarefas entre órgãos jurisdicionais pertencentes aos quadros da mesma Justiça se insere o da pessoa que participa da relação processual.

Nessa senda, a própria Constituição da República, em seu art. 109, I, determina que a Justiça Federal é a competente para o julgamento das causas em que a União, suas autarquias ou empresas públicas figurem na qualidade de partes ou de terceiros intervenientes.

Na esteira do comando inserto na Magna Carta, diversos Estados-membros instituíram, na organização de suas Justiças, varas privativas da Fazenda Pública.

O Código Judiciário do Estado de São Paulo (Decreto-Lei Complementar 3, de 27.8.1969, com alteração trazida pela Lei estadual 6.166, de 29.6.1988), por exemplo, dispõe, em seu art. 35, acerca da competência das varas da Fazenda Pública.

De seu teor se verifica competir a mencionados juízos o julgamento dos feitos "contenciosos ou não, principais, acessórios e seus incidentes, em que o Estado e respectivas entidades autárquicas ou paraestatais forem interessados na condição de autor, réu, assistente ou oponente", ressalvadas as ações falimentares, os mandados de segurança contra atos de autoridade estadual lotada fora da comarca de São Paulo e as ações de acidentes do trabalho.

Em face do parágrafo único do dispositivo em comento, outrossim, vindo o Estado a intervir na ação, como litisconsorte, assistente ou oponente, a competência original para o julgamento da demanda será deslocada para a vara privativa de que estamos tratando.

A regra em comento decorre do art. 125 da Constituição Federal, que confere ao Estado-membro o poder de estruturar sua Justiça, por intermédio da denominada *organização judiciária*.

Sem embargo, a Carta de Princípios, no art. 22, I, comete à União privatividade na edição de normas processuais, dentre as quais se encerram as de competência.

Atento ao comando advindo do art. 22 da Magna Carta, o legislador houve por bem instituir critérios próprios de competência para o julgamento de ações civis públicas em defesa da infância e da juventude, fazendo-o por intermédio dos arts. 148, IV, e 209 do Estatuto da Criança e do Adolescente.

Nos termos do art. 209 da Lei Federal 8.069/1990, a competência para o julgamento da ação civil pública será do foro em que ocorreu ou deveria ter ocorrido a ação ou omissão.

O dispositivo em análise, como anteriormente visto, traz regra de competência de foro.

Em decorrência do exposto, caso o interpretássemos de modo isolado poderíamos concluir que estaria afeto à organização judiciária o dever de definir qual dentre os diversos órgãos jurisdicionais lotados no mesmo foro seria o competente para dirimir o conflito de interesses posto sob apreciação.

E, nessa senda, incompatibilidade alguma haveria entre o art. 209 e a previsão inserta no Código Judiciário do Estado de São Paulo.[1]

No entanto, o art. 209 deve ser analisado juntamente com o art. 148 da Lei 8.069/1990, que, em seu inciso IV, a ele faz remissão.

E o art. 148, citado, traça regras de competência material e em razão da pessoa da Justiça especializada que o próprio Estatuto previu, por intermédio de seu art. 145 e em cumprimento ao disposto no art. 227 da Carta Federal.

Certo é que o art. 145 do Estatuto facultou ao legislador estadual a criação de varas da infância e juventude, posto que não lhe competia obrigá-lo a tanto, já que a matéria está afeta à organização judiciária.[2]

Não obstante, criando a organização judiciária tais varas (ou estipulando a qual juiz da comarca estará afeto o exercício dos misteres respectivos, como dispõe o art. 146 do Estatuto), automaticamente lhes estará atribuindo a competência prevista no art. 148, citado.

Em outras palavras: a lei federal estipula a competência material e em razão da pessoa dos juízes da infância e juventude; contudo, não lhe cabe dizer qual o órgão da Justiça Estadual que irá exercer, por força da organização judiciária, tal mister.

Caso a organização judiciária instituísse vara da Fazenda Pública e da infância e juventude, a competência do art. 148 do Estatuto a ela estaria afeta.

Destarte, a lei federal dita a competência da Justiça da Infância e Juventude; a organização judiciária pode, não obstante, deixar de criar as respectivas varas especializadas, dispondo que a função jurisdicio-

---

1. Como, aliás, não há entre o art. 2º da Lei 7.347/1985 e o citado Código.
2. Incidiria, na hipótese, o disposto no art. 125 da Constituição da República.

nal específica será cumulada por determinado juízo, na esteira do disposto no art. 146 do Estatuto.[3]

Caso o legislador estadual venha a deliberar pela instituição de varas privativas, no entanto, não lhe caberá dizer qual será a respectiva competência, que vem traçada em normas federais e possui natureza absoluta (vez que firmada em razão da matéria e da pessoa).

Em síntese, o legislador estadual pode definir qual o juízo incumbido de exercer as funções relativas à tutela de crianças e adolescentes; não, porém, as matérias que lhe estarão afetas – o que já foi objeto de trato por norma federal de competência.[4]

À organização judiciária cabe, na hipótese, criar estruturas dentro do arcabouço consistente nas normas de competência traçadas pela legislação federal.

Nesse sentido, "a Lei 8.069/1990, Estatuto da Criança e do Adolescente, é lei federal e estabelece a competência da vara especializada da infância e da juventude, enquanto o Código Judiciário, bem anterior, disciplina a organização da comarca da Capital, e, portanto, não poderia estabelecer competência diversa. Prevalece a lei federal, e a competência da infância e da juventude".[5]

Cumpre afiançar, finalmente, que as varas da Fazenda Pública são, quanto à matéria que julgam, comuns, posto que compartilham de competência análoga, por exemplo, à das varas cíveis. Apenas em função da interveniência do Estado, suas autarquias ou empresas públicas num dos pólos da ação (ou na qualidade de assistentes) é que se a desloca do juízo cível comum para o fazendário.

9.3 Conflito entre os juízos da infância e juventude e cível

Dentro dos critérios de organização judiciária, as denominadas *varas cíveis comuns* exercem competência residual, ou seja, para o jul-

---

3. Neste sentido, comarcas há no Estado de São Paulo em que a competência prevista no art. 148 está afeta a varas do Júri, execuções criminais e da infância e juventude, de forma cumulativa.
4. No mesmo sentido, José Luiz Mônaco da Silva, *Estatuto da Criança e do Adolescente – Comentários*, p. 365.
5. TJSP, C. Esp., Ap. cível 41.630-0/5, rel. Des. Cunha Bueno, j. 2.7.1998. Cumpre consignarmos que a matéria é pacífica em sede do Superior Tribunal de Justiça e do Tribunal de Justiça de São Paulo. A propósito, cf.: *STJ*, REsp 67.647-RJ, *DJU* 25.3.1996, p. 8.582, e REsp 47.104-PR, rela. Min. Eliana Calmon, *DJU* 5.6.2000, p. 135; *TJSP*, C. Esp., AI 39.330-0, rel. Des. Luís de Macedo, j. 2.10.1997; Ap. 34.577-0, rel. Des. Luís de Macedo, j. 5.12.1996, *JTJ* 198/34-37; Ap. 48.219-0, rel. Des. Djalma Lofrano, j. 24.6.1999 – dentre outros.

gamento de causas que não estejam afetas, de ordinário, a juízos especializados.⁶

Em razão do exposto, pode parecer inconcebível o surgimento de conflito entre o respectivo juízo e aquele a quem está afeto o mister de exercer a jurisdição na área da infância e juventude.

Contudo, hipóteses há em que mencionado conflito se manifesta.

De fato, as regras de competência insertas no Estatuto da Criança e do Adolescente, como acima tivemos oportunidade de ver, por vezes se utilizam de critério material e, em outras situações, de regra fixada em razão da qualidade da parte.

Nessa esteira, distinção é de ser feita: quando o critério material é o utilizado (*v.g.*, nas hipóteses do art. 208 do Estatuto) dúvida alguma há de existir.

Não obstante, quando a competência se firma em razão da qualidade da parte (como nas hipóteses elencadas no parágrafo único do art. 148) conflitos podem surgir – inclusive entre varas da infância e juventude e de família.

Isso porque quando o exercício da jurisdição é firmado pelo critério material a competência da vara da infância e juventude é plena, pouco importando a condição pessoal da criança e do adolescente.⁷

Hipóteses há, no entanto, em que a competência da Justiça especializada surge apenas caso o infante se amolde a alguma das situações previstas no art. 98 do Estatuto, em face do disposto no art. 148, parágrafo único.⁸

Aqui, o critério distintivo da competência é a condição peculiar da criança ou do adolescente.⁹

---

6. Pois a competência de tais varas, quando fixada em razão da matéria, é absoluta. V., a propósito, STJ, REsp 127.082-MG, rel. Min. Sálvio de Figueiredo Teixeira, *DJU* 17.5.1999, p. 207.
7. Neste sentido, v.: TJSP, CComp 39.102-0, rel. Des. Dirceu de Mello, j. 16.10.1997; CComp 39.114-0, rel. Des. Carlos Ortiz, j. 25.9.1997; AI 40.870-0, rel. Des. Cunha Bueno, j. 11.12.1997; Ap. cível 46.606-0, rel. Des. Álvaro Lazzarini, j. 22.4.1999; Ap. cível 46.733-0, rel. Des. Oetterer Guedes, j. 29.7.1999 – dentre outros.
8. Cumpre relembrarmos que, no caso em testilha, o juiz da infância e da juventude passa a ter competência para o julgamento de causas que não lhe estariam afetas caso o infante não se encontrasse em situação de abandono, como lembra Paulo Lúcio Nogueira (*Estatuto da Criança e do Adolescente Comentado*, p. 252).
9. O Assento 165, de 10.10.1990, do Tribunal de Justiça de São Paulo afirma que a competência do juiz da infância e juventude nas hipóteses do art. 148, parágra-

Dentro do objetivo de nosso trabalho, interessa tratarmos de eventuais conflitos de competência decorrentes da aplicação do disposto no art. 148, IV, do Estatuto da Criança e do Adolescente.

Afirmamos em oportunidade anterior que a competência na hipótese é firmada por critério composto (material e em razão da pessoa).

Isso porque competirá ao juiz da infância e juventude julgar as ações civis públicas que tenham por escopo tutelar os interesses arrolados, exemplificativamente, pelo art. 208 do Estatuto, mas desde que em defesa de crianças e de adolescentes.

Em outras palavras, caso a demanda tenha por finalidade assegurar, *v.g.*, o "acesso às ações e serviços de saúde" (art. 208, VII) da população adulta, a competência, em razão dos titulares do direito tutelado, não estará afeta à Justiça especializada de que estamos tratando.

O fato tanto se mostra verídico que a própria cabeça do art. 208 do Estatuto afirma que a competência da Justiça da Infância e Juventude para o trato das matérias elencadas em seus incisos decorrerá da "ofensa aos direitos assegurados à criança e ao adolescente".

Posta mencionada premissa, resta-nos analisar os conflitos que podem surgir entre o juízo especializado e o cível comum.

Suponhamos que a um adolescente regularmente inserido no seu núcleo familiar tenha sido negado o direito de renovação de matrícula no ensino fundamental por estabelecimento particular de ensino. Ou, mesmo, que 100 crianças em tais condições não consigam obter a documentação necessária para suas transferências de unidade, em face de inadimplência.

Qual o juízo competente para o julgamento das demandas respectivas?

A resposta, nos casos, é unívoca e se encontra nos arts. 148, IV, e 208 do Estatuto da Criança e do Adolescente.

Com efeito, o Capítulo VII do Título VI do Livro II da Lei federal 8.069/1990 trata da proteção judicial não apenas dos interesses difusos e coletivos, mas também dos individuais.

Em seus dispositivos não há distinção entre crianças em estado de abandono e aquelas devidamente inseridas em núcleos familiares ou sob amparo.

fo único, do Estatuto apenas alcança crianças e adolescentes em situação irregular. Neste sentido, v.: TJSP, CComp 16.555-0, rel. Des. Cézar de Moraes, j. 25.3.1993; Ap. cível 16.627-0, rel. Des. Cunha Camargo, j. 19.8.1993 – dentre outros.

Ante tal quadro, tendo as ações por objeto a defesa de interesses arrolados no art. 208 do Estatuto (ou de direitos similares àqueles insertos no dispositivo, mercê da regra trazida por seu parágrafo único) a competência será da Justiça da Infância e Juventude, pouco importando a situação peculiar do(s) infante(s) por elas tutelado(s).[10]

9.4 A tutela concomitante de interesses metaindividuais de crianças, adolescentes e adultos

Obviamente que a tutela dos denominados *direitos sociais* abarca um número indeterminado de pessoas, dentre as quais estão inseridos adultos e infantes.[11]

Assim é com ações que visem à defesa do patrimônio ambiental, da saúde, segurança ou economia públicas, das pessoas portadoras de deficiência e dos consumidores, dentre outros interesses de similar magnitude.

Considerando que a Constituição da República, em seu art. 227, conferiu prioridade absoluta no trato das questões inerentes à infância e à juventude; que a Lei federal 8.069/1990, na esteira do comando maior, instituiu Justiça especializada para o trato de questões relacionadas aos infantes; tendo em conta, ainda, que as demandas acima mencionadas visam também à defesa de crianças e de adolescentes, não seria razoável admitirmos que, em tais casos, a competência para o julgamento das ações civis públicas deveria estar a cargo do juízo de que estamos tratando?

A resposta se nos afigura negativa, sob pena de assoberbarmos a Justiça especializada, de sorte a tornarmos praticamente inviável o correto exercício dos misteres que lhe estão afetos.

Ao abarcar a tutela coletiva interesses de variegadas camadas etárias da população, a competência extrapolará os limites traçados pelo

---

10. Em mencionado sentido, v.: STJ, REsp 135.695-MG, rel. Min. Ruy Rosado de Aguiar, j. 18.12.1997, *DJU* 16.3.1998, p. 144; REsp 113.405-MG, rel. Min. César Asfor Rocha, *DJU* 18.9.2000, p. 131; REsp 255.455-GO, rel. Min. José Arnaldo da Fonseca, *DJU* 6.11.2000, p. 219.

11. Pois "todos que se encontrarem em uma especial situação de amparo e proteção, diante de especiais condições que ostentem (crianças, adolescentes, pessoas portadoras de deficiência etc.), ficam obviamente também amparados nas demais hipóteses de ofensas a interesses metaindividuais genéricos (meio ambiente, consumidores etc.)" (Vigliar, *Tutela Jurisdicional Coletiva*, p. 114).

Estatuto da Criança e do Adolescente, devendo, pois, ser objeto de estudo a partir de outras normas procedimentais.

Podemos, não obstante, supor demandas em que se tutelem, prioritariamente, interesses afetos à infância e à juventude sem embargo de os efeitos externos da respectiva coisa julgada poderem vir a beneficiar, de igual sorte, a adultos.

É a hipótese da ação civil pública que tenha por escopo assegurar o efetivo cumprimento da norma inserta no art. 212 da Magna Carta, no sentido de que Estados e Municípios devam aplicar na manutenção e no desenvolvimento do ensino no mínimo 25% das receitas decorrentes de impostos, nelas incluídas as transferências constitucionais.

Caso a demanda tenha como ocupante do pólo passivo o Município, não vemos como escapar à conclusão de que a tutela, no caso específico, se harmoniza com o disposto no art. 208 do Estatuto da Criança e do Adolescente e está voltada, de modo precípuo, à defesa coletiva da infância e juventude.

Com efeito, das diretrizes e bases nacionais do ensino exsurge que ao Município incumbe "oferecer a educação infantil em creches e pré-escolas, e, com prioridade, o ensino fundamental" (Lei 9.394/1996, art. 11, V – a propósito, v. também o art. 211, § 2º, da CF), os quais têm por finalidade atender tão-somente a crianças e adolescentes.

O atendimento educacional a jovens e adultos "que não tiveram acesso ou continuidade de estudos no ensino fundamental (...) na idade própria" (art. 37 da Lei 9.394/1997) é o único que deve ser prestado pelo Poder Público local a pessoas com mais de 18 anos de idade, através da utilização de recursos previstos pelo art. 212 da Magna Carta,[12] pois o Município somente poderá atuar "em outros níveis de ensino quando estiverem atendidas plenamente as necessidades de sua área de competência e com recursos acima dos percentuais mínimos vinculados pela Constituição Federal à manutenção e desenvolvimento do ensino" (cf. art. 11, *caput, in fine*, da Lei 9.394/1996).

Cumpre consignar que o ensino fundamental para crianças entre 7 e 14 anos de idade foi objeto de especial preocupação por parte de nossa Carta de Princípios, tanto que consiste em obrigação de natureza dúplice (pois imposta ao Poder Público e à família) e é objeto de comando especial advindo do art. 60 do Ato das Disposições Constitucio-

---

12. A propósito, v. Maurício Antônio Ribeiro Lopes, *Comentários à Lei de Diretrizes e Bases da Educação*, pp. 186-187.

nais Transitórias (com a redação conferida pela EC 14/1996), no sentido de que pelo menos 60% dos recursos previstos no citado art. 212 sejam investidos em sua manutenção e desenvolvimento, com o objetivo de "assegurar a universalização de seu atendimento e a remuneração condigna do magistério".

Situação similar, ademais, vige com relação ao Estado-membro. Embora lhe caiba prestar inclusive o ensino superior, certo é que sua obrigação precípua também está voltada para a educação fundamental – cuja gestão deve compartilhar com os Municípios (cf. os arts. 211, § 3º, da CF e 10 da Lei 9.394/1996) – assim como para a de nível médio, cuja oferta é de sua prioritária incumbência, conforme reza o art. 10, VI, da Lei de Diretrizes e Bases da Educação Nacional.

De tais fatos bem se nota que os maiores deveres cometidos ao Estado-membro na área educacional também estão voltados à formação das pessoas identificadas pelo art. 2º da Lei federal 8.069/1990.

Parece claro, nas situações em comento, que o principal interesse resguardado em nossa hipotética demanda estará afeto a crianças e adolescentes.

Mercê de tal fato, considerando, outrossim, o disposto no art. 208, I e III (especialmente), da Lei 8.069/1990, soaria lógico que a competência para o julgamento da ação estivesse afeto à Justiça especializada da Infância e Juventude.

Não obstante, o Superior Tribunal de Justiça, sob o argumento de que, no caso, a matéria seria de natureza orçamentária, atingindo direitos fundamentais da criança e do adolescente apenas de modo indireto, decidiu que a competência para o julgamento de demandas do gênero é da vara da Fazenda Pública – e não da Justiça especializada.[13]

Em que pese termos nos portado de acordo com o entendimento exposto pelo Tribunal Superior ao intentarmos ações civis públicas em face das Fazendas do Estado e do Município de São Paulo tendo em conta o descumprimento do quanto preceituado pelo art. 212 da Constituição Federal,[14] especialmente com o escopo de evitar indesejáveis incidentes processuais – que viriam apenas a postergar decisão urgente e imprescindível para a melhoria da qualidade do ensino –, temos para nós que o raciocínio desenvolvido no acórdão em questão é equivocado.

13. 1ª T., REsp 182.549-SP, rel. Min. José Delgado, *DJU* 1.3.1999, p. 245.
14. Conforme ações em curso, respectivamente, perante a 12ª e a 11ª Varas da Fazenda Pública da Capital.

166 AÇÃO CIVIL PÚBLICA

Óbvio e inquestionável se nos afigura o fato de que ditas demandas partem de análise de irregularidades orçamentárias, como posto pela decisão em comento.

Não obstante, não é o ponto de partida da demanda (ou a causa de pedir) que deve servir de parâmetro para a fixação da competência, mas sim o tipo de tutela pleiteada e o universo de pessoas cujos direitos se busca resguardar por seu intermédio.

Nessa quadra, a discussão firma-se no orçamento apenas como modo de demonstrar que sua elaboração indevida viola o quanto preceituado pelo art. 212 da Constituição da República e, em decorrência, gera prejuízo de monta ao sistema educacional – que tem como principal público-alvo crianças e adolescentes.

Assim, a ação há mesmo de discutir o orçamento público, mas apenas enquanto condição necessária para demonstrar que sua elaboração de modo incondizente lesa o sagrado direito à educação de infantes (principalmente) e de adultos.

As irregularidades orçamentárias constituem, pois, a causa de pedir – e não o provimento jurisdicional reclamado, por meio do qual se define a natureza do interesse submetido a tutela[15] e, por conseguinte, se fixa a competência para o julgamento da ação quando o critério a ser adotado é o *ratione materiae*.

Em resumo, o objetivo das demandas citadas é o de sanar irregularidades constantes dos orçamentos públicos, mas apenas na medida em que necessário para o resguardo do direito social indeclinável da educação, essencial para que possamos formar uma sociedade mais justa e combater, com alguma efetividade, a exclusão.

Sendo os maiores beneficiários da devida distribuição de recursos na área educacional crianças e adolescentes, a tutela prioritária na ação civil pública será de interesses a eles afetos, motivo por que temos por inequívoca a conclusão de que a competência, *in casu*, deveria estar afeta à Justiça especializada, ao reverso do apregoado pelo Superior Tribunal de Justiça.[16]

---

15. Cf. Nélson Nery Júnior, in *Código Brasileiro de Defesa do Consumidor Comentado pelos Autores do Anteprojeto*, p. 630.
16. No sentido que ora sustentamos, v. TJSP, C. Esp., AI 40.022-0, rel. Des. Dirceu de Mello, j. 6.11.1997.
Cumpre afiançarmos, outrossim, que a fixação do juízo de primeiro grau no caso interfere, de igual sorte, na competência recursal dos órgãos internos do Tribunal de Justiça de São Paulo, pois as ações oriundas da Justiça especializada da

9.5 A existência, na mesma comarca, de varas da infância e juventude com diferentes competências territoriais

Situações há em que diversos juízos da infância e juventude são instituídos na mesma comarca, de forma regionalizada.

Assim na Capital de São Paulo, em que temos diversas varas da infância e juventude, algumas instituídas em razão da matéria,[17] outras tendo em conta o critério territorial.

Interessa-nos tratar, na oportunidade, das varas da infância e juventude localizadas no Foro Central e em diversos foros regionais, detentoras de idêntica competência quanto à matéria, a qual é limitada, no entanto, em razão do território.

A questão não comporta maiores divagações quando o assunto é a tutela individual de criança ou adolescente.

Com efeito, firmada a competência de cada uma das varas em razão do território, para a solução de questões de cunho individual deveremos aplicar, em sua inteireza, a regra inserta no art. 147 (incisos I e II) do Estatuto da Criança e do Adolescente.

Não obstante, o problema ganha contornos distintos quando passamos a tratar da tutela metaindividual.

Há no Município de São Paulo notória insuficiência de vagas no ensino público infantil, problema que aflige desde a região central até a periferia de modo uniforme.

A disponibilização de tais vagas é obrigação imposta ao Poder Público local pelos arts. 208, IV, da Carta de Princípios e 11, V, da Lei 9.394/1996.

Temos, pois, quadro de lesão a direito público subjetivo afeto a crianças, que gera seus efeitos sem respeitar as limitações territoriais de competência das varas especializadas.

Caso o problema estivesse relacionado a lesões sociais a outros interesses metaindividuais – que não os da infância e juventude – o problema, como acima vimos, haveria de ser solucionado por intermé-

---

Infância e Juventude estão afetas, em segundo grau de jurisdição, à Câmara Especial, ao passo que as decididas pelas varas da Fazenda Pública são julgadas pelas Câmaras de Direito Público.

17. As denominadas *varas especiais da infância e da juventude*, previstas no art. 3º do Assento 165 do Tribunal de Justiça de São Paulo, cuja competência abarca as hipóteses previstas no art. 148, I e II, do Estatuto da Criança e do Adolescente, assim como a fiscalização das entidades que abrigam infratores.

dio da prevenção, pois a competência seria concorrente entre a vara central e as regionais: incidiria, na hipótese, o disposto no art. 2º da Lei 7.347/1985.

Ao tratarmos do local da ação ou da omissão como anteriormente o fizemos, admitindo sejam elas integradas por diversos desdobramentos positivos ou negativos, a situação será similar em sede de tutela da infância e da juventude: no exemplo dado a omissão ocorre não apenas tendo em conta a ausência de comando advindo do Poder Público Municipal no sentido de dar cumprimento ao preceito maior, como, também, nos locais em que se verificam os desdobramentos de tal inação – ou seja, onde as vagas deveriam ser disponibilizadas e não o foram.

Atingindo o dano todas as regiões da Capital, a competência para o julgamento da ação civil pública respectiva será, pois, concorrente dentre os diversos juízos da infância e juventude nela existentes.

Interessante citarmos, a propósito, episódio ocorrido nesta Capital, tendo em conta, justamente, o exemplo que acima traçamos.

Certamente impressionado pela redação conferida ao art. 16 da Lei 7.347/1985 por intermédio da Lei 9.494/1997 (a qual tentou restringir os efeitos *erga omnes* da coisa julgada em sede de ação civil pública aos limites territoriais de competência do juiz prolator da decisão), ilustre Colega que nos antecedeu na Promotoria de Justiça da Infância e Juventude da Capital de São Paulo *ad cautelam* intentou ações perante todas as varas da infância e juventude da comarca com o escopo de buscar garantir o direito constitucional de acesso ao ensino infantil.

Mencionada solução, vazada nos injustificáveis limites físicos de eficácia da coisa julgada *erga omnes* trazidos pela Lei 9.494/1997, vem trazendo, no entanto, indesejáveis conseqüências, tendo em vista as diferentes interpretações dadas ao mesmo tema por distintos juízes.

Assim, o mesmo direito público subjetivo vem sendo assegurado em algumas regiões da cidade[18] e negado em outras[19] – o que, à evidência, sabe a disparate.

De fato, se o direito é unívoco, se a obrigação da Municipalidade é patente e se o público tutelado pelas demandas é o mesmo (com a só diferença de domicílios), é incompreensível que a solução jurisdicional para os casos postos não seja exatamente a mesma – risco inerente à propositura de distintas ações coletivas perante juízos diversos.

18. Como em Santo Amaro, Santana e Penha.
19. Como no Centro, na Lapa e em Itaquera.

Nesse sentido, adotando-se o critério trazido pela Lei 9.494/1997, crianças residentes em área sob jurisdição de magistrado que tenha julgado procedente a demanda serão devidamente atendidas, enquanto suas semelhantes, domiciliadas na mesma cidade mas em espaço territorial sob jurisdição de outro foro, terão negado exatamente o mesmo direito.

Como resolver o problema?

De uma, em duas formas: ou por intermédio da mudança de domicílio das crianças cujos direitos não foram reconhecidos pelo órgão jurisdicional da região; ou apregoando-se a inaplicabilidade da norma constante do art. 16 da Lei 7.347/1985, em sua nova redação, em sede de tutela coletiva da infância e juventude – situação que, à evidência, se mostra mais condizente.[20]

Felizmente, a situação conflitiva haverá de ser solucionada pelo órgão jurisdicional revisor, que no caso do Estado de São Paulo é único – a Câmara Especial do Tribunal de Justiça.[21]

---

20. De logo, cumpre consignar nosso entendimento no sentido de que a limitação trazida pela Lei 9.494/1997 é incompatível com o sistema da jurisdição civil coletiva e violadora dos princípios constitucionais da igualdade e do amplo acesso ao Judiciário. A propósito, v. o Capítulo 11, tópico 11.6.2, *infra*.
21. Cf. o art. 188, I, do Regimento Interno do Tribunal de Justiça. A propósito, v. Paulo Lúcio Nogueira, *Estatuto*..., p. 309.

10

A COMPETÊNCIA EXTRAORDINÁRIA DO PRESIDENTE DO TRIBUNAL PARA SUSPENDER A EXECUÇÃO DE DECISÕES CONTRÁRIAS AO PODER PÚBLICO

10.1 Previsão legal e natureza jurídica. 10.2 Natureza da competência deferida ao presidente do tribunal, excepcionalidade e objetivo do pedido de suspensão. A relação entre a medida e o recurso de agravo. 10.3 Hipóteses de cabimento: análise do manifesto interesse público previsto nos arts. 4º da Lei 8.437/1992 e 12, § 1º, da Lei 7.347/1985. O conflito entre os interesses públicos primário e secundário. 10.4 Os legitimados a postular a suspensão e a oitiva do Ministério Público. 10.5 A concomitância do pedido de suspensão e do recurso apropriado. 10.6 O pedido de suspensão dirigido ao presidente de Tribunal Superior, a reiteração do pleito e o recurso regimental.

10.1 Previsão legal e natureza jurídica

O art. 12, § 1º, da Lei federal 7.347/1985, valendo-se de anterior experiência contida no art. 4º da Lei 4.348/1964 (que estabelece normas processuais acerca do mandado de segurança), culminou por deferir ao presidente do tribunal competente para o julgamento de eventual recurso tirado em sede de ação civil pública o poder de "suspender a execução da liminar" prevista no *caput* do dispositivo quando "a requerimento de pessoa jurídica de direito público interessada" e com o objetivo de "evitar grave lesão à ordem, à saúde, à segurança e à economia pública".

Posteriormente, a Lei federal 8.437/1992, em seu art. 4º, trouxe princípio de similar magnitude, dizendo, não obstante, que a suspensão da liminar também se fará possível nas hipóteses de "manifesto interesse público ou flagrante ilegitimidade".

Inovação importante trazida pela Lei 8.437/1992, no particular, consta de seu art. 4º, § 1º, o qual estende a competência do presidente do tribunal para a concessão de efeito suspensivo mesmo aos recursos interpostos em sede de ação civil pública, podendo por tal meio, inclusive, inibir a execução provisória da sentença ou de acórdão, o que de ordinário se mostra cabível tendo em vista o disposto no art. 14 da Lei 7.347/1985.

De início, cumpre considerar que o poder conferido ao presidente do tribunal por força dos dispositivos em comento se estende não apenas às liminares tal como previstas no art. 12 da Lei 7.347/1985, mas a medidas cautelares de todo gênero, nestas incluídas as tutelas antecipatórias previstas nos arts. 84, § 3º, do Código de Defesa do Consumidor e 213, § 1º, do Estatuto da Criança e do Adolescente.

Importante que afiancemos, também de logo, a natureza do pedido com o qual estamos lidando.

Isso porque o objetivo do pleito suspensivo não é obter a revogação da ordem liminar, sua cassação: a medida continuará a existir materialmente nos autos, contudo *não poderá ser executada*, tendo em vista a decisão superior.

Mercê do exposto, o art. 4º da Lei 8.437/1992 – assim como o art. 12, § 1º, da Lei federal 7.347/1985 – não tratou de um tipo diferente de recurso (que deve objetivar a reforma da decisão, devolvendo ao órgão *ad quem* o conhecimento da matéria), nem, tampouco, de uma ação incidental: em verdade, a natureza jurídica do pleito é a de autêntico requerimento, formulado *incidenter tantum* e destinado a impugnar a eficácia do ato jurisdicional que deferiu ordem liminar – e não seu conteúdo.

Com efeito, "esse pedido não tem a natureza de recurso porque, embora tenha sido utilizado durante muito tempo como se fosse recurso, ele não devolve a matéria ao presidente do tribunal. No pedido de suspensão de segurança há o princípio dispositivo, mas não há o efeito devolutivo característico dos recursos. Percebe-se que quando se requer a suspensão de segurança ao presidente não se tem por fundamento o erro ou desacerto do juiz ou da decisão, cuja eficácia se pretende suspender, mas tão-somente se pleiteia que o presidente do tribunal, caso exista o risco concreto, iminente, imprevisível e atual, suspenda a execução (eficácia) da decisão prolatada. Caso o presidente a suspenda, deve deixar incólume o conteúdo da decisão".[1]

10.2 Natureza da competência deferida ao presidente do tribunal, excepcionalidade e objetivo do pedido de suspensão.

A relação entre a medida e o recurso de agravo

Patente sua natureza jurídica, alguns fatos importantes relacionados ao pleito de suspensão devem ser destacados.

De início, cumpre consignar que a competência com a qual estamos lidando é – segundo Marcelo Abelha Rodrigues[2] – absoluta, do tipo funcional e originária.

Consideradas sua natureza e as limitações do poder decisório por seu intermédio deferido ao órgão incumbido de analisá-lo, o pedido de suspensão previsto nos dispositivos em comento é excepcional, como advertem Nélson Nery Júnior e Rosa Maria de Andrade Nery.[3]

De fato, a sistemática processual contempla recursos próprios e adequados para cada uma das hipóteses de que estamos tratando (decisões de cunho liminar ou terminativas de mérito), a eles confiando a devolutividade e prevendo a possibilidade de concessão de efeito suspensivo (conforme os arts. 14 da Lei 7.347/1985 e 527, II, do CPC).[4]

Em corolário, a medida suspensiva não é sucedâneo do recurso cabível contra a decisão que defere pleito liminar – o agravo.

1. Cf. Marcelo Abelha Rodrigues, "A suspensão da segurança", in Carlos Ari Sundfeld e Cássio Scarpinella Bueno (coords.), *Direito Processual Público – A Fazenda Pública em Juízo*, p. 152. No mesmo sentido: Teori Albino Zavascki, *Antecipação da Tutela*, p. 175; Carvalho Filho, *Ação Civil Pública: Comentários por Artigos*, p. 280; Nery e Nery, *Código de Processo Civil Comentado*, p. 1.432.
2. "A suspensão da segurança", in Carlos Ari Sundfeld e Cássio Scarpinella Bueno (coords.), *Direito Processual Público –...*, p. 156.
3. *Código...*, p. 1.432. Tratando da hipótese prevista no art. 4º da Lei 4.348/ 1964, o Min. Cordeiro Guerra já advertia que a suspensão é medida excepcional, que visa à defesa de "altos valores previstos pela norma", de "interesses superiores" (cf. SSeg 137, *RTJ* 118/861), motivo por que deve ser aplicada "com parcimônia" e com lastro em "interpretação estrita", de acordo com o Min. Sidney Sanches (SSeg 432, *RTJ* 144/98). Também apregoando a excepcionalidade da medida, v. STJ, 1ª S., AgRg na Recl. 734-RN, rel. Min. Nancy Andrighi, *DJU* 22.5.2000, p. 62.
4. Impende ressaltarmos que, em face do art. 14, em comento, o presidente do tribunal *a quo* pode conferir efeito suspensivo mesmo a recursos especiais ou extraordinários.

COMPETÊNCIA PARA SUSPENDER EXECUÇÃO DE DECISÕES

Convivemos, na hipótese, com dois mecanismos procedimentais que têm por escopo cercear os efeitos da decisão judicial.

Dentre eles, no entanto, diferença essencial há: tratando-se de autêntico procedimento de impugnação, o agravo possui a natureza jurídica de recurso.

Como tal, é o meio hábil para a obtenção da reforma do julgado quanto à sua substância – e não mero pleito de suspensão dos respectivos efeitos.

Em corolário, os meios procedimentais em análise não podem ser confundidos, especialmente no que toca à formulação de pleito de suspensão dos efeitos da ordem liminar.

Assim é que em sede de recurso de agravo a concessão de efeito suspensivo (prevista no art. 527, II, do CPC) dependerá da presença não apenas do denominado *periculum in mora*, mas também do *fumus boni juris*. Na hipótese, portanto, o relator necessariamente avaliará a plausibilidade do direito postulado pelo recorrente como condição para que venha a conceder efeito suspensivo.[5]

Em contrapartida, a suspensão da execução da liminar carece apenas da verificação de um dos mencionados requisitos – ou seja, do grave risco de lesão social que poderia advir do cumprimento da decisão de primeira instância.[6]

De mencionado cotejo podemos extrair que o meio adequado para a impugnação da liminar é o recurso, forma ordinária trazida pela sistemática processual civil.

Contudo, dadas determinadas situações específicas – em que o conteúdo da decisão liminar se mostre irretocável, mas a respectiva execução possa gerar um prejuízo social irreversível e de significativo impacto –, houve por bem o legislador traçar mecanismo de defesa específico das pessoas jurídicas de direito público, dispensando-as, no caso concreto, de discutir a justeza ou a legalidade da decisão do órgão jurisdicional *a quo*.

---

5. Cf., dentre outros, Barbosa Moreira, *O Novo Processo Civil Brasileiro*, p. 145.
6. Cf., dentre outros: Mazzilli, *A Defesa dos Interesses Difusos em Juízo*, p. 444; Mancuso, *Ação Civil Pública*, p. 140; Meirelles, *Mandado de Segurança, Ação Popular, Ação Civil Pública, Mandado de Injunção, "Habeas Data", Ação Direta de Inconstitucionalidade, Ação Declaratória de Constitucionalidade e Argüição de Descumprimento de Preceito Fundamental*. 24ª ed., pp. 172-173.

Nessa esteira, o objetivo da medida é unicamente o de sustar a execução do *decisum* que originou o incidente, o qual subsiste materialmente no processo em que lançado, muito embora seu comando não possa ser cumprido.

Conferindo a análise do requerimento a órgão singular – o presidente do tribunal – e não colegiado; contentando-se com a análise do *periculum in mora*; não prevendo a necessidade de resposta; elencando de forma exaustiva as hipóteses em que o pleito pode ser formulado, por certo que o legislador criou mecanismo excepcional, cuja utilização deve estar moldada a requisitos bastante estreitos.[7]

10.3 Hipóteses de cabimento: análise do manifesto interesse público previsto nos arts. 4º da Lei 8.437/1992 e 12, § 1º, da Lei 7.347/1985.

O conflito entre os interesses públicos primário e secundário

A Lei da Ação Civil Pública previu a possibilidade de suspensão das decisões liminares para as hipóteses de grave risco de lesão à ordem, à saúde, à segurança ou à economia públicas.

Como que a querer ampliar o rol em comento, a Lei 8.437/1992 falou, também, em suspensão nas hipóteses de manifesto interesse público ou de flagrante ilegitimidade.

Temos para nós que os acréscimos trazidos por mencionada lei são de todo despiciendos, decorrentes de atecnicismo legislativo.

De início, a lei fala em *flagrante ilegitimidade*, nada mais referindo acerca do alcance da expressão.

Parece-nos que a norma quis se referir ou ao descabimento, no caso concreto, da concessão da medida judicial objeto do pedido de suspensão – por incompetência do juiz ou por ausência de previsão legal específica –, ou a uma das condições da ação, consistente na legitimidade da parte que postula ou em face de quem a medida é pleiteada.

---

7. Em mencionado sentido, v. TJSP, AgRg 14.987-0/2, rel. Des Odyr Porto, *RT* 689/134. Segundo a decisão: "O âmbito de apreciação de pedido fundado no art. 12 da Lei n. 7.347 de 24.7.1985, é estrito, exatamente porque a providência é excepcionalíssima, reservada à potencialidade de riscos graves à saúde, ordem, segurança ou economia públicas. Somente quando nítida a possibilidade de vulneração desses valores é que se permite arredar a decisão do juízo monocrático".

Em qualquer dos casos, no entanto, a solução deveria ser a mesma: o aparelhamento de medidas recursais pertinentes com o escopo de obter a correção do comando jurisdicional.

Isso porque o pleito suspensivo, como vimos, não tem por finalidade obter a reforma da decisão, de sorte a corrigi-la ante vícios procedimentais, mas tão-somente obstar à respectiva execução – e por tempo determinado (até que a sentença substitua a medida de natureza cautelar ou que o pertinente recurso seja julgado).

Em mencionado contexto, não vemos como o pedido de suspensão possa contribuir, de qualquer forma, para sanar situação de ilegitimidade vigente no processo em que gerado – motivo por que entendemos injustificável o acréscimo trazido pela norma mais recente.

A expressão *manifesto interesse público*, por seu turno, em nada ampliou o cabimento do pleito suspensivo.

De fato, mencionado interesse, em nosso sentir, encontra-se subsumido nos bens jurídicos descritos no art. 12, § 1º, da Lei 7.347/1985 – quais sejam, saúde, segurança, ordem e economia públicas.

E, se assim o é, não precisaria o art. 4º fazer alusão a manifesto interesse público e aos valores sociais acima descritos: ao elencá-los em seqüência, como se alternativos fossem, a norma se tornou repetitiva, em evidente superfetação.

Postas mencionadas premissas, incumbe-nos tratar dos bens jurídicos descritos no art. 12, § 1º, da Lei 7.347/1985.

Vimos na parte inicial do presente trabalho que a ordem pública é um dos pilares de sustentação do próprio Estado de Direito.

De fato, somente haveremos de falar em *Estado* se existir uma sociedade politicamente organizada, cujos integrantes respeitem os mesmos valores e aceitem a força vinculativa decorrente das decisões oriundas dos Poderes constituídos.

Nesse sentido, o resguardo da ordem pública é garantia de subsistência do Estado de Direito, sendo que a lesão a tal interesse compromete, mesmo, as instituições públicas e a própria soberania, atributo da organização política do povo.

A segurança e a saúde públicas, por outro lado, são valores cuidadosamente cultivados pela própria Constituição Federal (arts. 144 e 196), possuindo a natureza de direitos individuais e sociais – e, como tais, cláusulas pétreas, nos termos do art. 60, § 4º, IV, da Carta de Princípios.

À evidência que toda e qualquer lesão ou ameaça de lesão a tais patrimônios deve ser veementemente combatida pelo Poder Público, em defesa da própria "dignidade da pessoa humana, erigida como fundamento do Estado Democrático de Direito (art. 1º, III, da CF)".[8]

Como se observa, os valores acima descritos espelham nítida preocupação do legislador com o interesse público primário – e não com os interesses próprios e peculiares da Administração.

Assim, a possibilidade de suspensão conferida ao presidente do tribunal estaria jungida à defesa dos denominados *interesses sociais* – e não administrativos.

Em outras palavras, caso as hipóteses de suspensão estivessem restritas a questões inerentes à saúde, à segurança e à ordem públicas o incidente processual estaria mesmo a merecer louvor, pois demonstraria a efetiva preocupação do legislador em fazer prevalecer o interesse social sobre qualquer outro valor, ainda que próprio da Administração.

Não obstante, a lei trouxe quarta possibilidade (a qual, diga-se, é de longe a mais utilizada), consistente na suspensão por motivo de resguardo à economia pública.

Poderíamos interpretar a tutela da ordem econômica dentro do mesmo quadro em que inserimos os demais valores descritos no art. 12, § 1º, da Lei 7.347/1985, ou seja, como direito individual e social, nos termos do art. 170 da Magna Carta.

Nesse sentido, o pleito de suspensão mostrar-se-ia cabível caso a poupança popular, a moeda nacional e seu valor (*v.g.*) fossem ameaçados em face de uma ordem judicial.

No entanto, a interpretação que vem sendo emprestada pela jurisprudência à expressão caminha em sentido distinto, posto abarcar também o resguardo das finanças públicas ou a "ordem administrativa geral".[9]

Assim, o valor em comento vem sendo utilizado para a defesa da própria Administração (ou seja, do denominado *interesse público se-*

---

8. Lúcia Valle Figueiredo, "Ação civil pública: considerações sobre a discricionariedade na outorga e no pedido de suspensão da liminar, na concessão de efeito suspensivo aos recursos e na tutela antecipatória", in Édis Milaré (coord.), *Ação Civil Pública – 10 Anos*, p. 343.
9. Cf. decisão do Tribunal Federal de Recursos tirada na SSeg 4.405, *DJU* 7.12.1979, p. 9.221, *apud* Sérgio Ferraz, "Provimentos antecipatórios na ação civil pública", in Édis Milaré (coord.), *Ação Civil Pública – 10 Anos*, p. 457.

cundário), sendo correlacionado aos princípios insertos no art. 37 da Magna Carta.[10]

Diante do exposto, o pedido de suspensão parece ter por escopo o resguardo não apenas do interesse genuinamente social, como, também, daquele inerente aos negócios da Administração Pública.

Resta apreciarmos dita realidade ante situações absolutamente comuns em sede de ação civil pública, consistentes no conflito entre os interesses primário e secundário – ou seja, entre a vontade social e a ordem emitida pelo administrador.

Como é cediço, o deferimento de medidas liminares ou antecipatórias de tutela tem finalidade tipicamente acautelatória, de resguardo do direito material e de efetividade do processo.[11]

Vimos, outrossim, que a velocidade com que os rumos sociais se alteram nos dias de hoje não mais comporta ritos procedimentais arcaicos e repletos de mecanismos destinados a postergar o objetivo da prestação jurisdicional – que é o de dar a cada um o que é seu.

Em virtude de tais fatos, as reformas procedimentais procuram conferir cada vez maior importância às medidas liminares, culminando, nas recentes alterações feitas no Código de Processo Civil, por prever a antecipação de tutela em seu art. 273.

Bem de ver que o disposto no art. 273 do Código de Processo Civil novidade alguma traduz em sede de resguardo dos interesses metaindividuais, pois seus efeitos são os mesmos daqueles que decorrem dos arts. 84, § 3º, do Código de Defesa do Consumidor e 213, § 2º, do Estatuto da Criança e do Adolescente, sujeitando-se, no entanto, a rigorismos maiores do que os constantes destes últimos dispositivos (*v.g.*, a "prova inequívoca" da existência do direito, apregoada pelo *caput* do art. 273).

De mencionados argumentos devemos extrair que a antecipação de tutela é vazada na defesa de um direito não apenas possível, mas provável, que está sendo ameaçado de sofrer lesão irreversível.

Pois bem: ao falarmos em antecipação de tutela na defesa de interesses metaindividuais, por certo que um dos fundamentos da decisão que vier a concedê-la será o da possível irreversibilidade de lesão social.

---

10. Cf. Lúcia Valle Figueiredo, "Ação civil pública:...", in Édis Milaré (coord.), *Ação Civil Pública* –..., pp. 343-344.
11. V., a propósito, Vigliar, *Tutela Jurisdicional Coletiva*, pp.166 e ss.

Como vimos, o disposto nos arts. 4º da Lei 8.437/1992 e 12, § 1º, da Lei 7.347/1985 caminha exatamente no mesmo sentido: a suspensão da liminar por ato do presidente do tribunal somente se fará possível caso haja grave ameaça de lesão a interesse de cunho social – neste inseridos tanto o interesse público primário quanto o secundário.[12]

Surge de mencionado raciocínio a conclusão de que o choque entre interesses de expressiva magnitude social é rotineiro quando da análise do requerimento de suspensão da liminar em sede de ação civil pública: se de um lado temos uma decisão judicial vazada na plausibilidade do direito invocado e na urgência da adoção de medidas visando a assegurá-lo, de outro temos a exposição de fatos cujo escopo é o de demonstrar que a premência na execução da ordem encontra óbices de maior relevância social, retratados no pleito suspensivo.

Nessa quadra, incumbe ao presidente do tribunal não apenas apreciar o pleito de suspensão, mas fazê-lo à luz dos motivos ensejadores do deferimento do pedido liminar ou antecipatório da tutela, cotejando os valores que são dados à sua avaliação, antes de adotar qualquer medida.[13]

Isso porque, muito embora não lhe caiba discutir o acerto do comando judicial que deu ensejo à medida incidental, o certo é que sua decisão poderá vir a ocasionar o perecimento do direito tratado na demanda e protegido cautelarmente, o qual – repisamos – possui dimensões sociais relevantes.

Com efeito, suspender a execução do comando cautelar implica tornar a medida letra morta dentro do processo, com a explícita condenação dos titulares do direito material no dever de aguardarem todo o desenrolar de ritos procedimentais arcaicos e morosos para – com muita sorte, e se ainda não tiverem perecido – virem a usufruir do bem da vida que lhes é assegurado pelo ordenamento jurídico.

12. Pois "somente quando nítida a vulneração dos valores citados pelo referido artigo (...) é que se permite arredar decisão do juízo monocrático" (TJSP, AgRg 14.987, rel. Des. Odyr Porto, j. 13.5.1992; no mesmo sentido: TJSP, AgRg 19.015-0, rel. Des. Ney Almada, j. 20.4.1994).

13. Como exemplo de mencionado cotejo, v. TJSP, Pleno, AgRg 60.007-0, rel. Des. Dirceu de Mello, j. 7.4.1999. A hipótese tratava da suspensão de liminar que sustou os efeitos de contrato administrativo emergencial firmado para a prestação de serviços médico-hospitalares, celebrado tendo em conta a anterior suspensão, em outra demanda, de processo licitatório cujo objeto era a prestação de mencionados serviços. A suspensão da liminar foi deferida tendo em conta o grave risco de lesão à saúde pública.

As medidas de cunho liminar têm o firme escopo de assegurar o direito, visando a obstar ao seu perecimento mercê do trâmite procedimental.

A medida suspensiva com a qual estamos lidando, pois, tem o condão de postergar obrigação que, não raras vezes, é certa e inquestionável, sob o argumento da tutela de bem jurídico de maior relevância.

A justiça, em tais casos, pode vir de forma tardia. E justiça tardia, sabemos todos, não é justiça.

O cotejo dos valores é imprescindível. Sua ausência implica flagrante violação ao princípio do devido processo legal e negativa de oferta da prestação jurisdicional justa e equilibrada.

Cumpre consignar, ademais, que o cotejo de valores a ser feito pelo presidente do tribunal não se encontra dentro de esfera discricionária alguma: em verdade, o próprio ordenamento oferece os mecanismos necessários para a solução da quizila, para o sopesamento dos bens jurídicos em confronto e para a adoção da postura que melhor venha a se adequar à defesa dos interesses sociais.

E dentro do ordenamento a decisão haverá de pautar-se, abstraindo toda e qualquer avaliação de cunho metajurídico — como a de natureza política.[14]

Cuidemos de exemplo típico de tal conflito.

A Constituição da República, em seu art. 208, I, comete ao Poder Público o dever de ofertar o ensino fundamental universal e gratuito, que é um direito público subjetivo.

Suponhamos, no entanto, que, deferida tutela liminar em ação civil que tenha por finalidade assegurar mencionado direito, o Poder Público se dirija ao presidente do tribunal e, pelo incidente de que estamos tratando, postule a suspensão do cumprimento da ordem, sob o argumento de resguardo da economia pública, que supostamente seria afetada pela necessidade premente da construção de diversos estabelecimentos para dar cabo da demanda, com prejuízo para o atendimento de outros objetivos da Administração, em face de suas diretrizes orçamentárias.

Lidamos no caso vertente com autêntico conflito entre um interesse público primário (das crianças e adolescentes) e um secundário, consubstanciado em supostos riscos à ordem administrativa e ao Erário.

14. A propósito, v. Cássio Scarpinella Bueno, *Liminar em Mandado de Segurança*, pp. 221 e ss.

Não obstante – e como dissemos –, o Direito contempla instrumentos para a solução de mencionado choque entre princípios.

E a solução, no caso posto, decorreria da própria análise da Carta da República, que, a par de conferir ao ensino fundamental a condição de direito público subjetivo e de apregoar ser dever da Administração garantir a universalidade de acesso e a regularidade de sua oferta (art. 208), afiança, literalmente, que o direito à educação de crianças e adolescentes deve ser assegurado com prioridade absoluta (cf. art. 227).

Ora, se a própria Constituição Federal atribui hierarquia entre os direitos que assegura, à evidência que a decisão do presidente do tribunal é vinculada – e não discricionária –, sendo certo que se vier a ser prolatada em detrimento das crianças e dos adolescentes, e em privilégio a suposta lesão à ordem econômica (*rectius*, aos cofres públicos), sua incorreção será patente.

Em que pese o fato, não raras vezes temos deparado com decisões suspensivas do gênero, em que se privilegia o interesse da Administração em detrimento do social, sob os auspícios de deturpada visão acerca das dimensões reais da discricionariedade cometida ao gestor público e do sistema de freios e contrapesos que rege a harmônica relação entre as funções exercidas pelos Poderes do Estado.[15]

15. A propósito da discricionariedade administrativa e do papel que o Judiciário deve exercer em um Estado Democrático de Direito, controlando a legalidade dos atos praticados pelo Executivo e interferindo em seu próprio mérito, quando necessário para a defesa de interesses sociais resguardados de modo prioritário por nossa Carta de Princípios, cumpre relembrarmos trecho – por nós já citado – da mensagem encaminhada pelo Presidente Theodore Roosevelt ao Congresso Americano em 8.12.1908: "Os principais criadores do Direito (...) podem ser, e freqüentemente são, os juízes. Toda vez que interpretam um contrato, uma relação real (...) ou as garantias do processo e da liberdade, emitem necessariamente no ordenamento jurídico partículas dum sistema de filosofia social; com essas interpretações, de fundamental importância, emprestam direção a toda atividade criadora do Direito. As decisões dos tribunais sobre questões econômicas e sociais dependem da sua filosofia econômica e social (...)" (*apud* Cappelletti, *Juízes Legisladores?*, "Introdução").

Como se observa, há um século o Chefe do Executivo de um dos países mais influentes do mundo reconhecia a importância do Judiciário no desenvolvimento das próprias políticas públicas, como guardião dos direitos sociais e individuais e intérprete das normas. Passado todo esse tempo, em nosso Brasil por vezes o próprio Judiciário se nega mencionado papel, preferindo privilegiar a vontade do administrador a cumprir sua grave missão de assegurar sejam materializados os princípios insertos no ordenamento jurídico – inclusive na Constituição Federal. Dita postura é de ser urgentemente revista, sob pena de colocar em risco a credibilidade e a independência de tal Poder, incapaz de lidar de forma adequada com os interes-

Vezes há, até mesmo, em que temos nos deparado com pleitos suspensivos singelos, com argumentos pífios e despidos de qualquer elemento de prova da relevância dos motivos ensejadores do pedido – o que, à evidência, sabe a disparate: se o deferimento da suspensão é excepcional, obviamente que o requerimento respectivo deve conter "a indicação exuberante com os elementos factuais de prova de que a lesão está por se verificar" e afetará qualquer dos valores previstos nos dispositivos em exame.[16]

Mencionadas decisões revelam faceta antiquada e incondizente com a importância do Poder Judiciário, posto não atinarem para a existência de direitos sociais, que devem sobrepor-se, no mais das vezes, ao interesse da Administração.

Em corolário, suspensões baseadas em tal raciocínio se nos afiguram miúdas, pautadas em critérios eminentemente discricionários e externos aos mecanismos jurídicos, revelando autêntico abuso do poder conferido pelos dispositivos legais em análise, que visam à proteção do bem jurídico mais relevante quando presente confronto entre interesses públicos – o qual não é, tornamos a enfatizar, o da Administração.

E, se abuso há, a postura fere de morte o princípio do devido processo legal, consagrado pelo art. 5º, LIV, da Magna Carta.

10.4 Os legitimados a postular a suspensão e a oitiva do Ministério Público

As normas de que estamos tratando facultam a utilização do pleito suspensivo apenas aos órgãos públicos interessados.

Assim, de início devemos deixar claro que as pessoas físicas ou jurídicas de direito privado não podem lançar mão da medida.

Não obstante tenham personalidade jurídica de direito privado, as empresas públicas estarão legitimadas a formular o pedido, segundo maciça jurisprudência de nossos Tribunais Superiores e corrente doutrinária dominante, "quando a medida se relacionar com aspectos públicos ligados à sua área de atuação".[17]

ses mais caros à população, fato que gera insegurança social e que coloca em risco a subsistência do próprio Estado Democrático de Direito, posto tolerar e estimular a incrível hipertrofia do Executivo a que hoje estamos a assistir.
16. Cf. Lúcia Valle Figueiredo, "Ação civil pública:...", in Édis Milaré (coord.), *Ação Civil Pública* –..., p. 344.
17. Cf. Marcelo Abelha Rodrigues, "A suspensão...", in Carlos Ari Sundfeld e Cássio Scarpinella Bueno (coords.), *Direito Processual Público* –..., p. 155. No

Ousamos, não obstante, dissentir do respeitável ensinamento acima exposto.

Isso porque cuidamos, na hipótese, de norma excepcionalíssima, vez que capaz de sustar, por intermédio de uma única penada, a executividade de decisões judiciais tiradas em sede de liminar ou após amplo contraditório.

Norma excepcional que é – e atentos à sua literalidade –, temos para nós deva ser interpretada restritivamente, como aconselha a hermenêutica jurídica.

Com efeito, se descabe ao presidente do tribunal firmar sua decisão em motivo outro que não os elencados pela lei, devendo fazê-lo, outrossim, de modo fundamentado, cremos que a mesma regra de interpretação deve ser utilizada quanto aos legitimados à instauração do incidente.

E, assim sendo, não compactuamos, vênia concedida, com a extensão do conceito de *pessoa jurídica de direito público interessada*, para abarcar entes que possuam personalidade de direito privado, ainda que se possa, ante determinadas circunstâncias, equipará-las "a entidade de direito público", conforme citado por Marcelo Abelha Rodrigues.[18]

Equiparar, no caso, decorre de interpretação – e extensiva.

Como estamos frente a norma excepcional, a equiparação citada fere a regra de hermenêutica de que acima cuidamos.[19]

Mas não é só: o controle de valores sociais de suma relevância, ensejadores da adoção da medida extraordinária em análise, não nos parece deva ser efetuado por pessoa jurídica que tenha por escopo precípuo explorar "atividade econômica de produção ou comercialização de bens ou prestação de serviços", como apregoado pelo art. 173, § 1º, da Constituição Federal.

---

mesmo sentido: Cássio Scarpinella Bueno, *Liminar...*, pp. 228-229; Nery e Nery, *Código...*, pp. 1.432/1.433. Em mencionado sentido, v. *RTJ* 124/406 e *RSTJ* 54/427, dentre outras.

18. "A suspensão...", in Carlos Ari Sundfeld e Cássio Scarpinella Bueno (coords.), *Direito Processual Público* –..., p. 155.

19. Tendo em vista justamente a interpretação restritiva é que negamos, de igual sorte, o direito dos órgãos públicos despersonalizados de postularem a indigitada suspensão, sem embargo de o Código de Defesa do Consumidor, em seu art. 82, III, ter a eles conferido legitimidade ativa para a propositura de ação civil pública.

Impende destacarmos que os argumentos susoexpostos não nos levam a concluir pelo descabimento da adoção da medida nas ações em que determinada empresa pública figure na qualidade de parte: ao reverso, entendemos que o pleito de suspensão ainda aqui se fará possível.

Não obstante, sua iniciativa não estará afeta à empresa pública, mas sim à pessoa política que a controle ou ao próprio Ministério Público, entes incumbidos de avaliar a presença de algum dos relevantes valores sociais teoricamente resguardados pelos arts. 4º da Lei 8.437/ 1992 e 12, § 1º, da Lei 7.347/1985, ainda que os mesmos não participem da relação processual originária.

Isso porque a lei fala em *órgão público interessado* – e não em *parte da relação jurídico-processual.*

Assim sendo, tendo em vista as finalidades constitucionais da empresa pública – as quais, de ordinário, refogem à defesa dos valores sociais ensejadores do pleito de suspensão –, considerando, outrossim, a literalidade da norma, temos para nós não lhe deva ser facultado o uso do mecanismo em comento: caso dele necessite em determinado caso concreto, deverá a pessoa jurídica solicitar o concurso de seu controlador ou do próprio Ministério Público, aos quais incumbe avaliar e sopesar se a possível suspensão da ordem judicial imporá a defesa de um bem jurídico de maior relevância em cotejo com aquele objeto de resguardo pela decisão lançada.

Em face do acima exposto, parece claro que o Ministério Público pode fazer uso da medida suspensiva em estudo.

Com efeito, em que pese não possuir a Instituição personalidade jurídica própria, ela se encontra inserida na estrutura do Estado, competindo-lhe a "defesa da ordem jurídica, do regime democrático e dos interesses sociais e individuais indisponíveis", nos termos do art. 127 da Constituição Federal.

Exercendo uma parcela da soberania estatal, inserida na estrutura orgânica do Poder e detendo graves misteres constitucionais, não vemos como negar à Instituição o uso do mecanismo excepcional em análise.

Aliás, tendo em conta a extrema relevância dos bens jurídicos tutelados pelos arts. 12, § 1º, da Lei 7.347/1985 e 4º da Lei 8.437/1992, cremos que o Ministério Público não apenas possa propor a medida como, também, deva ser obrigatoriamente ouvido antes de lançada a decisão pelo presidente do tribunal, ainda que tenha sido o autor da demanda em que se originou o incidente.

Com efeito, se o Ministério Público é órgão interveniente obrigatório em todas as ações civis públicas (art. 5º, § 1º, da Lei 7.347/1985), devendo, outrossim, intervir em todas as causas em que haja interesse público (art. 82, III, do CPC) e "zelar pelo efetivo respeito dos Poderes Públicos e dos serviços de relevância pública aos direitos assegurados" pela Constituição, "promovendo as medidas necessárias à sua garantia" (art. 129, II, da Magna Carta), negar sua intervenção no incidente em análise significa verdadeiro atentado à ordem jurídica posta, com nova violação ao princípio do devido processo legal.

Nesse sentido, a previsão de que o presidente do tribunal *poderá ouvir o Ministério Público*, contida no art. 4º, § 2º, da Lei 8.437/1992, antes de expressar faculdade, possui a natureza de autêntico dever, cujo descumprimento acarreta a nulidade absoluta do comando judicial, nos termos do art. 84 do Código de Processo Civil, pois se estará impedindo o órgão incumbido da defesa dos interesses sociais de exercer misteres que lhe foram cometidos pela própria Constituição Federal.[20]

Finalmente, cumpre consignar que o incidente processual em comento não comporta necessariamente o contraditório, pois a oitiva da parte contrária é meramente facultativa, a teor do disposto no art. 4º, § 2º, da Lei 8.437/1992.[21]

10.5 A concomitância do pedido de suspensão e do recurso apropriado

Interposto o incidente em face de decisão judicial terminativa (sentença ou acórdão), seus efeitos, de ordinário, haverão de perdurar até o julgamento do respectivo recurso.

Com efeito, o pedido de suspensão em casos que tais somente se justifica enquanto os efeitos da coisa julgada não vierem a cobrir a decisão judicial, de sorte que a interposição do recurso cabível é condição necessária para seu deferimento.

---

20. No sentido da obrigatoriedade da oitiva, v. Nery e Nery, *Código...*, p. 1.432, nota 11 – em que é citado, inclusive, assento regimental do 1º Tribunal de Alçada Civil de São Paulo contendo mencionada previsão. Sem embargo, o Presidente do Tribunal de Justiça do mesmo Estado vem, de forma reiterada, lançando suas decisões de plano, sem ouvir a Instituição – o que, em nosso sentir, enseja nulidade absoluta, a teor do já citado art. 84 do Código de Processo Civil.
21. Exceto quando a parte contrária for o Ministério Público, na forma acima exposta.

Interessante questão, no entanto, diz respeito à necessidade de interposição do recurso de agravo de instrumento caso a suspensão esteja dirigida contra decisão judicial de natureza acautelatória.

Doutrinadores há sustentando que a pessoa jurídica de direito público interessada deveria, inicialmente, lançar mão do recurso adequado visando a impugnar a decisão acautelatória – o agravo –, apenas podendo utilizar-se do incidente de que estamos tratando na hipótese de não lograr obter em mencionada sede o desejado efeito suspensivo.[22]

Em que pese o raciocínio acima exposto se mostrar tentador, temos para nós inexista mencionada necessidade, mesmo porque as medidas possuem finalidades distintas, como anteriormente dissemos.[23]

Com efeito, hipóteses há em que o mérito do comando judicial é irretorquível, posto que vazado, v.g., na exata letra da Constituição Federal.

Exemplo típico de tal situação é aquele que acima retratamos, quanto à garantia de acesso ao ensino fundamental apregoada pelo art. 208, I, da Constituição da República: alguém, em sã consciência, poderia sustentar a injuridicidade de ordem cautelar cujo escopo fosse o de emprestar efetividade a mencionado princípio?

Certamente que não.

Dessa forma, a interposição do recurso de agravo na espécie mostrar-se-ia medida de todo protelatória, sendo extremamente difícil concebermos a concessão do efeito suspensivo previsto no art. 527, II, do Código de Processo Civil na hipótese, tendo em vista a absoluta inexistência do *fumus boni juris*.

Não obstante – e como acima dissemos –, o incidente de suspensão é de perfeito cabimento no caso, posto que voltado apenas à análise do perigo iminente da eclosão de um dano social de vulto ímpar por conta do imediato cumprimento da ordem lançada dentro do processo.

Em mencionado sentido, lançar mão do recurso de agravo parece mesmo despiciendo, pois o órgão público interessado não tenciona questionar o conteúdo da decisão, mas apenas sustar-lhe a executividade.[24]

---

22. Cf., dentre outros, Mazzilli, *A Defesa...*, p. 444.
23. A propósito, o tópico 10.2, *supra*.
24. Neste sentido, cf.: Nery e Nery, *Código...*, pp. 1.432/1.433; Marcelo Abelha Rodrigues, "A suspensão...", in Carlos Ari Sundfeld e Cássio Scarpinella Bueno (coords.), *Direito Processual Público* –..., pp. 156-157; Zavascki, *Antecipação da Tutela*, pp. 177-178.

Interessante questão surge, no entanto, quando as medidas são adotadas de forma simultânea.

Em tais casos parece-nos evidente que a decisão exarada no recurso de agravo haverá de prevalecer caso se mostre incompatível com a suspensão determinada pelo presidente do tribunal.

Com efeito, o colegiado incumbido do julgamento do recurso é o juiz natural para rever a matéria objeto da decisão impugnada, cujo conhecimento lhe é inteiramente devolvido – e não apenas sob o prisma do conteúdo por ela tratado, mas também quanto aos riscos decorrentes de sua imediata execução.

Exercendo juízo recursal perante contraditório pleno e com elementos de convicção de regra muito mais seguros do que aqueles insertos em medida incidental e sujeita a decisão por órgão singular, por certo que o comando oriundo da Turma Julgadora, no sentido de improver o agravo, torna insubsistente a decisão suspensiva lançada pelo presidente do tribunal, como, de resto, o faz com relação a idêntico efeito se conferido em juízo liminar pelo relator do recurso na forma do art. 527, II, do Código de Processo Civil.[25]

Entender-se de forma contrária seria tornar o recurso de agravo, em tais casos, autêntica letra morta: se o órgão público agravante alçar sucesso em mencionada via, tanto melhor; se vier a ter seu pleito rejeitado, no entanto, conseqüência prática alguma lhe advirá, por força da suspensão determinada pelo presidente do tribunal – o que, à evidência, sabe a disparate.[26]

Restaria ao órgão público, no caso, lançar mão de novo pleito suspensivo, tendo por norte a decisão colegiada, devendo fazê-lo perante o presidente de Tribunal Superior.

---

25. Mencionada conclusão, aliás, deflui da própria Medida Provisória 2.180-35, de 24.8.2001, a qual, acrescentando ao art. 4º da Lei 8.437/1992 o § 6º, previu que a *interposição* do recurso de agravo pelo órgão público interessado não prejudica nem condiciona o julgamento do pedido de suspensão pelo presidente do tribunal.

Pelo fato de ser o uso do meio recursal, no caso, meramente facultativo (conforme visto no tópico anterior), o dispositivo torna-se, mesmo, inócuo. Não obstante, ao tratar da interposição, à evidência que a medida provisória deixou subentendido que o julgamento do recurso interfere na decisão monocrática, tanto que no § 5º que acrescentou ao art. 4º, citado, previu a possibilidade da interposição de pleito suspensivo em face da decisão que negar provimento ao agravo, o qual, à evidência, deve ser formulado junto a Tribunal Superior.

26. No exercício de nossas funções na Promotoria de Justiça de Defesa dos Interesses Difusos e Coletivos da Infância e Juventude de São Paulo, aliás, nos deparamos com a situação em comento. A Municipalidade obteve a suspensão da

10.6 O pedido de suspensão dirigido ao presidente de Tribunal Superior, a reiteração do pleito e o recurso regimental

O incidente suspensivo de que estamos tratando pode ser interposto em face de decisões oriundas quer de juízos singulares, quer de tribunais inferiores.

Nessa esteira, nada impede que o pedido tenha por escopo obstar à imediata execução quer de decisões cautelares tiradas *inaudita altera pars*, quer de sentenças (conforme o disposto no art. 4º, § 1º, da Lei 8.437/1992), quer, mesmo, de acórdãos, frente à interposição de recursos especial ou extraordinário.[27]

Caso o pleito suspensivo seja lançado em face de decisão colegiada de tribunais estaduais ou regionais federais a competência funcional para seu julgamento será do presidente de Tribunal Superior.

Os arts. 12, § 1º, da Lei 7.347/1985 e 4º, § 3º, da Lei 8.437/1992 previram o recurso de agravo como a medida adequada para impugnar a decisão suspensiva do presidente, o qual poderá ser interposto pelo órgão público interessado, pelo Ministério Público ou pelo titular do direito material acautelado (por si ou pelo legitimado à condução do processo, conforme o caso), no prazo de cinco dias, e deverá ser "levado a julgamento na sessão seguinte à sua interposição", nos termos da redação conferida ao art. 4º, § 3º, em destaque, pela Medida Provisória 2.180-35, de 24.8.2001.

O agravo em análise deve ser julgado por órgão colegiado do tribunal, sendo sua tramitação objeto de tratamento regimental.[28]

A Medida Provisória 1.984, em sua reedição de 4.5.2000, acrescentou ao art. 4º da Lei 8.437/1992 o § 4º, prevendo a possibilidade de formulação de novo pleito suspensivo, junto ao presidente do Tribunal Superior, caso a medida tenha sido negada em sede de tribunal do Estado ou federal.[29]

---

ordem liminar por meio incidental, assim como efeito suspensivo ao próprio recurso de agravo que interpôs. A final, o agravo foi improvido, tornando, em corolário, insubsistentes ambas as decisões suspensivas (TJSP, C. Esp., AI 72.324/0, rel. Des. Nigro Conceição, j. 28.9.2000).

27. A propósito, cf. art. 25 da Lei federal 8.038/1990, que trata do mandado de segurança, mas que se nos afigura aplicável na espécie, por analogia.

28. Cumpre consignar que a instrumentação do recurso, na hipótese, se mostra desnecessária (cf. STJ, 1ª T., REsp 172.700-PR, rel. Min. Demócrito Reinaldo, *RSTJ* 118/158).

29. A Corte Especial do Superior Tribunal de Justiça, aliás, chegou a deferir pleito de suspensão de liminar formulado após decisão negativa de presidente de

Cumpre aduzir que a possibilidade em foco se abria de modo alternativo à interposição do agravo regimental em face da decisão monocrática.

Curioso, não obstante, anotarmos que, de acordo com a medida provisória em comento, a via alternativa estaria aberta apenas ante decisão negativa do presidente do tribunal inferior – e não para a hipótese de acolhimento do pleito inicial.

Abominável, sob todas as formas, a previsão em comento.

Não bastassem as justificadas críticas lançadas quanto à utilização de medidas provisórias para o trato de questões procedimentais, à luz do disposto no art. 62 da Constituição da República, no caso em comento foi criado "um verdadeiro atalho, muito mais prático, rápido e econômico para o Superior Tribunal de Justiça ou para o Supremo Tribunal Federal, ao sabor da pessoa legitimada a formular o pedido de suspensão".[30]

E, pior: o atalho somente poderia ser utilizado pelo órgão público – e nunca pelos titulares do direito material assegurado pela ordem judicial impugnada, ainda que por intermédio de seus representantes adequados.

Não vemos na medida prerrogativa justificável aos órgãos públicos, de sorte a que possamos reconhecer a adequação do preceito ao princípio da isonomia tratado pelo art. 5º, *caput*, da Constituição Federal.

Com efeito, se a Fazenda Pública – dadas certas peculiaridades e a dimensão dos interesses que lhe incumbe, de ordinário, tutelar – é merecedora de trato diferenciado por diversas normas procedimentais, até mesmo para o efetivo atendimento do princípio da igualdade entre as partes da relação processual,[31] por certo que não pode ser credora de benefícios de tal magnitude que impliquem autêntico cerceamento à defesa de interesses que venham a ser contrastados aos seus por intermédio da via judicial.

Se a possibilidade de obter a suspensão da liminar ainda pode ser enquadrada dentro de prerrogativas aceitáveis – tendo em conta, principalmente, a magnitude dos interesses resguardados pelas normas per-

---

tribunal estadual lançada em pedido da mesma cepa, como se observa do AgRg na Pet. 1.207-RJ, rel. Min. Antônio de Pádua Ribeiro, *DJU* 29.5.2000, p. 106.
30. Cf. Cássio Scarpinella Bueno, *O Poder Público em Juízo*, pp. 52-53.
31. A propósito, v. Nery Júnior, *Princípios do Processo Civil na Constituição Federal*, pp. 42 e ss.

tinentes[32] –, o mesmo não deve ser dito quanto à possibilidade de reiteração do pleito, ainda mais quando a própria lei trata de recurso adequado para a hipótese em testilha.

Em verdade, salta aos olhos que o Governo Federal, pelo uso de medidas provisórias, tenciona impedir a concessão de ordens cautelares em face do Poder Público.

Contudo, como não pode fazê-lo de modo direto, em face do preceito inserto no art. 5º, XXXV, da Constituição Federal, busca ardilosamente criar empecilhos cada vez maiores para mencionada concessão, chegando, agora, ao cúmulo de permitir venha o Poder Público a bater de porta em porta dos diversos órgãos jurisdicionais, até que em algum deles obtenha amparo.

Certo é que o Governo culminou por retroceder parcialmente, alterando a redação do dispositivo em análise, como emana da Medida Provisória 2.102-28 (atual MP 2.180-35, de 24.8.2001, as quais, em verdade, reeditaram a Medida 1.984, com algumas alterações).

Assim é que, conforme a redação emprestada pela vigente medida provisória, o § 4º do art. 4º da Lei 8.437/1992 passou a prever a formulação do novo pleito suspensivo na hipótese de ter sido negado provimento ao recurso de agravo interposto contra a decisão do presidente do tribunal inferior.

Em outras palavras, o órgão público interessado não pode mais dirigir-se ao presidente do Tribunal Superior sem antes intentar – e ver julgado – o recurso de agravo previsto pela lei.[33]

Não obstante, mecanismo espúrio e unilateral foi preservado, pois, se no julgamento do agravo regimental for mantida ou restabelecida a decisão que se pretende suspender, caberá novo pedido de suspensão ao presidente de Tribunal Superior.[34]

---

32. Sem embargo das pechas de inconstitucionalidade lançadas, dentre outros, por Sérgio Ferraz ("Provimentos antecipatórios...", in Édis Milaré (coord.), *Ação Civil Pública* –..., p. 457) e Cássio Scarpinella Bueno (*Liminar...*, pp. 213 e ss.).

33. Aliás, já advertia Cássio Scarpinella Bueno que "é jurisprudência assente no Supremo Tribunal Federal e no Superior Tribunal de Justiça o entendimento de que nenhuma daquelas Cortes é Corte revisora direta de atos monocráticos dos membros dos tribunais de segundo grau de jurisdição", citando, inclusive, as Súmulas 330 do Pretório Excelso e 41 do Superior Tribunal de Justiça (*O Poder Público...*, p. 54).

34. Cf. a redação do § 4º do art. 4º, em comento.

190 AÇÃO CIVIL PÚBLICA

E, pelos motivos susoexpostos, temos para nós que a medida em análise não se harmoniza com o princípio constitucional da isonomia, além de constituir patente restrição ao comando inserto no art. 5º, XXXV, da Carta Federal.

11
ANOTAÇÕES SOBRE A COISA JULGADA E SEUS EFEITOS EM SEDE DE JURISDIÇÃO CIVIL COLETIVA

11.1 Introdução. 11.2 Conceito e fundamentos da coisa julgada. 11.3 A coisa julgada como norma individual. 11.4 A coisa julgada como norma coletiva: a extensão de sua eficácia a terceiros. 11.5 Sistema brasileiro: da Lei da Ação Popular ao Código de Defesa do Consumidor. 11.6 A reciprocidade entre a Lei federal 7.347/1985 e o Código de Defesa do Consumidor: conseqüências à luz do instituto da coisa julgada: 11.6.1 A interação das normas gerais do sistema com os princípios do Estatuto da Criança e do Adolescente em sede de efeitos da coisa julgada – 11.6.2 A inaplicabilidade da limitação dos efeitos da coisa julgada trazida pela Lei 9.494/1997. 11.7 Os efeitos da coisa julgada nas ações coletivas em defesa de interesses metaindividuais: 11.7.1 A procedência da ação civil pública em defesa dos interesses difusos e coletivos – 11.7.2 A improcedência da ação civil pública em defesa dos interesses metaindividuais por insuficiência de provas – 11.7.3 A improcedência da ação civil pública em defesa de interesses metaindividuais por fundamento diverso da insuficiência de provas.

"La cosa juzgada se concibe sólo como medio de despejar la incertidumbre del Derecho y como forma de hacerlo coactivo en los casos de resistencia u omisión de su cumplimiento."[1]

11.1 Introdução

A obtenção do fenômeno da *coisa julgada* é o objetivo perseguido pela parte dentro de qualquer relação processual.

---

1. Eduardo J. Couture, *Fundamentos del Derecho Procesal Civil*, p. 39.

Em outras palavras: a tutela jurisdicional somente possui justificação na medida em que as decisões dela advindas possuem força vinculativa, concedendo ao beneficiário de seus efeitos a possibilidade de se utilizar do aparato de repressão estatal com o escopo de assegurar o efetivo exercício de um direito em face daquele que questiona a respectiva legitimidade.

Os efeitos da coisa julgada permitem, pois, que a norma material abstrata venha a ser concretizada e defendida inclusive por intermédio da força de coerção do Estado. Constituem, destarte, o resultado prático e efetivo do processo, ditando a norma de direito material para o caso posto sob apreciação do Poder Judiciário.

Considerada sua importância para a Ciência Jurídica (e mesmo para a estruturação política de qualquer sociedade moderna, posto que assecuratória da própria independência do Poder Judiciário, revelando o traço mais significativo da parcela de soberania estatal que lhe está afeta – a definitividade de que se revestem as respectivas decisões), a coisa julgada comporta, à evidência, variegadas e inesgotáveis abordagens, a justificar, por si mesma, a elaboração de vasto repertório de teses de Doutoramento.

Contudo, não nos caberá, dentro dos limites propostos pelo presente trabalho, buscar estudo detido das diversas facetas apresentadas pelo tema, mas tão-somente defini-lo, expor seus fundamentos e traçar, com prioridade, o alcance subjetivo e objetivo dos efeitos da coisa julgada em face dos critérios de competência que regem a jurisdição civil coletiva, além das alterações substanciais por esta impostas ao instituto como anteriormente vigia, por força do individualismo característico do pensamento liberal.

11.2 Conceito e fundamentos da coisa julgada

Segundo o art. 467 do Código de Processo Civil, coisa julgada material é "a eficácia, que torna imutável e indiscutível a sentença, não mais sujeita a recurso ordinário ou extraordinário".[2]

---

2. O conceito legal é vazado no escólio doutrinário de Enrico Tullio Liebman. Nessa senda, Eduardo J. Couture afiança que a coisa julgada "es la autoridad y la eficacia de una sentencia judicial cuando no existen contra ella medios de impugnación que permitan modificarla" (*Fundamentos...*, p. 401).

O conceito de *coisa julgada* comporta diversas interpretações, experimentando variações no tempo e no espaço[3] pela própria necessidade de se adequar a novas realidades sociais, de compor os conflitos de interesses que se apresentam, diuturnamente, de forma diferenciada, em decorrência da mutabilidade inerente aos seres humanos.

A coisa julgada é predicamento típico das decisões judiciais, cabendo-lhe o grave mister de solucionar com grau de definitividade os litígios surgidos no mundo fático, sejam eles individuais ou coletivos.

Através de seus efeitos a decisão judicial deixa o campo meramente jurídico para ingressar no contexto da vida em sociedade, traduzindo uma norma individual ou coletiva.

Com efeito, por seu intermédio "il mondo, quando la res da *iudicanda* diventa *iudicata*, è, poco o molto, diverso da quello che era prima: qualcosa di nuovo è venuta al mondo".[4]

Em corolário, a coisa julgada é um típico fenômeno social, com origem na esfera jurídica, possuindo valor histórico inescondível, tendo em vista seu potencial de criar fatos, de impor novos limites ou de alargar os existentes.

O fundamento social da coisa julgada resta, pois, cristalino: o instituto não possui um fim em si mesmo – antes, destina-se a permitir sejam compostos os litígios surgidos no seio da comunidade.

Como meio de regramento e de pacificação social, o Direito necessita contar com instrumento adequado e forte, adjetivado pelo poder de coerção cometido ao Estado, de sorte a possibilitar a manutenção da ordem e a defesa das liberdades públicas: disso decorre a importância da coisa julgada, enquanto fenômeno sociológico.

A vida em sociedade não pode manter-se pautada em situações de instabilidade ou de indefinição perenes, sob o risco de comprometer sua própria segurança.

Assim, não poderia o Estado – sob pena de violação de sua unidade – deixar de possuir instrumentos de defesa dos direitos sociais, firmados em órgão que, embora pertencente à sua estrutura, possuísse independência necessária para compor os conflitos surgidos na sociedade, ainda que eles envolvessem a própria Administração.

---

3. Segundo Couture o conceito "debe ser extraido por el jurista del conjunto de normas positivas", eis que "la idea romana clásica" sobre o instituto "no coincide con la idea romana de nuestros días" (*Fundamentos...*, p. 401).
4. Francesco Carnelutti, *Trattato del Processo Civile*, p. 267.

A independência de mencionado órgão, à evidência, somente haveria de surgir caso lhe fosse conferido um instrumento de força, de vinculação, oponível mesmo em face dos demais Poderes do Estado – em outras palavras, uma parcela da soberania estatal.

Dito instrumento, como vimos, decorre do poder de dizer o Direito (*juris dicere*), e tem como ponto culminante os efeitos advindos da coisa julgada, capazes de vincular e de propiciar o uso de mecanismos de coerção suficientes para que a decisão ganhe real eficácia e não possa ser objetada validamente em outras esferas de Poder.

De tal raciocínio podemos extrair o fundamento político da coisa julgada.

Mercê de tais fundamentos, destinando-se a propiciar segurança jurídica – e social, por conseqüência –, a coisa julgada possui como predicamentos a imperatividade (típica dos comandos legais) e a imutabilidade de seus efeitos, posto ter o condão de colocar termo à atividade jurisdicional, impedindo, destarte, que a mesma lide seja objeto de sucessivas decisões – fato que propiciaria fosse mantida a indesejável e danosa situação de instabilidade social.

11.3 A coisa julgada como norma individual

Vimos que o conceito de *coisa julgada* comporta variação ao largo do tempo e do espaço, como reflexo da própria mutabilidade social.

Dentro de mencionada variabilidade, impende destacar aquela decorrente da eficácia subjetiva da coisa julgada, gerada, de modo precípuo, pelo próprio reconhecimento de novos interesses juridicamente relevantes, que não se coadunam com a visão individualista do Direito Europeu que pautou a elaboração de nosso vigente Código de Processo Civil.

Como acima comentamos, o individualismo das normas foi um dos cenáculos do Liberalismo.

Dentro de mencionado contexto, o Positivismo jurídico abstraía o conteúdo da norma, cingindo seus limites, tão-somente, à suportabilidade humana.

As normas eram consideradas gerais ou individuais, conformem emanassem do Poder Legislativo ou de comandos judiciais, obrigando a todos indistintamente ou aplicando-se ao caso concretamente posto sob apreciação do Judiciário.

Emanada de uma decisão judicial, a norma – segundo o Positivismo jurídico – imporia certa conduta a um indivíduo, dada determinada situação.[5]

Nítida, em corolário, a preocupação advinda do Liberalismo com a tutela dos interesses egoísticos dos seres humanos, a qual se refletiu no próprio alcance da coisa julgada, cujos efeitos se limitavam às partes da relação jurídico-processual.[6]

Ao notar a contínua evolução social e o conseqüente crescimento dos conflitos de massa, Niklas Luhmann culminou por analisar o Direito sob um enfoque sociológico, abstraindo a objetividade a ele emprestada pelo Positivismo.

Nesse contexto, a Ciência Jurídica passa a ser tratada como um fenômeno social, como um mecanismo capaz de viabilizar decisões que têm por escopo a harmonização da vida em sociedade, o atendimento das expectativas dos seres humanos.[7]

O Direito ganha o papel de autêntico instrumento de transformação social – e não de mero ordenador da vida comunitária e assegurador de interesses individuais, como ocorria no Liberalismo.

Como vimos, a teoria de Luhmann culminou por pecar ao atribuir ao sistema jurídico papel de independência em relação aos outros sistemas por ele chamados de *sociais*, como o político e o econômico.

Assim, o fator humano era objeto de efetiva preocupação por parte do sistema jurídico – inclusive no pertinente a conflitos de massa – o qual, no entanto, não poderia utilizar-se de componentes de cunho econômico (por exemplo) para solucionar as demandas que lhe eram submetidas, mas apenas valer-se de seus mecanismos internos – a lei, a jurisprudência e o contrato.

Em decorrência da limitação proposta, a Teoria Sociológica dos Sistemas também pecou quanto à defesa dos denominados *interesses metaindividuais*.[8]

---

5. Muito embora refuja ao âmbito do presente trabalho, impende destacarmos que Hans Kelsen sustenta a possibilidade de surgir uma norma geral em decorrência de uma decisão judicial, não querendo dizer com isso, no entanto, que uma única sentença teria o condão de traçar norma de conduta para um número indeterminável de pessoas – mas, sim, que poderia funcionar como autêntico precedente a ser observado em casos análogos que viessem a ocorrer no futuro (*Teoria Geral do Direito e do Estado*, p. 216).
6. Neste sentido o art. 472 de nosso Código de Processo Civil.
7. Cf. Niklas Luhmann, *Sociologia do Direito*, v. 1, pp. 77 e ss.
8. A propósito, v. Ada Pellegrini Grinover, "A tutela jurisdicional dos interesses difusos", *RF* 268/67-68.

E, em face do exposto, mostrava-se no mínimo temerário falar em extensão dos efeitos da coisa julgada a terceiros.

11.4 A coisa julgada como norma coletiva: a extensão de sua eficácia a terceiros

A constante mutação social haveria de implicar profunda revisão dos conceitos tradicionais do processo.

O Direito não poderia continuar a lidar com situações meramente individuais, apenas com conflitos de interesses intersubjetivos, sob pena de perder o papel que lhe cabe de regrador da vida social.

Se os conflitos sociais aparecem maximizados, se as normas materiais passam a contemplar interesses que não podem ser titularizados individualmente, a estrutura processual – como instrumento – deveria passar por severa revisão.[9]

Com efeito, se o processo não possui um fim em si mesmo, sua adequação se fazia imperiosa para o resguardo dos novos interesses que surgiam.[10]

Visto alcançar número significativo de pessoas – por vezes indeterminável – titulares de objeto comum e incindível, por certo que determinada lesão haveria de ser composta de forma harmônica para todas elas, sob pena de tornarmos à indesejável situação de insegurança social.

Se o dano haveria de ser composto em face de todos os lesados, e se estes não poderiam ser determinados, a alguém deveria estar afeto o direito-dever de ingressar em juízo com a medida judicial pertinente, cujos efeitos deveriam alastrar-se pela sociedade.

Mencionada assertiva contempla, como vimos, a necessidade da elaboração de duas alterações profundas na estrutura processual comum, consubstanciadas na legitimação para agir e no alcance subjeti-

---

9. V., a respeito, Antônio Augusto Mello de Camargo Ferraz, Édis Milaré e Nélson Nery Júnior, *A Ação Civil Pública e a Tutela Jurisdicional dos Interesses Difusos*, pp. 72 e ss.

10. A propósito, célebre frase de Mauro Cappelletti, para quem "as velhas regras e estruturas processuais, em questão de interesse de agir, de representação e substituição processual, de notificação e, em geral, de direito ao contraditório, de limites subjetivos e objetivos da coisa julgada, caem como um castelo de cartas" ("Formazioni sociali e interessi di grupo davanti alla Giustizia Civile", *Rivista de Diritto Processuale*, 1975).

vo da coisa julgada, que deveria sobrepujar os estreitos limites trazidos pelo art. 472 do estatuto procedimental civil.[11]

Interessa-nos tratar, na oportunidade, das alterações impostas aos limites subjetivos da coisa julgada em decorrência da tutela dos interesses metaindividuais.

O tema suscitou intensos debates doutrinários, com o surgimento de várias correntes acerca da forma que seria a mais adequada de extensão dos efeitos da coisa julgada.

Uma das propostas apregoava que os efeitos da sentença operariam *intra partes*, exceto no que toca à sua imutabilidade, extensível a todos os terceiros interessados na demanda.[12]

Em tal hipótese, caso a demanda coletiva fosse julgada improcedente, ao terceiro lesado restaria o instrumento da ação rescisória com o escopo de afastar de sua esfera de interesses a indesejada imutabilidade.

Segunda corrente buscou amparo no Direito Americano – mais especificamente, no sistema das *class actions*.[13]

Por intermédio de tal mecanismo o legitimado ativo estaria representando adequadamente os lesados, de sorte que a decisão final do processo viria a afetá-los diretamente "pela própria coisa julgada *inter partes*, e não pela sua extensão a terceiros, porque, se estão sendo 'representados' em juízo, não são, propriamente, terceiros no processo".[14]

Através de mencionado sistema, caso determinada pessoa não quisesse sujeitar-se aos efeitos da coisa julgada decorrentes de procedência ou improcedência da demanda coletiva, deveria requerer expressamente sua exclusão do grupo (*right to opt out*). O respectivo silêncio implicava, automaticamente, sujeição.

---

11. "Quando se trata de interesses difusos, deve-se atentar para o fato de que a situação objeto do juízo foge aos limites da relação privada, sendo, por isso mesmo, incompatível com muitas das normas-chaves do processo, como é o caso dos limites subjetivos da coisa julgada. Nestes termos, a extensão do julgado aparece como uma conseqüência natural e inevitável das peculiaridades desses interesses" (Álvaro Luiz Valery Mirra, "A coisa julgada nas ações para tutela de interesses difusos", *RT* 631/77).

12. V., a propósito, Antônio Gidi, *Coisa Julgada e Litispendência em Ações Coletivas*, p. 61.

13. Cf. Girolamo Monteleone, *I Limitti Sogettivi del Giudicato Civile*, pp. 171 e ss.

14. Cf. Antonio Gidi, *Coisa Julgada...*, p. 62.

Terceira corrente pregava que os efeitos da coisa julgada deveriam operar-se *secundum eventum litis*.[15]

11.5 Sistema brasileiro: da Lei da Ação Popular ao Código de Defesa do Consumidor

A Lei federal 4.717/1965, que regulamentou a ação popular constitucional, tratou, em seu art. 18, da coisa julgada, culminando por referir que a sentença respectiva terá eficácia "oponível *erga omnes*, exceto no caso de haver sido a ação julgada improcedente por deficiência de prova".

No dispositivo em comento culminou a legislação brasileira por adotar a teoria dos efeitos *secundum eventum litis*, exceto quando a demanda fosse julgada improcedente por insuficiência de provas, hipótese em que poderia ser reproposta com base em novos elementos.[16]

Indicava a Lei da Ação Popular, assim, o caminho que deveria ser percorrido para a tutela dos interesses metaindividuais por intermédio de outros instrumentos processuais, mais abrangentes – quer no pertinente ao objeto, quer no que toca ao pedido.[17]

Em 1981, através da Lei federal 6.938, surgiu a legitimidade ativa do Ministério Público para a tutela do patrimônio ambiental – interesse difuso por excelência.[18]

Continuava faltando, não obstante, legislação procedimental própria para que a tutela dos interesses metaindividuais pudesse ser implementada com sucesso.

Em 1985, finalmente, adveio a Lei 7.347, que regulamentou a denominada *ação civil pública*, tratando do instituto da coisa julgada em seu art. 16.

Fê-lo valendo-se da experiência anterior advinda da Lei 4.717/1965, adotando a eficácia *erga omnes* da coisa julgada, que se opera

---

15. Cf. Ada Pellegrini Grinover, "A tutela jurisdicional...", *RF* 268/78.

16. A ressalva legal mostra-se de importância ímpar, posto evitar possa haver colusão entre um dos legitimados ativos e o réu, com o escopo de obter decisão judicial que seria acobertada pelos efeitos *erga omnes*, de sorte a impedir a propositura de nova demanda versando sobre os mesmos fatos.

17. Posto que "a ação popular, corretiva, dirigida apenas contra atos do Poder Público (administrativos e legislativos), não cobre toda a área de conflituosidade suscitada pelos interesses difusos na sociedade contemporânea" (Grinover, "A tutela jurisdicional...", *RF* 268/78).

18. Cf. art. 14, § 1º.

secundum eventum litis,[19] excetuada a hipótese de improcedência da ação por insuficiência de provas.

O Código de Defesa do Consumidor, por seu turno, a par de reconhecer uma nova categoria de interesses passíveis de serem tutelados coletivamente (os individuais homogêneos), culminou por conferir tratamento minudente à matéria, em seus arts. 103 e 104.

Finalmente, a Lei federal 9.494/1997 alterou a redação original do art. 16 da Lei da Ação Civil Pública, limitando a eficácia externa da coisa julgada ao território em que o prolator da sentença exerce sua jurisdição.

11.6 A reciprocidade entre a Lei federal 7.347/1985 e o Código de Defesa do Consumidor: conseqüências à luz do instituto da coisa julgada

11.6.1 A interação das normas gerais do sistema com os princípios do Estatuto da Criança e do Adolescente em sede de efeitos da coisa julgada

Como vimos em passagem anterior, a Lei da Ação Civil Pública e a parte processual do Código de Defesa do Consumidor são normas recíprocas.

Da interpenetração dos textos legais citados surge o denominado *sistema da ação civil pública*.

Mencionado sistema, à evidência, abarca também o instituto da coisa julgada, tratado quer pelo art. 16 da Lei 7.347/1985, quer pelos arts. 103 e 104 do Código de Defesa do Consumidor.

De sua feita, o Estatuto da Criança e do Adolescente não tratou dos efeitos da coisa julgada decorrentes da tutela coletiva da infância e juventude, fazendo remissão, não obstante, à Lei 7.347/1985, por intermédio de seu art. 224.

Obviamente que a remissão constante do Estatuto não contemplou o Código de Defesa do Consumidor, que foi sancionado após sua edição.

Não obstante, à evidência que, havendo perfeita integração entre os princípios procedimentais insertos no Código do Consumidor e na

---

19. Cf. Celso Antônio Pacheco Fiorillo, *Curso de Direito Ambiental Brasileiro*, p. 247. V., também, Édis Milaré, *Direito do Ambiente*, p. 445.

Lei da Ação Civil Pública, as regras constantes do primeiro também se aplicam, de forma subsidiária, em sede de Estatuto da Criança e do Adolescente.

Em corolário, os efeitos da coisa julgada em sede de tutela da infância e da juventude não refogem à regra comum instituída pela jurisdição civil coletiva.

11.6.2 A inaplicabilidade da limitação dos efeitos da coisa julgada trazida pela Lei 9.494/1997

Patente o fato de que a sistemática da coisa julgada em sede de tutela dos interesses metaindividuais é comum, incumbe-nos tratá-la de forma mais detida.

De início, cumpre anotarmos que a premissa da existência do sistema da ação civil pública se mostra essencial para que combatamos o art. 16 da Lei 7.347/1985, com a redação emprestada pela Lei 9.494/1997.

Isso porque através de mencionada alteração legislativa pretendeu-se limitar o alcance da eficácia *erga omnes* atribuída à sentença tirada nas ações civis públicas ao espaço territorial em que o magistrado prolator exerce sua jurisdição.

Assim, pela redação atual do art. 16 poderíamos concluir que a eficácia *erga omnes* apenas beneficiaria os terceiros que estivessem sob jurisdição territorial do magistrado sentenciante.

A alteração levada a termo não se compactua com a natureza dos interesses tutelados na ação civil pública, que são indivisíveis.

Tendo em vista a indivisibilidade do objeto e sua dimensão social, não podemos conceber haja fracionamento quanto aos terceiros alcançados pela sentença, cuja situação jurídica, em princípio, é a mesma.

Tomemos como exemplo uma ação civil pública proposta perante a Vara Central da Infância e da Juventude da Capital de São Paulo tendo por objetivo impedir que determinado canal de televisão exiba um programa de conteúdo impróprio para o horário proposto.

Julgada procedente a demanda, o programa somente não poderia ser veiculado na Região Central de São Paulo, limite em que o juiz prolator exerce sua competência territorial.

Assim, em princípio, o programa seria impróprio para a população do Centro, mas não para a de Pinheiros, da Penha ou de Santo Amaro.

De igual sorte a ação proposta na Capital de São Paulo visando a impedir a venda de um medicamento considerado prejudicial à saúde.

A procedência da demanda somente atingiria a comarca de São Paulo, sendo certo, no entanto, que o remédio poderia continuar a ser vendido em Osasco ou Guarulhos (por exemplo).

As situações, à evidência, são absurdas e revelam, com a devida vênia, violação ao princípio constitucional da isonomia, trazido pelo art. 5º, *caput*, da Magna Carta: se o objeto é indivisível e se o dano é social, não é possível limitar-se os efeitos da coisa julgada nos moldes propostos pela Lei 9.494/1997, sob pena de criarmos classes diferenciadas de lesados por um mesmo fato. Em outras palavras, admitir-se a constitucionalidade do dispositivo em comento implicaria permitir que pessoas que possuam exatamente a mesma situação jurídica venham a ser tratadas desigualmente – o que sabe a disparate.

Demais disso, em nosso entendimento a alteração trazida pela malfadada Lei 9.494/1997 fere o princípio da inafastabilidade da jurisdição consagrado no art. 5º, XXXV, da Constituição Federal, na medida em que torna praticamente impossível o controle de danos a interesses metaindividuais que alcancem regiões, Estados ou o próprio país, ante a necessidade da propositura de uma ação em cada comarca, cerceando, destarte, o acesso à Justiça, cuja democratização foi um dos grandes méritos da Assembléia Nacional Constituinte.[20]

A situação ganha contornos ainda mais interessantes tendo em conta o critério de competência eleito pelo art. 209 do Estatuto da Criança e do Adolescente.

Como vimos, em sede de Estatuto a dimensão territorial do dano não é o dado definidor da competência de foro, a qual é fixada no local em que a ação ou a omissão lesiva ocorreu ou deveria ocorrer.

Mercê do exposto, supondo a existência de política pública implantada pelo Governo do Estado que gere efeitos deletérios apenas em comarcas do Interior, a competência será também do juízo da Capital (de onde foi emanada a ordem), de forma concorrente.

Pois bem: como impedir que os efeitos da coisa julgada advinda da Vara da Infância e Juventude da Capital alcancem todas as comar-

---

20. No mesmo sentido, v.: Luiz Paulo da Silva Araújo Filho, *Ações Coletivas: a Tutela Jurisdicional dos Direitos Individuais Homogêneos*, p. 165; André de Carvalho Ramos, "A abrangência nacional de decisão judicial em ações coletivas: o caso da Lei 9.494/1997", *RT* 755/113 e ss.

cas afetadas pelos desdobramentos da ordem, se considerarmos a hipótese de que a ela estava afeto o julgamento da causa, em face de prevenção?

A resposta é óbvia: não se poderá fazê-lo, sob pena de conferirmos à decisão judicial a pecha de absolutamente inócua, pois incapaz de gerar qualquer efeito (vez que na Capital dano algum ocorreu), o que configuraria patente afronta ao direito de ação, consagrado pelo art. 5º, XXXV, da Constituição Federal: se a lei atribui competência ao órgão jurisdicional, à evidência que está também emprestando à decisão que vier a ser lançada a devida força vinculativa, em face do instituto da coisa julgada.

Caso contrário estaríamos meramente brincando de fazer um processo, utilizando o órgão detentor da competência como autêntico laboratório experimental – o que, à evidência, se mostra inconcebível.

Segundo exemplo que bem demonstra a incompatibilidade do dispositivo em comento com os princípios do Estatuto já tivemos oportunidade de trazer, em capítulo anterior, ao tratarmos da obrigação do Poder Público Municipal de assegurar vagas na educação infantil.[21]

Diante do exposto, há evidente incompatibilidade entre a limitação trazida pelo art. 16 da Lei 7.347/1985 e os princípios constitucionais citados, de sorte que podemos sustentar sua inaplicabilidade em sede de tutelas coletivas em geral.

Mais, no entanto, há.

Com efeito, ao regular inteira e detidamente a matéria ventilada pelo art. 16 da Lei 7.347/1985, o art. 103 do Código de Defesa do Consumidor culminou por lhe impor evidente defasagem[22] (para não falarmos em revogação implícita, nos termos do art. 2º, § 1º, da LICC, com a conseqüente conclusão de que a Lei 9.494/1997, no particular, conferiu efeito repristinatório ao art. 16 da Lei 7.347/1985 sem expressamente o prever, o que é vedado pelo art. 2º, § 2º, do Decreto-lei 4.657/1942).

E, se assim é, incumbiria ao legislador alterar o art. 103 do Código de Defesa do Consumidor – e não o art. 16 da Lei federal 7.347/1985, como levado a termo.

De se acrescer, outrossim, as críticas levantadas por Ada Pellegrini Grinover, ainda à luz da Medida Provisória 1.570/1997 (que deu azo

21. Cf. Capítulo 9, tópico 9.5, *supra*.
22. V., a propósito, Vigliar, *Tutela Jurisdicional Coletiva*, pp. 178 e ss.

à Lei federal 9.494/1997), no sentido de que "o indigitado dispositivo da medida provisória tentou limitar a competência, mas em lugar algum aludiu ao objeto do processo. Ora, o âmbito da abrangência da coisa julgada é determinado pelo pedido e não pela competência. Esta nada mais é do que a relação de adequação entre o processo e o juiz, nenhuma influência tendo sobre o objeto do processo. Se o pedido é amplo não será por intermédio de tentativas de restrições da competência que o mesmo poderá ficar limitado".[23]

Em outras palavras: a competência territorial do juízo não pode ser utilizada como critério determinante da extensão dos efeitos da coisa julgada em sede de tutela de interesses difusos ou coletivos, a qual decorre, em verdade, da amplitude e da natureza indivisível da lesão ou de sua ameaça – ou, mais especificamente, do provimento jurisdicional reclamado no processo.

No mesmo sentido, "a eficácia das decisões proferidas nas ações coletivas – sejam interlocutórias, sejam sentenças – possui transcendência subjetiva, porquanto produzem efeitos *erga omnes* ou *ultra partes*, de modo que, em razão da natureza do objeto da demanda, a efetividade do provimento jurisdicional dependerá da irradiação dos efeitos do ato judicial por todos os lugares em que se tenham que produzir".[24]

Assim, a decisão tirada pelo juiz na demanda coletiva necessariamente haverá de alcançar todos aqueles que estejam inseridos na situação jurídica objeto do conflito de interesses dirimido, não podendo ser o critério territorial limitador de tais efeitos, posto que utilizado apenas para a definição do juiz competente – e nunca para tratar das dimensões da coisa julgada.

Afinal, como tutelar judicialmente o direito dos moradores de Guarulhos de respirar ar de qualidade sem que a decisão judicial estenda seus efeitos sobre outros Municípios da Região Metropolitana? Acaso as substâncias tóxicas oriundas de estabelecimentos industriais e de veículos que estejam na cidade de São Paulo saberão respeitar a divisa entre as urbes? E a defesa da qualidade das águas da represa Billings, que abastecem diversas comarcas: daria para tratar apenas o volume destinado para Santo André, sem fazê-lo para São Bernardo do Campo?

23. "A ação civil pública refém do autoritarismo", in Antônio Herman de Vasconcellos Benjamin (org.), *Anais do 3º Congresso Internacional de Direito Ambiental*, p. 52.
24. Fiorillo, *Curso...*, p. 248.

Despicienda nos parece a oferta de respostas.

Contundentes, de igual sorte, as críticas lançadas ao dispositivo por Nélson Nery Júnior e Rosa Maria de Andrade Nery. Segundo os autores, a lei confunde "jurisdição e competência com limites subjetivos da coisa julgada", o que implica desconhecimento da "Ciência do Direito". Em corolário, "se o juiz que proferiu a sentença na ação coletiva *tout court*, quer verse sobre direitos difusos, quer coletivos ou individuais homogêneos, for competente, sua sentença produzirá efeitos *erga omnes* ou *ultra partes*, conforme o caso (CDC, art. 103), em todo o território nacional".[25]

Cumpre aduzir que o próprio Supremo Tribunal Federal, no julgamento da Recl. 602-6, admitiu a possibilidade de a Justiça local "fixar normas para todo o Brasil em matéria de inconstitucionalidade de lei".[26]

Ademais, parece que o próprio Governo Federal atinou para o absurdo equívoco que levou a termo, tanto que na reedição de 4.5.2000 da Medida Provisória 1.984 acrescentou ao art. 2º da Lei 7.347/1985 o parágrafo único, prevendo que "a propositura da ação prevenirá a jurisdição do juízo para todas as ações posteriormente intentadas que possuam a mesma causa de pedir ou o mesmo objeto" – redação mantida pela vigente Medida Provisória 2.180-35, de 24.8.2001.

A finalidade do dispositivo parece óbvia: se o art. 2º, *caput*, fala em juiz do local do dano e se a lesão pode alcançar várias comarcas ou seções judiciárias, gerando competência concorrente, o parágrafo ora acrescido expressamente apregoa que a prevenção se aplica também em sede de ação civil pública, dando ensejo, em conseqüência, à reunião de processos no juízo prevento nas hipóteses de conexão.

Resta claro que, no caso, a norma busca impedir a multiplicação de ações civis públicas conexas propostas perante diferentes juízos e com trâmites independentes, dizendo que todas elas devem ser reunidas para julgamento conjunto. E, se assim o é, o próprio parágrafo úni-

---

25. Nery e Nery, *Código de Processo Civil e Legislação Processual Civil Extravagante em Vigor*, pp. 1.540/1.541.
26. Rel. Min. Ilmar Galvão, *apud* André de Carvalho Ramos, "A abrangência...", *RT* 755/116. A propósito, v., também: STJ, 2ª S., CComp 17.533-DF, rel. Min. Carlos Alberto Menezes Direito, *DJU* 30.10.2000, p. 120 – no qual se entendeu que a ação civil pública de âmbito nacional "invoca competências territoriais concorrentes" entre as Capitais dos Estados e do Distrito Federal.
À evidência que havendo competência concorrente, segundo o entendimento citado, os efeitos decorrentes da decisão tirada pelo magistrado prevento haverão de se irradiar por todo o território nacional.

co em análise está literalmente dizendo que a decisão do juiz prevento haverá de irradiar seus efeitos por todas as comarcas ou seções judiciárias em que o dano se tenha materializado, em flagrante conflito com a limitação inserta no art. 16 da Lei 7.347/1985 por intermédio da Lei 9.494/1997.

Finalmente, cumpre consignar que as críticas e as pechas de inconstitucionalidade lançadas pela doutrina, além dos evidentes e gritantes equívocos insertos na alteração legislativa em comento, não passaram imunes pelo Poder Judiciário, que reiteradamente vem ignorando o disposto no art. 16 da Lei 7.347/1985, com a redação dada pela Lei 9.494/1997.[27]

11.7 Os efeitos da coisa julgada nas ações coletivas em defesa de interesses metaindividuais

Vimos que o art. 103 do Código de Defesa do Consumidor tratou pormenorizadamente dos efeitos da coisa julgada em sede de ações coletivas, relacionando-os a cada um dos interesses conceituados em seu art. 81, parágrafo único.

Sem embargo, podemos desde logo expor que, sejam difusos ou coletivos os interesses,[28] a coisa julgada advinda da sentença que julgar procedente a demanda produzirá eficácia externa, beneficiando terceiros: temos, na hipótese, os efeitos operando *secundum eventum litis*, sempre *in utilibus*.[29]

---

27. A propósito, e à guisa de exemplos, v. André de Carvalho Ramos, "A abrangência...", *RT* 755.

28. Em que pese o fato de o Estatuto da Criança e do Adolescente, em seu art. 201, V, e no Capítulo VII, não ter feito alusão expressa aos interesses individuais homogêneos – pelo singelo motivo de que eles apenas vieram a ingressar em nossa ordem jurídica por intermédio da posterior Lei 8.078/1990 –, à evidência que eles se inserem no contexto de proteção integral trazido pela norma, além de estarem conceituados na parte processual geral do Código de Defesa do Consumidor, integrando a base da jurisdição civil coletiva, de sorte que, havendo lesão a tais interesses em sede de infância e juventude, caberá sua tutela, inclusive por intermédio dos mecanismos procedimentais específicos inseridos nos arts. 91 a 100 da Lei 8.078/1990.

Não obstante, tendo em vista estarmos tratando dos interesses metaindividuais, não nos compete, na oportunidade, avaliar os efeitos da coisa julgada em sede de direitos divisíveis, como os individuais homogêneos.

29. A propósito, cf. Vigliar, *Ação Civil Pública*, pp. 109-110.

Interessa-nos tratar, na oportunidade, de mencionados efeitos, conforme a natureza do interesse tutelado e o tipo de provimento jurisdicional.

11.7.1 A procedência da ação civil pública em defesa dos interesses difusos e coletivos

Difusos são os interesses "pertencentes a um número indeterminável de pessoas, titulares de um objeto indivisível e que estão ligadas entre si por um vínculo fático";[30] ou, nos termos do art. 81, parágrafo único, I, do Código de Defesa do Consumidor, "os transindividuais, de natureza indivisível, de que sejam titulares pessoas indeterminadas e ligadas por circunstâncias de fato".

Em face de mencionados interesses a Lei Federal 8.078/1990 estipulou, em seu art. 103, I, que a coisa julgada operará *erga omnes*, exceto se o pedido for julgado improcedente por insuficiência de provas.

Coletivos, a seu tempo, são os interesses "pertencentes a um número determinável de pessoas, integrantes de um grupo, categoria ou classe, titulares de um objeto indivisível e que estão ligadas entre si ou com a parte contrária por um vínculo jurídico".[31]

Ao disciplinar os efeitos da coisa julgada prolatada em ação civil pública movida na defesa de mencionados interesses o art. 103, II, do Código de Defesa do Consumidor os definiu como *ultra partes*, mas "limitadamente ao grupo, categoria ou classe" de pessoas.

Em que pese ter o Código se utilizado de duas expressões conforme a natureza dos interesses (*erga omnes* e *ultra partes*), de ver que, ontologicamente, ambas não possuem distinção, vez implicarem o fato de que os efeitos externos da sentença irão alcançar terceiros de forma direta.[32]

Com efeito, seria indiferente o art. 103, II, do Código de Defesa do Consumidor utilizar a expressão *erga omnes* em vez de *ultra partes*, posto que a limitação dos efeitos externos da coisa julgada na hi-

---

30. Cf. Motauri Ciocchetti de Souza, *Interesses Difusos em Espécie*, p. 146.
31. Idem, ibidem, p. 149. O conceito legal de *interesses coletivos* se encontra no art. 81, parágrafo único, II, do Código de Defesa do Consumidor.
32. Sem embargo do respeitável entendimento manifestado por Ada Pellegrini Grinover no sentido de que a expressão *ultra partes* quer dizer menos do que *erga omnes* (in *Código Brasileiro de Defesa do Consumidor Comentado pelos Autores do Anteprojeto*, p. 591).

pótese não decorre de eventual distinção conceitual entre ambos – mas da própria seqüência do dispositivo, que os restringe aos integrantes do grupo, categoria ou classe de pessoas tutelados na demanda.[33]

A distinção entre os efeitos externos de coisas julgadas oriundas de sentenças que tutelem direitos difusos e coletivos – antes de terminológica – decorre das próprias definições de tais interesses.[34]

De fato, pertencendo o interesse difuso a pessoas indetermináveis, natural que os efeitos externos da coisa julgada venham a beneficiar qualquer terceiro: se não podemos individuá-los, não há como restringir os efeitos da decisão judicial, sob pena de incidirmos em patente discriminação.

Em sede de interesses coletivos, no entanto, a disciplina é distinta: as pessoas lesadas são determináveis e possuem elo comum, que nos permite identificá-las enquanto integrantes de um grupo, categoria ou classe definidos.

Pois bem: se o interesse coletivo diz respeito a um número determinável de pessoas, os efeitos externos da sentença que vier a julgar procedente ação civil pública em sua defesa deverão ser a elas limitados – e não alcançar todo e qualquer terceiro.

Impende destacarmos que a eficácia da coisa julgada – seja *erga omnes*, seja *ultra partes* – por força dos dispositivos em comento operaria quer na procedência da demanda, quer na hipótese de sua improcedência vazada em qualquer fundamento que não a insuficiência de provas.

Patente tal distinção, incumbe-nos anotar as conseqüências advindas dos efeitos externos da coisa julgada decorrente da tutela de qualquer dos interesses citados – que, de resto, são bastante similares, para não dizermos idênticos.

Como é cediço, no mais das vezes a lesão a direito difuso ou coletivo ensejará, de igual sorte, danos a esferas individuais de interesses.

Os recentes episódios de derramamento de óleo no mar e em rio por conta das atividades desenvolvidas pela Petrobrás deixam patente a dimensão do que estamos tratando: se, de um lado, há o dano ambien-

---

33. V., a respeito, Antônio Gidi, *Coisa Julgada...*, pp. 108 e ss. No mesmo sentido: Cláudio Cintra Zarif, "Da coisa julgada nas ações coletivas", *Revista de Direito do Consumidor* 15/130.
34. A propósito, cf. Ada Pellegrini Grinover, "Da coisa julgada no Código de Defesa do Consumidor", *Revista do Advogado* 33/11.

tal – logo, difuso –, de outro, não podem ser abstraídas as lesões sofridas individualmente por pescadores (por exemplo), que experimentaram lucros cessantes.[35]

Em que pese advirem as lesões de um mesmo evento, não podem os particulares lesados propor a demanda coletiva, por falta de legitimidade.

Demais disso, ainda que possam tutelar seus interesses a título individual, vazados na sistemática comum do Código de Processo Civil, não possuem os lesados qualidade necessária para figurarem como litisconsortes do autor na ação civil pública.

Isso porque mencionada ação coletiva não é a sede adequada para o debate acerca da existência de eventual relação jurídica entre o particular e o réu, para a reparação de danos individuais – logo, divisíveis – , nem, tampouco, para firmar o nexo de causalidade entre ação (positiva ou negativa) praticada por este último e lesão sofrida pelo primeiro.

Ante tais argumentos, poderia soar incoerente a extensão dos efeitos da coisa julgada tirada na ação coletiva para beneficiar os particulares lesados em decorrência do mesmo evento por aquela abordado.

Contudo, operando os efeitos da coisa julgada *secundum eventum litis* e *in utilibus*, a decisão tirada na ação civil pública fixará a responsabilidade do réu pela composição de todos os danos ocasionados por sua conduta – sejam metaindividuais ou não.

Em mencionado sentido, o art. 103, § 3º, do Código de Defesa do Consumidor afiança, em sua parte final, que a procedência da ação civil pública legitimará os particulares que tenham sofrido danos em decorrência dos mesmos fatos a liquidarem e executarem a decisão nos moldes do art. 97 do mesmo *Codex*.

Em outras palavras, gerando efeitos *erga omnes* ou *ultra partes*, a sentença que decretar a procedência da ação civil pública eximirá o particular que tenha sofrido lesão em decorrência do mesmo evento do dever de ingressar com processo de conhecimento visando a obter o reconhecimento da existência de seu direito individual: tudo o que foi resolvido na demanda coletiva (a existência do fato, a responsabilidade do réu etc.) não será objeto de novo debate em outra via procedi-

---

35. Sábio, neste sentido, o art. 14, § 1º, da Lei federal 6.938/1981 ao prever que a responsabilidade civil do poluidor será objetiva, não apenas pelo dano ambiental em si, como, também, por aqueles causados a terceiros afetados por sua atividade.

mental. Há, na hipótese, "o transporte, para as causas individuais, da sentença coletiva".[36]

Assim, julgada procedente ação civil pública com o escopo de impedir a comercialização de determinado produto considerado nocivo à saúde, do mesmo comando advirá o dever do fornecedor de indenizar todas as pessoas que tenham sofrido lesão "potencial ou real" em decorrência do fato do produto.[37]

De igual maneira, acolhida demanda reconhecendo a responsabilidade do Poder Público e de sindicato por movimento paredista dos professores, da mesma decisão surgirá o dever de reparação pelos danos morais e materiais impostos aos alunos e a seus representantes legais.

Poderá o particular, em corolário, simplesmente liquidar e executar a decisão tirada na demanda coletiva, visando a ser ressarcido.

Cumpre consignar, não obstante, que a situação em comento supõe um tipo *sui generis* de liquidação, que refoge à sistemática processual comum, posto que não bastará ao particular lesado a prova de fato novo – tal como dimensionado pelo art. 608 do Código de Processo Civil – ou a realização de arbitragem.

Com efeito, as formas de liquidação previstas na sistemática processual civil comum têm como pressuposto a certeza e a exigibilidade da obrigação, com o reconhecimento anterior da existência de uma relação jurídica ligando o autor ao réu.[38]

O título judicial, em conseqüência, somente não comportaria execução imediata por faltar-lhe o requisito da liquidez, exigido pelo art. 586 do Código de Processo Civil.

Ante o exposto, o fato novo a ser demonstrado na liquidação por artigos está ligado à apuração do *quantum debeatur*, para que seja determinado apenas "o valor da condenação".[39]

---

36. Grinover, "Da coisa julgada...", *Revista do Advogado* 33/10.
37. Grinover, in *Código Brasileiro de Defesa do Consumidor...*, p. 593.
38. Cf. Patrícia Miranda Pizzol, *Liquidação nas Ações Coletivas*, p. 29.
39. Cf. art. 608 do Código de Processo Civil. Impende destacarmos que o problema apontado diz respeito apenas às liquidações individuais decorrentes da sentença coletiva – e não à liquidação da própria ação civil pública, cujo escopo será a fixação do *quantum debeatur* em razão dos danos metaindividuais. V., a propósito, Fiorillo, Rodrigues e Nery, *Direito Processual Ambiental Brasileiro*, pp. 138-139.

Contudo, como acima afiançamos, a sentença tirada na ação civil pública – em que pese tornar inquestionável o dever do réu de arcar com a composição de todos os danos pessoais e metaindividuais decorrentes de sua conduta – não é a sede própria para firmar a certeza e a exigibilidade de uma obrigação existente entre o acionado e um particular que se diga atingido pelo evento danoso.

Em conseqüência, na liquidação individual prevista no art. 103, § 3º, *in fine*, do Código de Defesa do Consumidor o particular não irá buscar obter tão-somente o *quantum debeatur* (como ocorre na sistemática processual civil comum), pois terá que demonstrar também a própria existência de uma lesão pessoal e o nexo de causalidade ligando a conduta do réu a seu dano.

Imperioso tiremos, na oportunidade, algumas conclusões: a sentença lavrada na ação civil pública fixa a responsabilidade do réu pelo evento, cometendo-lhe obrigação certa e exigível pela reparação dos danos metaindividuais a que deu causa; de igual sorte, torna inquestionável seu dever de indenizar todos os danos pessoais de mesma origem *que vierem a ser demonstrados em outras esferas*.[40]

Quanto aos danos individuais, portanto, a obrigação decorrente da sentença não se reveste dos requisitos da certeza e da exigibilidade (pois na demanda coletiva – insiste-se – não foi sequer discutida a eventual existência de relação jurídica ligando o particular ao réu).

E, se assim o é, não fosse o dispositivo inserto no art. 103, § 3º, do Código de Defesa do Consumidor, o particular lesado teria que intentar pertinente ação de conhecimento, dentro da qual deveria provar circunstâncias peculiares ao seu caso – como a existência de um dano individual e o nexo etiológico a ligá-lo à conduta do réu, tida por indevida na ação coletiva.[41]

---

40. Idênticos efeitos, aliás, gera a sentença penal condenatória, por força do disposto nos arts. 103, § 4º, do Código de Defesa do Consumidor e 91, I, do Código Penal.

41. Tornemos ao exemplo do derramamento de óleo no mar. Na hipótese, o pescador deverá provar, ao menos, que exercia a atividade naquele local e que ficou impedido de laborar mercê do dano ambiental.

Utilizemos outro exemplo – agora em sede de interesses coletivos: uma ação civil pública julga abusivo aumento imposto por certa administradora de consórcio, sendo certo que seus efeitos irão trazer benefícios também individuais ao cotista que, *v.g.*, contraiu empréstimo bancário com juros para arcar com o sobrepreço. Em sua liquidação individual, à evidência que o cotista deverá provar, ao menos, a existência do empréstimo e a respectiva finalidade.

Mencionadas questões – tornamos a enfatizar – não podem ser discutidas na sede estreita dos processos de liquidação tal como previstos no Código de Processo Civil.

A eficácia *erga omnes* ou *ultra partes* da sentença tirada na ação civil pública, no caso, aproveitaria ao particular na exata medida em que todos os fatos por ela tratados (*v.g.*, a existência do evento lesivo, sua autoria, o tempo de sua duração) não poderiam ser objeto de novo contraditório.

Ante a previsão inserta no Código de Defesa do Consumidor temos, portanto, um tipo diferenciado de processo de liquidação, que se aproxima – e em muito – das ações de conhecimento, o qual contempla amplo contraditório, exceto no pertinente aos fatos soberanamente resolvidos no bojo da ação civil pública, em virtude dos efeitos externos da coisa julgada, que se produzem, como vimos, *secundum eventum litis* e *in utilibus*.

11.7.2 A improcedência da ação civil pública em defesa dos interesses metaindividuais por insuficiência de provas

Nos termos do art. 103, I e II, do Código de Defesa do Consumidor, a sentença que julgar improcedente ação civil pública em defesa de interesses difusos ou coletivos por insuficiência de provas não impede a propositura de nova ação "com o mesmo fundamento", desde que vazada "em nova prova".

Como adverte Antônio Gidi, ao referir-se a *mesmo fundamento* quis a lei dizer *idêntica causa de pedir*.[42]

Em face do preceito em comento, a sentença que julgar improcedente ação civil pública em defesa de interesses difusos e coletivos por deficiência do conjunto probatório não terá o condão de gerar coisa julgada material.[43]

Tratando-se, no entanto, de decisão terminativa, por certo que a sentença haverá de produzir coisa julgada.

Interessa-nos, na oportunidade, analisar a natureza de mencionada *res judicata*.

A ordem processual contempla duas formas de coisa julgada: a material (ou substancial) e a formal.

---

42. *Coisa Julgada...*, p. 137.
43. Neste sentido, cf.: Mazzilli, *A Defesa dos Interesses Difusos em Juízo*, p. 475; Grinover, in *Código Brasileiro de Defesa do Consumidor...*, p. 586.

A distinção entre ambas é firmada com extrema precisão por Eduardo J. Couture.

Segundo o eminente jurista, casos há em que "el concepto de cosa juzgada sólo adquiere una de sus notas características: la de la inimpugnabilidad; pero carece de otra: la de su inmutabilidad. La cosa juzgada es eficaz, tan sólo, con relación al juicio concreto en que se ha producido o con relación al estado de cosas (personas, objeto, causa) tenido en cuenta al decidir. Nada impide que, subsanadas las circunstancias que provocaron el rechazo de la demanda anterior, la cuestión pueda revonvarse en un nuevo juicio".[44]

Temos, na hipótese, a coisa julgada formal.

De outra banda – prossegue o autor –, existe "cosa juzgada sustancial cuando a la condición de inimpugnable en el mismo proceso se une la inmutabilidad de la sentencia aun en otro juicio posterior".[45]

Dos conceitos traçados, temos que a distinção básica entre as coisas julgadas formal e material diz respeito aos respectivos alcances: enquanto a primeira torna imutável a sentença dentro da mesma ação (possuindo, assim, efeitos endoprocessuais), a segunda estende a imutabilidade a qualquer outro feito (tendo, pois, repercussões extraprocessuais).[46]

Postas mencionadas premissas, retornemos ao disposto no art. 103, I e II, do Código de Defesa do Consumidor.

Em vista do comando legal no sentido de que a ação poderá ser reproposta caso o decreto de sua improcedência decorra de insuficiência do conjunto probatório, certamente que a sentença respectiva não faz coisa julgada material.

Resta apreciarmos se os efeitos advindos da mencionada sentença são meramente intraprocessuais, de sorte a reconhecermos a presença, *in casu*, da coisa julgada formal, como definida pela sistemática procedimental civil comum.

Ao falarmos em *efeitos internos da sentença* a conseqüência que soa óbvia é a de que sua existência não se mostra capaz de impedir – ou mesmo de condicionar – a propositura de nova demanda, com idêntica causa de pedir e idêntico pedido.[47]

---

44. *Fundamentos...*, pp. 417-418. A propósito, v., também, Giuseppe Chiovenda, *Instituições de Direito Processual Civil*, v. 1, pp. 369 e ss.
45. Couture, *Fundamentos...*, p. 418.
46. A propósito, v. Zarif, "Da coisa julgada...", *Revista de Direito do Consumidor* 15/120-121.
47. Mesmo porque, de ordinário, a coisa julgada formal decorrerá da extinção do processo sem julgamento do mérito, ou seja, sem que a sentença respectiva

Assim, suprindo o autor o vício que obstou à análise, no feito anterior, do objeto da lide posta sob apreciação judicial, nada impede venha ele a renovar a demanda, nos termos do art. 268 do Código de Processo Civil.

A hipótese trazida pelo Código de Defesa do Consumidor,[48] no entanto, comporta abordagem distinta.

Com efeito, ao reverso do que ocorre com a extinção do processo nos moldes do art. 267 do Código de Processo Civil, na situação em análise o juiz alcançou o mérito da demanda, compondo o conflito de interesses oferecido à sua apreciação, julgando-o em sua essência.

Assim, houve, no caso, efetiva abordagem do direito material em litígio, sendo certo que o magistrado culminou por entender que o autor não conseguiu produzir provas suficientes para demonstrar a existência do interesse que sustentou na demanda, motivo por que veio a decretar sua improcedência.

Não há, em corolário, um vício no procedimento que tenha impedido a decisão judicial de mérito – ao contrário do que ocorre com as sentenças tiradas com lastro no art. 267 do Código de Processo Civil.

Demais disso, a repropositura da ação nos casos previstos pelo Código de Defesa do Consumidor é condicionada à existência de novas provas.

Em outras palavras, a coisa julgada valerá enquanto perdurar a situação processual que levou o juiz a decidir pela improcedência da demanda, sendo vedado a qualquer legitimado ativo repropô-la sem que traga aos autos novos elementos de prova.[49]

Pois bem: podendo a ação ser reproposta com a mesma causa de pedir, a coisa julgada, na hipótese, não é material.

Condicionada a repropositura, no entanto, à existência de novas provas, não cremos estar lidando, de igual modo, com o instituto da coisa julgada formal – ao menos como definido doutrinariamente.

---

aprecie "a substância da controvérsia estabelecida entre as partes em torno da situação jurídica material" (Theodoro Júnior, *Curso de Direito Processual Civil*, v. 1, p. 315).

48. Assim como pelos arts. 16 da Lei 7.347/1985 e 18 da Lei 4.717/1965.

49. Ocorrida a hipótese, temos para nós que o juiz deverá extinguir o novo feito com lastro no art. 267, V, do Código de Processo Civil, tendo em vista o fenômeno da coisa julgada. Neste sentido, v. Vicente Greco Filho, *Comentários ao Código de Proteção ao Consumidor*, p. 363. Dizendo que o caso é de extinção por falta de interesse de agir, v. Antônio Gidi, *Coisa Julgada...*, pp. 135-136.

O juiz tendo apreciado o mérito da demanda pretérita e concluído por sua improcedência; estando a repropositura condicionada não ao mero suprimento de um vício de regra procedimental, mas à obtenção de novos elementos de convicção; podendo o fenômeno da coisa julgada ser reconhecido pelo magistrado caso meramente renovada a anterior ação, temos para nós estarmos lidando com uma espécie de coisa julgada *sui generis*: ela não é material, posto que a demanda pode ser reproposta, mas ao mesmo tempo não é meramente formal, posto que a repropositura está condicionada à obtenção de novas provas.[50]

11.7.3 A improcedência da ação civil pública em defesa de interesses metaindividuais por fundamento diverso da insuficiência de provas

Ainda nos termos do art. 103, I e II, do Código de Defesa do Consumidor, a sentença que julgar improcedente ação civil pública em defesa de interesses difusos ou coletivos por fundamento distinto da insuficiência de provas ensejará a formação de coisa julgada *erga omnes* ou *ultra partes*.

Interessante questão emana dos dispositivos em comento.

Como tivemos oportunidade de analisar, a eficácia *erga omnes* ou *ultra partes* da sentença que julga procedente a ação civil pública beneficia os particulares lesados em decorrência dos mesmos fatos.

De tal assertiva, portanto, raciocínio lógico nos levaria a concluir que a improcedência da demanda, gerando os mesmos efeitos, viria a prejudicar mencionados indivíduos.

Tolhe tal raciocínio, no entanto, o art. 103, § 1º, do Código de Defesa do Consumidor, quando expressamente ressalva que a eficácia externa de mencionada sentença "não prejudicará interesses e direitos individuais dos integrantes da coletividade, do grupo, categoria ou classe".

Em face do dispositivo em comento a improcedência da ação civil pública não obstará à propositura de demandas individuais tendo por base os mesmos fatos por ela tratados, com o escopo de serem reparados possíveis danos pessoais.[51]

---

50. A respeito do que se consideram *novas provas*, v. Gidi, *Coisa Julgada...*, pp. 136-138.

51. Importante ressaltarmos que, apesar da identidade dos fatos, os objetos de ambas as ações serão distintos. A propósito, v. Grinover, in *Código Brasileiro de Defesa do Consumidor...*, p. 589.

Uma pergunta soa lógica: se os particulares lesados pelo mesmo fato não serão prejudicados em seus direitos pela improcedência da ação civil pública, quem são os terceiros atingidos pela eficácia *erga omnes* ou *ultra partes*?

Segundo Ada Pellegrini Grinover, no caso os efeitos externos operam "com relação a todos os entes e pessoas legitimados pelo art. 82, impedindo o ajuizamento de nova ação coletiva, pelo mesmo fundamento".[52]

Para atingir tal desiderato, no entanto, não precisaria a lei falar em eficácia *erga omnes* ou *ultra partes*.

Isso porque, tendo em conta a forma especial de legitimidade para a propositura da ação civil pública – autônoma para a condução do processo, a qual, demais disso, é concorrente e disjuntiva[53] –, o ajuizamento da demanda por qualquer dos legitimados ativos obsta a idêntica iniciativa por parte dos demais (haveria litispendência).[54]

Se assim é, por similar mote o decreto de improcedência de determinada ação civil pública impede o ajuizamento de outra com os mesmos objeto, causa de pedir e ocupante do pólo passivo: se a situação acima exposta induz litispendência, no caso vertente teríamos o óbice da coisa julgada.

Diante do exposto, não vindo a sentença de improcedência a tolher o direito de particulares que tenham sofrido lesão em decorrência dos mesmos fatos abordados na ação coletiva de ingressarem em juízo, por força do disposto no art. 103, § 1º, do Código de Defesa do Consumidor, o verdadeiro efeito da coisa julgada nas hipóteses em comento é material – e não *erga omnes* ou *ultra partes*, como consignado no art. 103, I e II, de mencionado *Codex*.

Outro aspecto interessante que decorre do art. 103, § 1º, em comento, diz respeito à projeção coletiva da sentença que vier a ser prolatada em ação individual.

Suponhamos que determinada ação civil pública tivesse por objeto impedir o funcionamento de aterro sanitário em certa área. Finda a

---

52. In *Código Brasileiro de Defesa do Consumidor...*, p. 590.
53. Podendo cada um dos legitimados propor a ação isoladamente ou em litisconsórcio. A propósito, v. Kazuo Watanabe, *Código Brasileiro de Defesa do Consumidor Interpretado pelos Autores do Anteprojeto*, p. 512/513; Mazzilli, *A Defesa...* cit., p. 246/247; Carvalho Filho, op. cit., p. 85.
54. V., a propósito, Motauri Ciocchetti de Souza, "Assistência e litisconsórcio no pólo ativo da ação civil pública. A legitimação concorrente e disjuntiva", *RT* 772/86 e ss.

instrução, o magistrado culminou por julgá-la improcedente, por entender inexistir lesão a interesse metaindividual.

Em vista de que a eficácia *erga omnes* da sentença não prejudica os particulares, um vizinho do aterro ingressou com ação em face do Poder Público, com lastro no art. 554 do Código Civil (de 1916). E a demanda foi julgada procedente, com o escopo de impedir o exercício da atividade no local.

À evidência que a sentença tirada na ação individual trouxe benefício não apenas a seu autor – mas a toda a comunidade afetada pela operação do aterro.

E, se assim é, o que foi negado na demanda coletiva culminou por ser obtido, de forma reflexa, por intermédio do direito de vizinhança.[55]

---

55. A respeito, v. interessante decisão do Superior Tribunal de Justiça admitindo a propositura, com base no direito de vizinhança, de ação visando a compelir o Poder Público Municipal a se abster de utilizar antiga pedreira como depósito de lixo: REsp 163.483-RS, rel. Min. Peçanha Martins, j. 1.9.1998, *DJU* 29.3.1999, p. 150.

12
CONCLUSÕES

Buscaremos, nesta oportunidade, traçar, de forma articulada, as principais conclusões que podemos extrair do objeto central de nossa dissertação, assim como dos demais temas que a ele nos conduziram, que dele derivam ou que com ele estão relacionados.

Em síntese, podemos destacar do trabalho elaborado os aspectos que seguem.

1 O poder que emanava do soberano assegurava privilégios às classes abastadas como autêntica forma de autotutela e, em decorrência, impunha submissão absoluta aos demais estratos da sociedade.

2 A reação a dito estado de coisas, que impulsionou movimentos revolucionários no final do século XVIII, levou à valorização extremada dos direitos individuais.

3 O individualismo que pautou mencionado momento histórico culminou naturalmente por refletir-se na esfera jurídica, ensejando a elaboração de codificações substanciais e complexas, com o privilegiamento dos direitos individuais e com a criação de mecanismos limitadores da ação do Estado.

4 O administrador passa a exercer uma função no Estado, e não mais a personificá-lo.

5 Os interesses individuais passam a ser oponíveis mesmo em face do próprio Estado.

6 A Ciência Jurídica passa a se ater ao estudo da norma, centrando-o em seu conteúdo e vendo o Homem não como detentor de direitos meramente naturais, mas decorrentes de um ordenamento.

7 Assegurar a igualdade entre os homens, sob prisma puramente objetivo, torna-se autêntica obsessão.

8 Mercê de tal fato, as desigualdades sociais culminaram por persistir e se avolumar, pois as condições pessoais de cada indivíduo eram desconsideradas na elaboração das regras jurídicas.

9 A preocupação exacerbada voltada à criação de mecanismos legais de proteção individual culminou por inibir o estudo do Homem em seu *habitat*, ou seja, no contexto social.

10 Em decorrência, os denominados *direitos sociais* receberam pouca importância por parte dos estudiosos da Ciência Jurídica.

11 O Estado funcionava como mero elaborador de normas de conteúdo geral, pouco intervindo em relações como as econômicas.

12 Pautado em irreal princípio da igualdade e desprezando a intervenção do Estado nas relações intersubjetivas, o Liberalismo culminou por gerar abismos ainda maiores entre as classes sociais.

13 O aumento vertiginoso da complexidade de fatores sociais, políticos e econômicos culminou por exigir a revisão do papel do Estado, assim como fosse conferida a devida importância às relações firmadas pelas interações entre os seres humanos.

14 O Direito não mais pode abstrair o fato de que o ser humano é tribal, e deve conter mecanismos para, dentre inúmeras possibilidades, firmar uma opção e materializá-la por intermédio das normas, com força vinculativa e como instrumento de pacificação social, possível de ser obtida mediante um suposto consenso.

15 A Ciência Jurídica, assim, passa a ser vista como um autêntico fenômeno social, que não pode abstrair de seu conteúdo a análise do comportamento humano: o Direito é uma realidade histórica, que não pode permanecer insensível à evolução da sociedade.

16 Ante o reconhecimento da necessidade de resguardo dos direitos sociais, a tradicional dicotomia entre interesse privado e público haveria de ser revista, pois calcada em relações jurídicas de natureza individual.

17 O interesse público passa a ser dividido em primário e secundário, de sorte a acomodar não apenas a Administração Pública, mas também os direitos sociais.

18 Em face da subdivisão realizada, os direitos sociais passaram a ser objeto de tutela pela ordem jurídica e a se tornar oponíveis mesmo em face do próprio Poder Público.

19 Tendo em vista sua dispersão dentre titulares indetermináveis, os interesses sociais passaram a receber a denominação de *difusos*.

20 Os interesses difusos possuem como característica o fato de se firmarem, dentro de determinado grupamento social, por objetivos congruentes, de modo circunstancial, sem organização ou vinculação prévia, consubstanciando um feixe de interesses individuais que caminham numa mesma direção e que são insuscetíveis de apropriação por qualquer de seus titulares.

21 Caracteriza os direitos difusos, outrossim, a intensa conflituosidade que se forma entre interesses antagônicos e – não raro – de similares magnitudes sociais.

22 Na elaboração das normais gerais e individuais o aplicador do Direito deve necessariamente considerar fenômenos externos ao sistema jurídico, como o político e o econômico, para poder lidar de forma adequada com os conflitos que se formam no corpo social.

23 O Direito somente pode ser visto como um fenômeno social, que necessita captar os fatos e eventos da vida em comunidade e com eles interagir, de forma a assegurar a pacificação e ser um efetivo instrumento de distribuição da justiça.

24 O ordenamento processual civil tradicional, vazado na cultura do individualismo, é instrumento típico de tutela de interesses intersubjetivos, contemplando institutos como o da legitimação ativa e o dos efeitos da coisa julgada estritamente dentro de mencionado enfoque.

25 A identificação dos interesses difusos trouxe a necessidade de se proceder a autêntica revolução na esfera processual civil. Os papéis das partes e do próprio juiz foram revistos. O instituto da legitimidade sofreu profunda alteração, de sorte a permitir a defesa de interesses transindividuais de pessoas não identificadas por intermédio de um terceiro – o representante adequado. Os efeitos objetivos e subjetivos da coisa julgada ganharam nova dimensão. As tutelas emergenciais foram privilegiadas.

26 Em corolário, de instrumento posto à disposição do particular, o processo transformou-se em meio de defesa social.

27 A ação civil pública foi prevista em nossa sistemática jurídica, de forma pioneira, pela Lei Complementar federal 40/1981, mas somente veio a ser regulamentada por intermédio da Lei 7.347/1985.

28 Desde então experimentou notório processo evolutivo, especialmente por intermédio da Constituição Federal de 1988 e das Leis 7.853/ 1990, 8.069/1990, 8.078/1990, 8.429/1992 e 8.884/1994.

29 O Código de Defesa do Consumidor, a par de introduzir diversas alterações no texto da Lei 7.347/1985, trouxe também em seu corpo dispositivos de cunho processual, os quais interagem com os princípios insertos na Lei da Ação Civil Pública, ensejando reciprocidade entre os diplomas.

30 A interação dos princípios processuais do Código de Defesa do Consumidor e da Lei 7.347/1985 forma o denominado *sistema da ação civil pública*, a base da jurisdição civil coletiva.

31 A jurisdição civil coletiva somente pode ser exercida em sua plenitude a partir da aplicação subsidiária do Código de Processo Civil, posto não tratar de institutos essenciais ao desenvolvimento do processo, como o rito procedimental, as formas de citação, a produção das provas etc.

32 Assim, as jurisdições civis individual e coletiva possuem um núcleo comum, uma base legislativa idêntica sobre a qual se desenvolvem os princípios peculiares e adequados à tutela de seus respectivos objetos.

33 A função jurisdicional emana do poder do Estado, sendo um dos predicamentos inerentes à soberania.

34 Incumbe à jurisdição dirimir os conflitos de interesses que concretamente venham a se estabelecer no seio da sociedade, materializando, assim, o conteúdo abstrato do ordenamento jurídico.

35 Caracterizam a jurisdição a privatividade de seu exercício, a existência de um conflito de interesses, a substitutividade (ou secundariedade), a inércia, a imparcialidade e a definitividade.

36 Regem a jurisdição os princípios constitucionais do juiz natural, da investidura, da inafastabilidade (ou indeclinabilidade) e da indelegabilidade.

37 A jurisdição é una e abarca toda e qualquer espécie de conflito de interesses possível de eclodir no contexto social.

CONCLUSÕES 221

38 Não obstante, o fracionamento de seu exercício é dado de extrema relevância para que a prestação jurisdicional concreta seja adequada, acessível e segura.

39 A repartição de funções entre órgãos e estruturas componentes do Poder Judiciário é, pois, salutar para o próprio sucesso no desempenho de seus graves misteres de pacificação social, sendo feita por intermédio de critérios de competência.

40 Competência é o modo pelo qual o exercício da jurisdição é racionalizado dentre os diversos órgãos jurisdicionais.

41 Todos os juízes detêm, por inteiro, a função jurisdicional. Não obstante, mercê das regras de competência, somente podem exercê-la dentro de certos limites ou medidas, impostos pela Constituição Federal, por leis processuais ou de organização judiciária.

42 Juiz natural é a autoridade competente cujo poder de julgar decorre diretamente da Constituição Federal. Além do que foi traçado e definido pela Constituição nenhuma competência judicante pode ser instituída.

43 Em face do princípio do juiz natural, só são órgãos jurisdicionais os instituídos pela Constituição Federal; ninguém poderá ser julgado por órgão constituído após a ocorrência do fato; e dentre os juízes pré-constituídos vigora uma ordem constitucional de competências, que não pode ser alterada pela discricionariedade de quem quer que seja.

44 A fixação da competência para o julgamento de um conflito de interesses em determinado órgão jurisdicional decorre necessariamente de critérios prévios e objetivos, estabelecidos pela legislação.

45 A atribuição da competência para o julgamento de certa causa a um órgão jurisdicional é atividade complexa, que demanda raciocínios seqüenciais, pois, em face do princípio do juiz natural, dentre os diversos órgãos singulares ou colegiados que compõem o sistema judiciário brasileiro apenas um deverá deter a competência efetiva para o julgamento da causa, em detrimento de todos os seus pares.

46 Assim, a determinação do juiz natural passa pela análise sucessiva das competências chamadas *de jurisdição, originária, de foro, de juízo, interna* e *recursal*, além da observância dos critérios da prevenção, da conexão e da continência.

47 A repartição da competência ocorre por intermédio da instituição de diferentes órgãos jurisdicionais, pela elaboração de grupos de causas ou de litígios e, finalmente, pela atribuição de cada um desses grupos a um dos mencionados órgãos.

48 A denominada *competência de jurisdição* possui tratamento exaustivo dentro da Constituição Federal, sendo vedado ao legislador infraconstitucional ou ao aplicador do Direito alterá-la ou ampliá-la, ainda que com base em mecanismos de integração da norma (analogia, princípios gerais do Direito, costume e eqüidade).

49 A competência de foro – incumbida de definir o espaço territorial em que a causa deverá ser proposta – é objeto de tratamento pelas normas processuais e de organização judiciária, pois a esta incumbe distribuir os órgãos jurisdicionais dentro de um determinado território.

50 À competência de juízo incumbe definir, dentro da sede geográfica da causa, o órgão jurisdicional que estará incumbido de seu julgamento.

51 A competência de juízo pode ser definida em função do valor da causa, da matéria (natureza da lide), da pessoa (*ratione personae*), por distribuição ou por prevenção.

52 Quando dois ou mais magistrados estiverem em exercício junto a um mesmo órgão jurisdicional a divisão de processos entre eles deverá seguir critério objetivo, de sorte a lhes preservar a imparcialidade.

53 Caso os critérios acima indicados se mostrem ainda insuficientes para a apuração do juiz natural, deverá ser utilizada a regra da prevenção, que implica a fixação da competência de um juízo em face de outros em tese igualmente competentes.

54 A competência funcional não tem por finalidade apenas repartir as funções que serão exercidas por órgãos judiciários distintos dentro de uma mesma relação processual, mas também regular hipóteses em que determinado fato esteja a aconselhar o julgamento da lide respectiva em um dado local.

55 Neste último caso fala-se em competência territorial-funcional, que se justifica pela proximidade do juiz em relação aos fatos, supondo a lei que ele possua melhores condições de compor adequadamente o conflito de interesses.

56 Os critérios de fixação da competência podem ser divididos em absolutos ou relativos. São absolutos quando se relacionam à conveniência da própria função jurisdicional, com o escopo de atender ao interesse público. Relativos, por seu turno, são os fixados tendo em conta a conveniência das partes, consultando, em corolário, ao interesse privado.

57 A conexão e a continência são critérios de alteração das regras de competência relativa, não se aplicando às hipóteses de competência absoluta.

58 O descumprimento de regra de competência absoluta gera a nulidade de todos os atos decisórios praticados no processo, e somente poderá ser convalidada após findo *in albis* o prazo para a propositura de ação rescisória.

59 A violação de regra de competência relativa somente pode ser declarada pelo juiz mediante alegação do réu, por meio de exceção. Ausente a argüição, sua competência estará automaticamente prorrogada.

60 Os critérios de competência existentes são aptos a afetar o julgamento de qualquer lide a um único órgão jurisdicional. Surgindo dentre dois ou mais deles divergência acerca da aplicação de tais regras ocorre o conflito de competência, que deverá ser dirimido por órgão superior, através de decisão de natureza declaratória.

61 A regra geral de competência de foro em sede de jurisdição civil coletiva é trazida pelo art. 2º da Lei 7.347/1985, que a atribui ao juiz do local em que o dano ocorreu.

62 Ao critério territorial susodescrito a norma acrescentou, de modo adequado, a natureza funcional.

63 Em que pese à omissão do legislador no art. 2º em comento, a competência territorial-funcional também se aplica às ações civis públicas de natureza preventiva.

64 Caso o dano (ou sua ameaça) venha a alcançar mais de uma comarca ou seção judiciária a competência será concorrente entre os órgãos jurisdicionais respectivos, devendo ser firmada por intermédio da prevenção.

65 Apesar de estarmos lidando com critério de competência absoluta, a reunião de ações civis públicas em face da existência de conexidade se mostra necessária, em prol da harmonia da prestação jurisdicional e tendo em conta os efeitos externos da coisa julgada. Cuida-se, no entanto, de forma *sui generis* de conexão, pois por seu intermédio não se estará tornando competente órgão jurisdicional que, de ordinário, não o era.

66 A reciprocidade entre os princípios processuais do Código de Defesa do Consumidor e da Lei 7.347/1985 é plena em relação aos Capítulos I e IV do Título III do primeiro.

67 Quanto aos Capítulos II e III do Título III a reciprocidade somente vai existir no que for cabível e quando não contrariar as disposições contidas no outro texto legal, em face do disposto nos arts. 90 da Lei 8.078/1990 e 21 da Lei da Ação Civil Pública.

68 O art. 93 do Código de Defesa do Consumidor, inserido no Capítulo II de seu Título III, trata exclusivamente da competência para o julgamento de demandas coletivas em defesa de interesses individuais homogêneos.

69 Em vista de que os interesses individuais homogêneos – ao reverso dos difusos e coletivos – são divisíveis por natureza, o objetivo dos princípios procedimentais constantes dos arts. 91 a 100 do Código de Defesa do Consumidor é o de obter a reparação de lesões pessoais, em absoluta dissonância com a finalidade constante da Lei 7.347/1985.

70 O inciso I do art. 93 do Código do Consumidor traz regra de competência meramente territorial – logo, prorrogável – incompatível com aquela constante do art. 2º da Lei 7.347/1985.

71 O próprio inciso II do art. 93 do Código do Consumidor permite o surgimento de exceção à regra do inciso I nas hipóteses em que o dano regional venha a afetar parcela significativa do território do Estado-membro sem chegar, no entanto, à respectiva Capital.

72 A principal preocupação do legislador ao elaborar a parte processual do Código do Consumidor foi a de conferir maior efetividade ao processo e melhor aproximar a jurisdição civil coletiva do princípio consagrado pelo art. 5º, XXXV, da Constituição Federal.

73 Caso fosse utilizado em sede de ação civil pública, o art. 93, II, do Código do Consumidor restringiria de forma indevida o acesso à Justiça, cometendo a um único órgão jurisdicional a competência para o julgamento da demanda, em detrimento de outros tantos, detentores de competência concorrente por força do disposto no art. 2º da Lei 7.347/1985.

74 Demais disso, no exemplo de danos regionais que não chegam a afetar a Capital do Estado (ou de nacionais que não atinjam o Distrito Federal, diga-se) o art. 93, II, do Código imporia autêntica burla a critério de competência territorial-funcional – o que se mostra inconcebível.

CONCLUSÕES 225

75 A interpretação limitadora de regra da jurisdição civil coletiva em decorrência de outra norma interna do próprio sistema é solução imprópria e inadequada, capaz de criar precedente perigoso, cujos reflexos podem vir a ser cruéis para com a tutela de interesses da magnitude dos difusos e coletivos.

76 Juiz do local do dano é aquele que, pelas regras de competência e de organização judiciária, exerça a jurisdição sobre o território em que o evento lesivo ocorreu ou deveria ocorrer.

77 As regras de competência de jurisdição relativas à Justiça Federal traçadas pela Constituição da República não excepcionam o critério de competência de foro trazido pelo art. 2º da Lei 7.347/1985, o qual deverá ser utilizado para a determinação, dentre os diversos juízos federais, daquele que terá a incumbência de julgar a causa.

78 Ao exercerem a jurisdição sobre todo o território nacional, os Tribunais Superiores serão sempre juízes do local do dano quando, em razão da matéria ou da pessoa, o julgamento da ação civil pública lhes competir de modo originário.

79 A ausência de estruturação da Justiça Federal em todos os cantos do território brasileiro inspirou o legislador a editar a norma que se encontra no art. 109, § 3º, da Constituição da República, a qual permite a investidura do juiz estadual em jurisdição federal para o julgamento de determinadas causas, com a finalidade de suprir as falhas de estrutura e de ampliar o acesso ao Judiciário, em respeito ao comando advindo do art. 5º, XXXV, da Carta de Princípios.

80 Consideradas a relevância dos interesses tratados por intermédio da ação civil pública, a importância da proximidade física do magistrado ressaltada pelo art. 2º da Lei 7.347/1985 e a inexistência de conflito entre o disposto em mencionado artigo e a norma inserta no art. 109, § 3º, da Constituição da República, nada obsta a que o exercício da jurisdição federal seja deferido ao juiz estadual para o julgamento de ação civil pública em decorrência de danos ocorridos em local que não seja sede de vara federal.

81 O fato de determinado dano atingir comarcas pertencentes a Estados distintos não desloca, por si só, a competência para o julgamento da ação civil pública da Justiça Estadual para a Federal, pois mencionada hipótese não se encontra arrolada no art. 109 da Constituição da República.

82 No caso, a competência será concorrente entre Justiças Estaduais distintas (competência concorrente de jurisdição) – ou, mais especificamente, entre os respectivos órgãos jurisdicionais que detenham competência territorial sobre o espaço físico em que o dano ocorreu, resolvendo-se a quizila por meio da prevenção.

83 Nas comarcas que possuam órgãos jurisdicionais exercendo funções diversas a competência para o julgamento da ação civil pública deverá ser determinada pelas normas de organização judiciária.

84 A instituição, por norma de organização judiciária, de vara privativa da Fazenda Pública na Capital do Estado não gera o deslocamento da competência territorial firmada pelo art. 2º da Lei 7.347/1985 em órgão jurisdicional de outra comarca para o julgamento de ação civil pública em que figure como parte a pessoa política.

85 As varas da infância e juventude são juízos regulares, instituídos dentro da estrutura judiciária e especializados em razão da matéria ou tendo em conta a qualidade da parte. Não são, pois, órgãos jurisdicionais especiais, nem, muito menos, de exceção.

86 A instituição de varas da infância e da juventude especializadas é um dos desdobramentos processuais do princípio da prioridade absoluta assegurado pelo art. 227 da Constituição da República.

87 Apesar de ser juízo especializado, instituído dentro da estrutura judiciária por normas organizacionais, a competência material e em razão da pessoa das varas da infância e da juventude é traçada pelo art. 148 do Estatuto da Criança e do Adolescente.

88 Ao tratar, de modo exemplificativo, das matérias passíveis de tutela por intermédio de ação civil pública, o Estatuto da Criança e do Adolescente, em seu art. 208, cometeu destacada importância ao ensino.

89 A regra de competência de foro para o julgamento de ações civis públicas em defesa da infância e da juventude trazida pelo art. 209 do Estatuto da Criança e do Adolescente também é territorial absoluta. Contudo, sendo fixada no juiz do local onde ocorreu ou deva ocorrer a ação ou a omissão, constitui a única exceção efetiva ao critério contido no art. 2º da Lei 7.347/1985.

90 A opção feita pelo Estatuto se nos afigura infeliz, pois, além de impedir a desejável padronização no trato da matéria em sede de ações civis públicas, cria situações em que a demanda poderá vir a ser proposta perante órgão jurisdicional que vínculo algum mantém com o local do dano, rompendo, destarte, um dos principais motivos que levaram à adoção do critério territorial-funcional pela Lei 7.347/1985.

91 O conceito de *ação* é dado essencial para que possamos definir a competência para o julgamento da ação civil pública em defesa da infância e da juventude, pois diferentes interpretações a seu respeito levam necessariamente a conclusões díspares.

92 Identificada a ação exclusivamente com um comando, cujos desdobramentos são vinculados e constituem seu mero exaurimento, a regra de competência prevista no art. 209 do Estatuto da Criança e do Adolescente se tornaria extremamente restritiva, posto que centrada no local em que a ordem foi emitida, pouco importando onde os respectivos efeitos (*rectius*, resultados) haveriam de ocorrer. Mencionado conceito é incompatível com os princípios contidos nos arts. 5º, XXXV, e 227 da Constituição Federal – motivo por que deve ser rechaçado.

93 Caso tratemos da ação apenas sob o enfoque da materialização da ordem, dos desdobramentos oriundos de um comando, estaremos nos atendo apenas ao resultado, à conseqüência, sem conferirmos a devida e necessária importância à causa, à origem do ato, além de novamente tornarmos restritiva a regra de competência inserta no art. 209 do Estatuto da Criança e do Adolescente.

94 Para que tenha a amplitude necessária com o fito de atender ao contido nos dispositivos constitucionais citados e se adequar ao espírito da jurisdição civil coletiva, a ação deve ser vista como algo complexo, formado por um conjunto de atos que abarcam desde a ordem até seus diversos e diferenciados desdobramentos. Cada ato equivale a um momento da ação, integrando-a.

95 Por força do conceito que traçamos, caso os atos componentes da ação sejam praticados em diferentes comarcas a competência para o julgamento da ação civil pública em defesa da infância e da juventude será concorrente entre os respectivos órgãos jurisdicionais, firmando-se por intermédio da prevenção.

96 Idêntica regra aplica-se às hipóteses de omissão – que há tanto em face da ausência do comando devido quanto em virtude da não-implementação da atividade – e de tutela preventiva – que pode ser proposta tanto na comarca em que o evento iria produzir-se quanto naquela em que o comando respectivo foi emitido, pois ambos são locais em que ao menos um ato integrante da ação ocorreu ou deveria ocorrer.

97 Vez que o Estado possui sede na Capital, o órgão jurisdicional local terá sempre competência para julgar ações civis públicas que tenham por escopo discutir as suas ações e políticas em sede de infância e juventude, pois é nessa comarca que os respectivos comandos são emitidos. Caso a ordem gere desdobramentos em outros locais a competência passará a ser concorrente.

98 Caso a ação se desenvolva em apenas um local mas seus efeitos atinjam também territórios pertencentes a outras comarcas, a regra de competência inserta no art. 209 do Estatuto da Criança e do Adolescente será restritiva quando cotejada com aquela constante do art. 2º da Lei 7.347/1985.

99 A ressalva feita pelo art. 209 da Lei 8.069/1990 à competência da Justiça Federal e dos Tribunais Superiores é plenamente dispensável, pois não tem o condão de gerar o deslocamento do processo ou de alterar regra de competência alguma.

100 A competência em razão da matéria e da qualidade da parte prevista no art. 148 do Estatuto da Criança e do Adolescente prefere sempre à regra de organização judiciária que institui varas privativas da Fazenda Pública ou cíveis.

101 A competência do juízo da infância e da juventude em razão da pessoa será ampliada para também alcançar adultos quando a demanda vier a tutelar de forma prioritária – porém não exclusiva – interesses afetos a crianças e adolescentes.

102 O presidente do tribunal competente para o julgamento de eventual recurso possui competência extraordinária de suspender a execução de ordens judiciais de natureza cautelar ou de sentenças tiradas em sede de ação civil pública, com o escopo de evitar grave lesão ao interesse público primário.

103 O pedido de suspensão pode ser formulado apenas por pessoas jurídicas de direito público ou pelo Ministério Público, possuindo a natureza de incidente processual. Sua finalidade não é a de obter a reforma da decisão, mas apenas a de sustar a respectiva executividade, sob o argumento de tutelar interesses sociais de maior relevância.

104 A competência do presidente do tribunal é, no caso, absoluta, funcional e originária.

105 O presidente do tribunal deverá vazar sua decisão a partir do cotejo dos interesses em conflito e de suas respectivas valorações, o qual deve ser realizado dentro do ordenamento, que oferece os mecanismos necessários para o sopesamento dos bens jurídicos em confronto e para a adoção da postura que melhor se revele adequada à defesa dos interesses sociais.

106 Como órgão interveniente obrigatório em todas as ações civis públicas e demais causas em que haja interesse público – além de incumbido pela Constituição Federal de zelar pelo efetivo respeito dos Poderes Públicos e dos serviços de relevância pública aos direitos por ela assegurados, competindo-lhe promover as medidas necessárias à mencionada garantia –, o Ministério Público deverá ser ouvido em todos os incidentes do gênero quando não os intentar, sob pena de nulidade absoluta da decisão que vier a ser lançada.

107 A suspensão lançada pelo presidente do tribunal perde sua eficácia com o julgamento do recurso interposto em face da decisão judicial.

108 Os efeitos da coisa julgada em sede de jurisdição civil coletiva operam *secundum eventum litis*, mas somente *in utilibus*.

109 O tratamento legislativo de mencionados efeitos encontra-se nos arts. 103 e 104 do Código de Defesa do Consumidor, que, por mais recentes e completos, revogaram implicitamente o art. 16 da Lei 7.347/ 1985.

110 O art. 224 do Estatuto da Criança e do Adolescente permite a aplicação subsidiária, em sede de tutela coletiva da infância e juventude, dos princípios referentes à coisa julgada contidos no Código de Defesa do Consumidor, em virtude da integração existente entre este e a Lei da Ação Civil Pública.

111 Os limites ao alcance da coisa julgada trazidos pela Lei 9.494/ 1997 ferem os princípios constitucionais da isonomia e do acesso à Justiça, além de conferir efeito repristinatório ao art. 16 da Lei 7.347/1985 e de confundir regra territorial de fixação de competência com objeto do processo.

112 A distinção terminológica utilizada pelo Código de Defesa do Consumidor entre eficácia *erga omnes* e *ultra partes* decorre tão-somente da determinabilidade, ou não, do número de pessoas afetadas pelo evento lesivo ou tuteladas preventivamente.

113 Os efeitos externos da coisa julgada que emana da procedência da demanda coletiva irão conferir benefício direto aos particulares que sofreram lesões individuais em decorrência dos mesmos fatos, os quais deverão simplesmente liquidar e executar a sentença tirada na ação civil pública, na forma do art. 97 do Código de Defesa do Consumidor.

114 A liquidação individual da sentença tirada na ação civil pública, no entanto, é *sui generis*, pois não está limitada à apuração do *quantum debeatur*, mas também à demonstração da própria existência do dano pessoal e do nexo de causalidade a ligá-lo ao evento tratado na demanda coletiva.

115 Os efeitos da coisa julgada nas hipóteses de improcedência da ação civil pública por insuficiência de provas não são materiais, pois a demanda pode ser reproposta. Não são, também, meramente formais, pois a sentença extingue o processo com base no art. 269, III, do Código de Processo Civil, sendo certo, outrossim, que a repropositura da ação está condicionada à obtenção de novas provas.

116 Em que pese à literalidade do art. 103, I e II, do Código de Defesa do Consumidor, a improcedência da ação civil pública por motivo distinto da insuficiência de provas gera coisa julgada material, sem eficácia *erga omnes* ou *ultra partes*, a teor do contido no § 1º do mesmo dispositivo.

BIBLIOGRAFIA

ALESSI, Renato. *Sistema Istituzionale del Diritto Amministrativo Italiano*. Milano, Giuffrè Editore, 1960.

ALMEIDA, João Batista de. *A Proteção Jurídica do Consumidor*. São Paulo, Saraiva, 1993.

ALMEIDA JÚNIOR, João Mendes de. *Direito Judiciário Brasileiro*. Rio de Janeiro, Freitas Bastos, 1954.

AMARAL SANTOS, Moacyr. *Primeiras Linhas de Direito Processual Civil*. v. 1. São Paulo, Saraiva, 1975.

ANDRIOLI, Virgilio. *Lezioni di Diritto Processuale Civile*. Napoli, Jovene, 1973.

ANTOLISEI, Francesco. *Manual de Derecho Penal*. Buenos Aires, UTEHA, 1960.

ARAÚJO, Luiz Alberto David, e NUNES JÚNIOR, Vidal Serrano. *Curso de Direito Constitucional*. São Paulo, Saraiva, 1999.

ARAÚJO CINTRA, Antônio Carlos de, DINAMARCO, Cândido Rangel, e GRINOVER, Ada Pellegrini. *Teoria Geral do Processo*. 18ª ed. São Paulo, Malheiros Editores, 2002.

ARAÚJO FILHO, Luiz Paulo da Silva. *Ações Coletivas: a Tutela Jurisdicional dos Direitos Individuais Homogêneos*. Rio de Janeiro, Forense, 2000.

ARRUDA ALVIM, Teresa. "Apontamentos sobre as ações coletivas". *RePro* 75/273/283. São Paulo, Ed. RT.

ARRUDA ALVIM, José Manoel de. *Manual de Direito Processual Civil*. São Paulo, Ed. RT, 1997.

_____, ARRUDA ALVIM, Thereza, ARRUDA ALVIM, Eduardo, e MARINS James J. *Código Brasileiro de Defesa do Consumidor Comentado*. São Paulo, Ed. RT, 1991.

BARBI, Celso Agrícola. *Comentários ao Código de Processo Civil*. v. 1. Rio de Janeiro, Forense, 1981.

BARBOSA MOREIRA, José Carlos. "A proteção jurisdicional dos interesses coletivos ou difusos". In: GRINOVER, Ada Pellegrini (coord.). *A Tutela dos Interesses Difusos*. São Paulo, Max Limonad, 1984 (pp. 98-106).

_____. "Ação civil pública". *RTDP* 3/187-203. São Paulo, Malheiros Editores, 1993.

_____. *O Novo Processo Civil Brasileiro*. Rio de Janeiro, Forense, 1997.

_____. "Pode o juiz declarar de ofício a incompetência relativa?". *Temas de Direito Processual (Quinta Série)*. São Paulo, Saraiva, 1994 (p. 63-76).

BASTOS, Celso Ribeiro. *Comentários à Constituição do Brasil*. v. 2. São Paulo, Saraiva, 1989.

BENJAMIN, Antônio Herman de Vasconcellos (org.). *Anais do 3º Congresso Internacional de Direito Ambiental*. São Paulo, IMESP, 1999 (pp. 45-56).

BENJAMIN, Antônio Herman de Vasconcellos, e GRINOVER, Ada Pellegrini, e outros. *Código Brasileiro de Defesa do Consumidor Comentado pelos Autores do Anteprojeto*. Rio de Janeiro, Forense Universitária, 1996.

BETTI, Emilio. *Novissimo Digesto Italiano*. Torino, UTET, 1962.

BOBBIO, Norberto. *A Era dos Direitos*. Rio de Janeiro, Campus, 1992.

BOZZI, Aldo. *Istituzioni di Diritto Publico*. Milano, Giuffrè Editore, 1966.

BUENO, Cássio Scarpinella. *Liminar em Mandado de Segurança*. São Paulo, Ed. RT, 1999.

_____. *O Poder Público em Juízo*. São Paulo, Max Limonad, 2000.

BUENO, Cássio Scarpinella, e SUNDFELD, Carlos Ari (coords.). *Direito Processual Público – A Fazenda Pública em Juízo*. São Paulo, Malheiros Editores, 2000

CALAMANDREI, Piero. *Istituzioni di Diritto Processuale Civile*. v. I. Padova, CEDAM, 1943.

CAMPILONGO, Celso Fernandes. *Direito e Democracia*. São Paulo, Max Limonad, 1997.

CAMPOS, Ronaldo Cunha. *Ação Civil Pública*. Rio de Janeiro, Aide Editora, 1995.

CANOTILHO, J. J. Gomes, e MOREIRA, Vital. *Constituição da República Portuguesa Anotada*. v. 1. Coimbra, Livraria Almedina, 1984.

_____. *Direito Constitucional*. Coimbra, Livraria Almedina, 1991.

CAPPELLETTI, Mauro. "Formazioni sociali e interessi di grupo davanti alla Giustizia Civile". *Rivista de Diritto Processuale*. 1975. Padova, CEDAM.

_____. *Juízes Legisladores?*. Trad. de Carlos Alberto Álvaro de Oliveira. Porto Alegre, Sérgio Antônio Fabris Editor, 1993.

CAPPELLETTI, Mauro, e GARTH, Bryant. *Acesso à Justiça*. Trad. de Ellen Gracie Northfleet. Porto Alegre, Sérgio Antônio Fabris Editor, 1988.

CARNEIRO, Athos Gusmão. *Jurisdição e Competência*. São Paulo, Saraiva, 1996.

CARNEIRO, Paulo Cézar Pinheiro. *O Ministério Público no Processo Civil e Penal – Promotor Natural, Atribuição e Conflito*. Rio de Janeiro, Forense, 1999.

CARNELUTTI, Francesco. *Trattato del Processo Civile*. Napoli, Morano Editore, 1958.

CARVALHO FILHO, José dos Santos. *Ação Civil Pública: Comentários por Artigos*. Rio de Janeiro, Freitas Bastos, 1995.

CHIOVENDA, Giuseppe. *Instituições de Direito Processual Civil*. vs. 1 e 2, trad. de J. Guimarães Menegale. São Paulo, Saraiva, 1965.

COUTURE, Eduardo J. *Fundamentos del Derecho Procesal Civil*. Buenos Aires, Ediciones Depalma, 1981.

CRETELLA JÚNIOR, José. *Comentários à Constituição Brasileira de 1988*. Rio de Janeiro, Forense, 1989.

CURY, Munir, SILVA, Antônio Fernando do Amaral, e MENDEZ, Emílio García (coords.). *Estatuto da Criança e do Adolescente Comentado*. 4ª ed. São Paulo, Malheiros Editores, 2002.

DE GIORGI, Raffaele. "Estado de Direito no fim do século". *Direito, Democracia e Risco*. Porto Alegre, Sérgio Antônio Fabris Editor, 1998.

DINAMARCO, Cândido Rangel. *A Reforma do Código de Processo Civil*. 5ª ed. São Paulo, Malheiros Editores, 2001.

_____. "Declaração *ex officio* da incompetência relativa?". *Ajuris* 17.

_____. *Direito Processual Civil, n. 7*. São Paulo, José Bushatsky Editor, 1975.

DINAMARCO, Cândido Rangel, ARAÚJO CINTRA, Antônio Carlos de, e GRINOVER, Ada Pellegrini. *Teoria Geral do Processo*. 18ª ed. São Paulo, Malheiros Editores, 2002.

DINIZ, Maria Helena. *As Lacunas do Direito*. São Paulo, Ed. RT, 1981.

DOTTI, René Ariel. "A atuação do Ministério Público na proteção dos interesses difusos". *Revista do Ministério Público do Rio Grande do Sul* 19 (ed. especial). Porto Alegre, 1986.

FERNANDES, Antônio Scarance. *Processo Penal Constitucional*. São Paulo, Ed. RT, 2000.

FERRAZ, Antônio Augusto Mello de Camargo, MILARÉ, Édis, e NERY Júnior, Nélson. *A Ação Civil Pública e a Tutela Jurisdicional dos Interesses Difusos*. São Paulo, Saraiva, 1984.

FERRAZ, Antônio Augusto Mello de Camargo (coord.). *Ministério Público – Instituição e Processo*. São Paulo, Atlas, 1997.

FERRAZ, Sérgio. "Provimentos antecipatórios na ação civil pública". In: MILARÉ, Édis (coord.). *Ação Civil Pública – Dez Anos*. São Paulo, Ed. RT, 1995 (pp. 451-459).

FERREIRA, Wolgran Junqueira. *Direitos e Garantias Individuais*. Bauru, Edipro, 1997.

FERREIRA FILHO, Manoel Gonçalves. *Curso de Direito Constitucional*. São Paulo, Saraiva, 1989.

FIGUEIREDO, Lúcia Valle. "Ação civil pública: considerações sobre a discricionariedade na outorga e no pedido de suspensão da liminar, na concessão de efeito suspensivo aos recursos e na tutela antecipatória". In: MILARÉ, Édis (coord.). *Ação Civil Pública – Dez Anos*. São Paulo, Ed. RT, 1995 (pp. 329-351).

FILOMENO, José Geraldo Brito. *Manual de Direitos do Consumidor*. São Paulo, Atlas, 2000.

FIORILLO, Celso Antônio Pacheco. *Curso de Direito Ambiental Brasileiro*. São Paulo, Saraiva, 2000.

FIORILLO, Celso Antônio Pacheco, e RODRIGUES, Marcelo Abelha. *Manual de Direito Ambiental e Legislação Aplicável*. São Paulo, Max Limonad, 1999.

FIORILLO, Celso Antônio Pacheco, NERY, Rosa Maria de Andrade, e RODRIGUES, Marcelo Abelha. *Direito Processual Ambiental Brasileiro*. Belo Horizonte, Del Rey, 1996.

FIRMO, Maria de Fátima Carrada. *A Criança e o Adolescente no Ordenamento Jurídico Brasileiro*. Rio de Janeiro, Renovar, 1999.

GARTH, Bryant, e CAPPELLETTI, Mauro. *Acesso à Justiça*. Trad. de Ellen Gracie Northfleet. Porto Alegre, Sérgio Antônio Fabris Editor, 1988.

GIASANTI, A., e POCAR, V. *La Teoria Funzionale del Diritto*. Milano, Unicopli, 1983.

GIDI, Antônio. *Coisa Julgada e Litispendência em Ações Coletivas*. São Paulo, Saraiva, 1995.

GRECO FILHO, Vicente. *Comentários ao Código de Proteção ao Consumidor*. São Paulo, Saraiva, 1991.

_____. *Direito Processual Civil Brasileiro*. vs. 1 e 2. São Paulo, Saraiva, 1986 e 1997.

GRINOVER, Ada Pellegrini. "A ação civil pública refém do autoritarismo". In BENJAMIN, Antônio Herman de Vasconcellos (org.). *Anais do 3º Congresso Internacional de Direito Ambiental*. São Paulo, IMESP, 1999 (pp. 45-56).

_____. "A tutela jurisdicional dos interesses difusos". *RF* 268/67-78. Rio de Janeiro, Forense.

_____. "Da coisa julgada no Código de Defesa do Consumidor". *Revista do Advogado* 33/5-15.

_____. "O procedimento sumário, o princípio do juiz natural e a Lei Orgânica do Ministério Público". *Ajuris* 32/98-107.

_____. (coord.). *A Tutela dos Interesses Difusos*. São Paulo, Max Limonad, 1984.

GRINOVER, Ada Pellegrini, ARAÚJO CINTRA, Antônio Carlos de, e DINAMARCO, Cândido Rangel. *Teoria Geral do Processo*. 18ª ed. São Paulo, Malheiros Editores, 2002.

GRINOVER, Ada Pellegrini, BENJAMIN, Antônio Herman de Vasconcellos, e outros. *Código Brasileiro de Defesa do Consumidor Comentado pelos Autores do Anteprojeto*. Rio de Janeiro, Forense Universitária, 1996.

GUERRA, Isabella Franco. *Ação Civil Pública e Meio Ambiente*. Rio de Janeiro, Forense, 1999.

KELSEN, Hans. *O que É Justiça?* São Paulo, Martins Fontes, 1998.

_____. *Que És la Teoría Pura del Derecho?*. México, Fontamara, 1993.

_____. *Teoria Geral do Direito e do Estado*. São Paulo, Martins Fontes, 1998.

LAMARCA, Antônio. *O Livro da Competência*. São Paulo, Ed. RT, 1979.

LIEBMAN, Enrico Tullio. *Manual de Direito Processual Civil*. v. 1, trad. de Cândido Rangel Dinamarco. Rio de Janeiro, Forense, 1984.

LISBOA, Roberto Senise. *Contratos Difusos e Coletivos*. São Paulo, Ed. RT, 2000.

LOPES, Maurício Antônio Ribeiro. *Comentários à Lei de Diretrizes e Bases da Educação*. São Paulo, Ed. RT, 1999.

LUHMANN, Niklas. "La norma nella prospettiva sociologica". In: GIASANTI, A., e POCAR, V. *La Teoria Funzionale del Diritto*. Milano, Unicopli, 1983.

_____. "La positività del Diritto come pressuposto di una società moderna". *La Differenziazione del Diritto*. Bolonha, Il Mulino, 1990.

_____. *Legitimação pelo Procedimento*. Trad. de Maria da Conceição Côrte-Real. Brasília, UnB, 1980.

_____. *Sociologia do Direito*. v. 1, trad. de Gustavo Bayer. Rio de Janeiro, Tempo Universitário, 1983.

MACHADO, Paulo Affonso Leme. *Ação Civil Pública e Tombamento*. São Paulo, Ed. RT, 1986.

MANCUSO, Rodolfo de Camargo. *Ação Civil Pública*. São Paulo, Ed. RT, 1996.

_____. *Interesses Difusos – Conceito e Legitimação para Agir*. São Paulo, Ed. RT, 1994.

MARCATO, Antônio Carlos. *Procedimentos Especiais*. 9ª ed. São Paulo, Malheiros Editores, 2001.

MARQUES, José Frederico. *Da Competência em Matéria Penal*. São Paulo, Saraiva, 1953.

_____. *Instituições de Direito Processual Civil*. v. 1. Rio de Janeiro, Forense, 1962.

_____. *Tratado de Direito Processual Penal.* v. 1. São Paulo, Saraiva, 1980.

MAXIMILIANO, Carlos. *Hermenêutica e Aplicação do Direito.* Rio de Janeiro, Forense, 1979.

MAZZILLI, Hugo Nigro. "A ação civil pública no Estatuto da Criança e do Adolescente". *Justitia* 153/16-20.

_____. *A Defesa dos Interesses Difusos em Juízo.* São Paulo, Saraiva, 1995.

_____. "Independência do Ministério Público". In: FERRAZ, Antônio Augusto Mello de Camargo (coord.). *Ministério Público – Instituição e Processo.* São Paulo, Atlas, 1997 (pp. 104-115).

MEIRELLES, Hely Lopes. *Mandado de Segurança, Ação Popular, Ação Civil Pública, Mandado de Injunção, "Habeas Data", Ação Direta de Inconstitucionalidade, Ação Declaratória de Constitucionalidade e Argüição de Descumprimento de Preceito Fundamental.* 24ª ed., atualizada por Arnoldo Wald e Gilmar Ferreira Mendes. São Paulo, Malheiros Editores, 2002.

MELLO FILHO, José Celso de. "A tutela judicial da liberdade". *RT* 526/291-302. São Paulo, Ed. RT.

_____. *Constituição Federal Anotada.* São Paulo, Saraiva, 1984.

MENDEZ, Emílio García, CURY, Munir, e SILVA, Antônio Fernando do Amaral (coords.). *Estatuto da Criança e do Adolescente Comentado.* 4ª ed. São Paulo, Malheiros Editores, 2002.

MILARÉ, Édis. "A ação civil pública por dano ao ambiente". In: MILARÉ, Édis (coord.). *Ação Civil Pública – 15 Anos.* São Paulo, Ed. RT, 2001 (pp. 140-220).

_____. *Direito do Ambiente.* São Paulo, Ed. RT, 2000.

_____ (coord.). *Ação Civil Pública – 10 Anos.* São Paulo, Ed. RT, 1985.

_____ (coord.). *Ação Civil Pública – 15 Anos.* São Paulo, Ed. RT, 2001 (pp. 140-220).

MILARÉ, Édis, FERRAZ, Antônio Augusto Mello de Camargo, e NERY Júnior, Nélson. *A Ação Civil Pública e a Tutela Jurisdicional dos Interesses Difusos.* São Paulo, Saraiva, 1984.

MIRANDA, Gilson Delgado. *Procedimento Sumário.* São Paulo, Ed. RT, 2000.

MIRRA, Álvaro Luiz Valery. "A coisa julgada nas ações para tutela de interesses difusos". *RT* 631/71-82. São Paulo, Ed. RT.

_____. "Ação civil pública em defesa do ambiente". In: MILARÉ, Édis (coord.). *Ação Civil Pública – 15 Anos.* São Paulo, Ed. RT, 2001 (pp. 40-83).

MONTELEONE, Girolamo. *I Limitti Sogettivi del Giudicato Civile.* Padova, CEDAM, 1978.

MORAES, Alexandre de. *Direito Constitucional.* São Paulo, Atlas, 1998.

MOREIRA, Vital, e CANOTILHO, J. J. Gomes. *Constituição da República Portuguesa Anotada.* v. 1. Coimbra, Livraria Almedina, 1984.

_____. *Direito Constitucional*. Coimbra, Livraria Almedina, 1991.

NERY, Rosa Maria de Andrade, e NERY JÚNIOR, Nélson. *Código de Processo Civil Comentado*. São Paulo, Ed. RT, 1996.

NERY, Rosa Maria de Andrade, FIORILLO, Celso Antônio Pacheco, e RODRIGUES, Marcelo Abelha. *Direito Processual Ambiental Brasileiro*. Belo Horizonte, Del Rey, 1996.

NERY JÚNIOR, Nélson. *Atualidades sobre o Processo Civil*. São Paulo, Ed. RT, 1995.

_____. "O Ministério Público e as ações coletivas". In: MILARÉ, Édis (coord.). *Ação Civil Pública – 10 Anos*. São Paulo, Ed. RT, 1995 (pp. 356-366).

_____. *Princípios do Processo Civil na Constituição Federal*. São Paulo, Ed. RT, 1999.

_____. *Princípios Fundamentais – Teoria Geral dos Recursos*. São Paulo, Ed. RT, 1996.

NERY JÚNIOR, Nélson, e NERY, Rosa Maria de Andrade. *Código de Processo Civil Comentado*. São Paulo, Ed. RT, 1996.

_____. *Código de Processo Civil e Legislação Processual Civil Extravagante em Vigor*. São Paulo, Ed. RT, 1999.

NERY JÚNIOR, Nélson, FERRAZ, Antônio Augusto Mello de Camargo, e MILARÉ, Édis. *A Ação Civil Pública e a Tutela Jurisdicional dos Interesses Difusos*. São Paulo, Saraiva, 1984.

NOGUEIRA, Paulo Lúcio. *Estatuto da Criança e do Adolescente Comentado*. São Paulo, Saraiva, 1998.

NUCCI, Guilherme de Souza. *Código Penal Comentado*. São Paulo, Ed. RT, 2000.

NUNES, Luiz Antônio Rizzato. *Manual da Monografia Jurídica*. São Paulo, Saraiva, 1999.

NUNES JÚNIOR, Vidal Serrano, e ARAÚJO, Luiz Alberto David. *Curso de Direito Constitucional*. São Paulo, Saraiva, 1999.

OLIVEIRA JÚNIOR, Waldemar Mariz de. "Tutela jurisdicional dos interesses coletivos". In: GRINOVER, Ada Pellegrini (coord.). *A Tutela dos Interesses Difusos*. São Paulo, Max Limonad, 1984 (pp. 9-28).

PEREIRA, Caio Mário da Silva. *Instituições de Direito Civil*. v. 1. Rio de Janeiro, Forense, 1995.

PIZZOL, Patrícia Miranda. *Liquidação nas Ações Coletivas*. São Paulo, Lejus, 1998.

PIZZORUSSO, Alessandro. "Il principio del giudice naturale nel suo aspetto di norma sostanziale". *Rivista Trimestrale di Diritto e Procedura Civile* 1975. Ano XXIX. Milano, Giuffré Editore.

POCAR, V., e GIASANTI, A. *La Teoria Funzionale del Diritto*. Milano, Unicopli, 1983.

PORTO, Hermínio Alberto Marques. *Júri*. 9ª ed. São Paulo, Malheiros Editores, 1998.

PRADE, Péricles. *Conceito de Interesses Difusos*. São Paulo, Ed. RT, 1987.

RAMOS, André de Carvalho. "A abrangência nacional de decisão judicial em ações coletivas: o caso da Lei 9.494/1997". *RT* 755/113-120. São Paulo, Ed. RT.

REALE, Miguel. *Teoria do Direito e do Estado*. São Paulo, Livraria Martins, 1940.

REZENDE FILHO, Gabriel. *Curso de Direito Processual Civil*. v. 1. São Paulo, Saraiva, 1954.

RODRIGUES, Marcelo Abelha. "A suspensão da segurança". In: SUNDFELD, Carlos Ari, e BUENO, Cássio Scarpinella (coords.). *Direito Processual Público – A Fazenda Pública em Juízo*. São Paulo, Malheiros Editores, 2000 (pp. 146-161).

RODRIGUES, Marcelo Abelha, e FIORILLO, Celso Antônio Pacheco. *Manual de Direito Ambiental e Legislação Aplicável*. São Paulo, Max Limonad, 1999.

RODRIGUES, Marcelo Abelha, FIORILLO, Celso Antônio Pacheco, e NERY, Rosa Maria de Andrade. *Direito Processual Ambiental Brasileiro*. Belo Horizonte, Del Rey, 1996.

SCHWAB, Karl Heinz. "Divisão de funções e o juiz natural". *Justitia* 139/37-46. Trad. de Nélson Nery Júnior.

SHIMURA, Sérgio. *Arresto Cautelar*. São Paulo, Ed. RT, 1993.

_____. *Título Executivo*. São Paulo, Saraiva, 1997.

SILVA, Agustinho Fernandes Dias da. *A Competência Judiciária no Direito Internacional Privado Brasileiro*. Rio de Janeiro, Freitas Bastos, 1965.

SILVA, Antônio Fernando do Amaral, CURY, Munir, e MENDEZ, Emílio Garcia (coords.). *Estatuto da Criança e do Adolescente Comentado*. 4ª ed. São Paulo, Malheiros Editores, 2002.

SILVA, José Afonso da. *Curso de Direito Constitucional Positivo*. 21ª ed. São Paulo, Malheiros Editores, 2002.

SILVA, José Luiz Mônaco da. *Estatuto da Criança e do Adolescente – Comentários*. São Paulo, Ed. RT, 1994.

SOUZA, Motauri Ciocchetti de. *Ação Civil Pública e Inquérito Civil*. São Paulo, Saraiva, 2001.

_____. "Assistência e litisconsórcio no pólo ativo da ação civil pública. A legitimação concorrente e disjuntiva". *RT* 772/86-89. São Paulo, Ed. RT.

_____. "Do cabimento de verba honorária em ação civil pública proposta pelo Ministério Público". *Cadernos de Direito da Criança e do Adolescente*. v. 1. São Paulo, Malheiros Editores, 1995 (pp. 67-83).

_____. *Interesses Difusos em Espécie*. São Paulo, Saraiva, 2000.

SUNDFELD, Carlos Ari, e BUENO, Cássio Scarpinella (coords.). *Direito Processual Público – A Fazenda Pública em Juízo*. São Paulo, Malheiros Editores, 2000.

TAORMINA, Carlo. *Giudice Naturale e Processo Penale*. Roma, Bulzoni Editore, 1972.

TEMER, Michel. *Elementos de Direito Constitucional*. 18ª ed. São Paulo, Malheiros Editores, 2002.

THEODORO JÚNIOR, Humberto. *Curso de Direito Processual Civil*. v. 1. Rio de Janeiro, Forense, 1996.

TORNAGHI, Hélio. *Curso de Processo Penal*. v. 1. São Paulo, Saraiva, 1983.

VIGLIAR, José Marcelo Menezes. *Tutela Jurisdicional Coletiva*. São Paulo, Atlas, 1998.

_____. *Ação Civil Pública*. São Paulo, Atlas, 1999.

VIGORITTI, Vicenzo. *Interessi Colletivi e Processo*. Milano, Giuffrè Editore, 1979.

VILLONE, Massimo. "La colocazione istituzionale dell'interesse diffuso". *La Tutela degli Interessi Diffusi nel Diritto Comparato*. Milano, Giuffrè Editore, 1976.

ZARIF, Cláudio Cintra. "Da coisa julgada nas ações coletivas". *Revista de Direito do Consumidor* 15/119-131.

ZAVASCKI, Teori Albino. *Antecipação da Tutela*. São Paulo, Saraiva, 2000.

* * *

Impressão e acabamento:
GRÁFICA PAYM
Tel. (011) 4392-3344